KB212238

나의 니느웨!
베트남 선교행전

나의 니느웨!
베트남 선교행전

지 은 이 | 장요나
펴 낸 이 | 김원중

편 집 주 간 | 김무정
기   획 | 허석기
편   집 | 손광식
디 자 인 | 옥미향
제   작 | 박준열
관   리 | 차정심, 정혜진
마 케 팅 | 박혜경, 이향숙

초 판 인 쇄 | 2020년 3월 05일
초 판 발 행 | 2020년 3월 12일

출 판 등 록 | 제313-2007-000172(2007.08.29)

펴 낸 곳 | 도서출판 상상나무
             상상바이오(주)
주   소 | 경기도 고양시 덕양구 고양대로 1393 상상빌딩 7층
전   화 | (031) 973-5191
팩   스 | (031) 973-5020
홈 페 이 지 | http://smbooks.com
E - m a i l | ssyc973@hanmail.net

ISBN 979-11-86172-61-2(03230)

값 14,000원

죽음의 문턱에서 하늘나라 건축가로

나의 니느웨!
베트남 선교행전

비라카미 지역에 교회와 병원 320곳 세운
장요나 선교사의 30년 사역기

장요나 지음

상상나무

30년 사역을 뒤돌아보는
간증 드라마

2019년은 내가 베트남에 첫발을 내딛고 사역을 시작한 지 30주년을 맞은 해였다. 그동안 숱한 죽음의 위기와 고통, 어려움을 겪으면서도 하나님의 은혜로 많은 선교 열매를 맺을 수 있었고 30주년 기념 예배 및 심포지엄을 통해 그 긴 역사를 정리할 수 있었다. 하나님께 감사하며 영광을 올려 드린다.

사실 30주년 기념 예배 때 내 간증집을 여러 자료집과 함께 출간할 계획을 세웠었다. 나의 베트남 사역을 소개한 간증집은 지난 2011년, 소설가 이건숙 사모가 '정글에 천국을 짓는 사람'이란 제목으로 출간했다. 비네트 형식의 3인칭으로 기록된 이 책은 독자들의 상상력을 자극하는 장점이 있지만 기독교 고유의 '간증'이란 카테고리에서는 소설 같은 느낌이 들어 독자들에게 좀 더 실감 있는 간증으로 다가가기엔 한계가 있었다. 아울러 이 책이 발간된 지 10여 년이 다 되어가고 그 사이 많은 간증들도 새로 생겼기에 1인칭으로 된 간증집을 다시 한번 써보기로 했다.

다소 늦어진 이 작업에는 오랜 기간 나와 교류하며 사역을 지켜본 일간신문사 국장 출신인 김무정 장로가 도움을 주었다. 그는 여러 차례 베트남을 오가며 나와 인터뷰를 했고 많은 자료를 토대로 간증집 구성을 맡아 주었다. 써야 할 사연은 많고 지면은 한정되어 스토리를 고르는 데 아주 애를 먹었다고 한다.

나는 이 책에 등장하는 많은 귀한 동역자들의 이름을 꼭 필요한 경우를 제외하고는 가명이나 알파벳 머리글자로만 명기했다. 그 이유는 누구는 이름이 들어가고 누구는 안 들어가고 하면 같이 교회 건축에 헌신한 많은 분들이 섭섭할 수도 있고 또 이름으로 미리 영광을 받으면 안 될 것 같아서였다. 단, 이미 고인이 된 분들은 이름을 밝혔다.

나는 내 간증 부흥 집회에 참석하거나 설교 동영상을 본 성도들이 나에게 큰 기대를 하는 것에 적지 않은 부담을 느끼곤 한다. 식물인간이 되었다가 10개월 만에 깨어난 나였다. 하나님 앞에 사명자로 붙잡혀 선교사로 거듭난 나의 지나온 시간은 내 의지가 아닌 하나님의 강권적인 인도였기에 사실 내가 가진 능력이나 힘이 아니었다. 물론 하나님께서는 개개인의 자질과 장점을 사용하시지만 그저 말씀을 텍스트 삼아 순종하며 달려온 30년이었다. 인간은 약하지만 하나님은 강하시기에 그 힘에 의지해 오늘 이 시간까지 사역을 감당할 수 있었다.

나는 나이가 70대에 이르렀지만 여전히 하나님 앞에 붙들려 있어서 지금도 30대 청년처럼 펄펄 뛰면서 24시간이 모자란 듯 사역에 전념하고 있다. 장요나는 약하고 보잘 것 없으나 하나님이 쓰시니 그 많은 사명들을 감당할 수 있는 것이다.

지나온 시간을 돌이키면 여러 가지로 부족하고 아쉬운 부분도 많다. 하나님의 일꾼으로서 장요나가 비록 많은 사역을 펼치고 이루었다고 하지만 이 역시 하나님이 보시기에 얼마만큼의 합격 점수를 받을지는 미지수이다. 왜냐하면 나의 불도저식 선교 방식으로 일부 동료 선교사와 동역자들이 마음의 상처를 받았으며 시험에도 들었던 것을 기억하기 때문이다.

나이가 점점 들면서 내가 미숙하고 부족한 점이 많았음을 반성하게 된다. 그러나 하나 분명한 것은 내가 사람 눈치를 보지 않고 하나님만 바라보며 일했다는 사실이다. 인간적으로 더 잘하고 타협할 수 있었겠지만 죽음 직전에서 새로 태어난 나는 이 부분에서 결코 양보할 수 없었다.

이 책에 실린 간증들은 사건 중심의 스토리텔링으로 엮어 독자들과 은혜를 나누며 쉽게 읽힐 수 있도록 집필했다. 따라서 이 간증집을 통해 독자들이 선교에 대한 관심과 열정이 생기고 신앙 성장과 영적 성숙에 유익을 얻길 기대하고 또 기도한다. 그래서 이 책이 비라카미 지역 선교에 힘과 기도를 보탤 수 있게 된다면 필자로서는 더 이상 바랄 것이 없다.

모쪼록 마지막 장까지 다 읽어 주실 것을 독자들에게 부탁드리며 나의 남은 생애를 비라카미 선교에 더욱더 매진하다가 결국 비라카미에서 순교하리라 다짐해 본다.

2020년 1월 23일 베트남 사역 30주년이 된 날 아침에 **장요나**

#목차

1

10개월의 식물인간,
장요나로 바뀐 이름

2

복음 불모지,
베트남 선교를 위한
대장정

#목차

3

선교 열매, 고난과 핍박을 먹고 자란다

4

비라카미 기적행전, 아직도 진행 중이다

5

복음의 일꾼, 귀한 선교의 동역자들

오늘도 계속되는 사도행전 29장의 역사

지금도 사도행전은 계속되고 있다. 성령님이 아니시고는 일어날 수 없는 일들. 사도행전 29장이 장요나 선교사에 의해 쓰이고 있다. 30년 전 하나님은 잘나가던 사업가 사울을 부르셨다. 10개월간 식물인간으로 생을 포기해야만 하는 순간 바울로 일으키셨다. 호치민에서 시작된 사역이 이제는 라오스, 캄보디아, 미얀마에 이르기까지 어마어마한 역사를 이루고 있다.

이미 300여 개의 교회가 헌당되었고, 16개의 현지 병원과 비라카미신학교 외에도 초등학교, 유치원, 고아원 등의 교육 시설과 기도원이 완공되었다. 구원받은 수십만 명의 베트남의 영혼들은 물론 이제는 인도차이나 전 지역에 그의 선교 영역이 확장되어 세계 선교를 위한 새로운 선교 전략 모델을 제시하기에 이르렀다.

80세를 눈앞에 둔 그는 오늘도 순교자가 되겠다는 각오로 관(棺) 위에서 잠을 잔다. 낮과 밤을 구별하지 않고 선교를 위해 세계를 누빈다.

이 책은 성령의 역동적인 역사를 생생하고 느낄 수 있는 간증집으로 독자들에게 신앙의 도전과 선교의 중요성을 일깨워 주리라 믿으며 적극 추천하고자 한다. 그리고 오늘날 가장 긴급한 사역이 무엇인지 깨닫게 되기를 바라며 모든 성도들이 〈땅 끝까지 끝날까지〉 선교 사역에 동참하는 주의 백성들이 되기를 바라는 마음 간절하다.

손윤탁 (남대문교회 담임목사·한국선교교육재단 이사장)

베트남의 언더우드, 장요나 선교사

죽으면 죽으리라는 순교적인 각오로 베트남 선교를 시작한 분이 장요나 선교사다. 세상 성공에 취해 있다가 식물인간이 된 고난은 하나님께서 그를 요나로 부르시는 소명의 과정이었다. 그가 환상 가운데 보았던 니느웨는 군병역 시절 전쟁터였던 베트남이었고, 그는 선교가 금지된 공산주의 국가 베트남을 필두로 라오스, 캄보디아, 미얀마로 선교 현장을 확장하면서 지난 30년 동안 공산권 선교의 새로운 이정표를 만들어 오고 있다.

그는 베트남의 언더우드다. 그의 선교 방식은 언더우드처럼 병원과 학교와 교회를 함께한 트라이앵글 선교였고, 현지인들의 자치, 자립, 자전을 도모한 네비우스 선교였다. 현지인보다 현지인을 더 사랑한 성육신적인 선교였다.

교파적인 관심보다 하나님의 관심에 우선을 둔 에큐메니칼 선교였고, '비라카미 사랑의 선교회'와 동역한 팀 선교였으며, 한 생명이라도 더 구원하겠다는 긴박성 가운데 전개한 종말론적인 선교였다.

이제 독자 여러분은 장요나 선교사의 선교 간증을 통해 우리를 도와주신 에벤에셀의 하나님, 우리와 함께하시는 임마누엘의 하나님, 우리를 위해 미리 준비해주실 여호와 이레의 하나님을 경험하게 될 것이라 확신한다. 마지막까지 일독할 것을 강력히 추천하는 바이다.

정종훈 목사 (연세대 교수, 연세의료원 원목실장)

베트남에서 불태우는 불도저 선교

한국이 세계 선교사 파송 2위국이란 자랑스러운 명예를 얻은 것은 선교 140년의 짧은 역사에 하나님의 강권적인 역사와 인도하심이 있었다고 믿는다. 척박하고 못사는 조선이란 작은 나라를 찾아온 파란눈의 선교사들, 그들의 헌신적인 사랑과 기도는 고통 가운데 있던 민초들의 삶을 일깨웠다. 그들이 전파한 복음과 교육, 의료, 계몽은 어둡기만 했던 한반도를 새로운 광명의 세계로 이끌었다.

장요나 선교사! 그 역시 오랜 전쟁 후 황폐되고 고립됐으며, 종교의 자유가 없는 나라, 오히려 기독교를 핍박하는 베트남을 선교지로 택했다. 수없는 가시밭길을 걸으며 30년 외길을 사역해 온 그의 선교 기록은 감동을 넘어 눈물겨우며 하나님의 임재를 피부로 느끼는 한편의 드라마다.

오랫동안 신앙생활을 하면서 또 선교 활동을 펼치면서 무수히 많은 선교사들을 만났지만 장 선교사는 정말 독특한 선교 장르를 만든 특별한 분이라 아니할 수 없다.

나와 오랫동안 교제하며 늘 선교의 중요성과 하나님의 살아계심을 느끼게 하는 장요나 선교사의 이 간증집이 많은 분들에게 읽히길 적극 추천하며 수고한 손길들에 감사를 드린다.

이형자 권사(기독교선교횃불재단 이사장)

하나님의 전, 교회 건축을 위해 태어나신 분

교회는 하나님을 예배하고 찬양하는 은혜의 공간이다. 교회에 모인 하나님의 백성들은 이곳에서 하나님의 임재를 맛보며 은혜를 체험하고 하나님을 경배한다.

너무나 소중하고 귀한 교회를 우리는 늘 언제든 갈 수 있어 그 고마움을 잊고 살지만 종교의 자유가 없어 교회가 폐쇄된 곳에 있는 신앙인들은 예배드리고 찬양할 수 있는 장소가 있다는 것이 얼마나 소중한 것인지를 잘 안다.

하나님께서는 다양한 분야에 훈련을 받은 장요나 선교사를 교회 건축이 절실히 필요한 베트남에 파송하셨다. 강산이 세 번 바뀌는 30년의 긴 시간에 장 선교사가 펼친 교회 건축은 세계 선교사에, 아니 기네스북에 등재될 만한 기록이 아닐 수 없다.

숱한 죽음의 위기와 고통, 절망의 순간을 잘 이겨낸 장요나 선교사의 이번 기록은 첫 장을 시작으로 단숨에 읽히면서 큰 감동을 준다. 많은 분들이 꼭 읽고 전도용으로 사용해 문서선교의 귀한 일익도 감당해 주길 바라는 마음 간절하다.

김주평 장로(전 와싱턴DC 국립종합병원 원장)

1

10개월의 식물인간,
장요나로 바뀐 이름

출생의 비밀을 알고 대전으로 돌아왔는데 갑자기 부모님이 싫어졌다. 사춘기가 겹쳐 모든 것이 회색빛으로 보이고 인생과 죽음에 대해 깊이 사색하며 혼자 있는 시간이 점점 많아졌다. 생각할수록 재혼한 아버지도 나를 속인 어머니도 이유 없이 미웠다. 지금 같으면 충분히 이해되지만 그때는 돌아가신 어머니가 너무나 불쌍했다. 나 혼자 감정에 북받쳐 울기도 했다.

#1
기억력 뛰어난 웅천면 개구쟁이

　나는 충남 보령이 고향이다. 정확히 말하면 보령군 대창리 웅천면에서 태어났다.

　우리 집은 이 마을에서 꽤 부유한 양반 가문으로 지역 유지였다. 할아버지 대부터 아버지 대까지 농사도 크게 짓고 과수원도 경영했으며, 집안에서 일하는, 소위 머슴으로 불리는 일꾼이 12명이나 될 정도로 부농이었다.

　내 생일은 1943년 4월 22일이다. 출생 2년 후 8·15 해방이 되었다. 나에겐 후일 알게 된 출생의 비밀이 있었다. 이 사실은 내가 고등학교 2학년 때 뒤늦게 알게 되어 큰 충격을 받았다.

　동네에서는 우리 집이 제일 컸다. T 자형 기와집에 사랑채와 안방, 마루 등 방이 많았고 명절이 되면 장씨 일가의 많은 친척이 모두 집에 모

대전고등학교 재학 시절 친구들과 함께. 오른쪽이 장요나

였다. 할머니가 일찍 돌아가셔서 할아버지가 재혼을 하셨는데 아버지와 새할머니의 나이 차이가 16살이었다. 그럼에도 아버지는 새할머니에게 언제나 깍듯하고 공손하게 대했다. 지금 생각하면 할아버지와 아버지 대까지도 양반의 체통과 예절을 몹시 중요하게 여기셨던 것 같다. 아침에 일어나면 순서대로 문안 인사를 올렸고 아래위 순서를 엄격히 하며 격식을 무척이나 따졌던 일이 기억난다.

동네에서 개구쟁이로 장난이 심했던 나는 애들을 몰고 다니며 골목대장 노릇을 했다. 더구나 지역 유지 아들로 부유한 환경 속에서 어려움 없이 자랐으니 무서운 것이 없었던 것 같다. 어머니도 아버지도 장남인 나를 끔찍하게 잘 대해 주셨다. 내 밑으로 남동생과 여동생이 5명 나란히 있었다.

나는 학교에서 공부를 꽤 잘했다. 처음에 웅천국민학교(초등학교)

를 다니다가 집이 군산으로 이사하는 바람에 군산사범 부속 국민학교로 전학을 갔다. 아버지가 농사를 접고 군산에 오셔서는 메리야스, 즉 속옷 만드는 공장을 운영하셨다. 시골에서 군산이란 큰 도시로 갔지만 나는 거기에서도 공부로 두각을 나타냈다. 국민학교를 1등으로 졸업하고 같은 군산사범 병설 중학교로 진학할 때도 1등으로 입학했다. 내 기억으로 공부는 그렇게 열심히 하지 않았던 것 같은데 유달리 기억력이 뛰어난 편이었다. 교과서를 집중해서 한번 읽거나 열심히 보면 머릿속에 각인돼 거의 잊어버리지 않았다.

국민학교와 중학교 당시 선생님들은 반에서 공부를 시작하기 전 학생들의 번호와 이름을 하나하나 부르며 출석을 체크하곤 했다. 나는 몇 번 듣다가 반 전체 아이들 60여 명의 이름과 개인 번호를 다 암기해 버렸다. 그래서 수십 년이 지난 후 우연히 초등학교 동창이나 중학교 동창을 만났을 때 그 자리서 친구 이름과 번호까지 기억해 주면 동창들은 몹시 놀라곤 한다. 이처럼 하나님께서 내게 좋은 기억력을 갖게 해주신 것에 감사하고 있다.

나의 이 특별한 기억력은 현재 비라카미 선교, 특히 베트남 선교와 교회 건축에 아주 잘 활용되고 있다. 베트남에서는 교회 건축을 많을 때는 10여 곳에서 동시에 진행하곤 하는데 각각 다른 건축비 예산과 건축 진행 상황, 준공 및 완공 일시 등을 머릿속에 다 넣고 잘 알고 있어야 한다. 그래야 건축업자나 현지 목사들이 나를 속이거나 얼렁뚱땅 넘기지 못한다. 그들은 요즘도 나와 대화를 하다가 숫자를 정확히 기억하는 나를 보며 멈칫하며 놀라곤 한다.

부모님은 기독교인이셨다. 특히 어머니가 교회를 열심히 나가셨고 이 때문에 나도 어려서부터 교회 생활을 하게 되었다. 성경 구절을 잘 외우니 주일학교에서 주는 상을 거의 다 탔고 그 덕분에 나는 교회에 나가는 것이 즐거웠다. 그러나 기독교 복음의 진리를 깨닫기에는 어린 나이라 하나님을 인격적으로 만나지 못했다.

중학교를 졸업하면서도 성적이 좋아 1등상을 탔다. 학교에서는 내가 고등학교는 서울에 있는 경기고등학교나 서울고등학교에 갈 수 있는 실력이라며 서울로 가서 시험 볼 것을 권유하였다. 그러나 아버지 생각은 달랐다. 혼자 객지 생활하는 것도 그렇고 서울에 아는 사람이 없으니 서울로 유학 가는 것은 무리라고 본 것이다. 따라서 인척이 사는 대전으로 가기로 했다. 대전 은행동에 한의원을 크게 하는 이모 댁이 있었던 것이다. 그래서 충청 지역에서 가장 명문 고등학교인 대전고등학교에 입학원서를 냈고 차석으로 합격하였다.

나는 대전고등학교에 입학해 다니면서도 거의 1등을 놓치지 않아서 나 자신에 대해 늘 자신감이 넘쳤다. 공부에서 1등 하는 것을 당연하게 여겼고, 가끔 2등, 3등 하는 것을 창피하게 여겼다.

그런데 이제 예수를 믿고 기독교인이 되어 하나님의 일을 수행하는 선교사가 되고 보니 이것이 얼마나 큰 교만이고 나밖에 몰랐던 행동이었는지 후회와 반성을 하게 된다. 기독교 복음은 남을 나보다 낮게 여기고 남을 배려하고 섬기며 존중하는 것이 핵심이다. 양보하지 못하고 나만의 것을 움켜쥐고 놓지 않는 것은 욕심이고 탐욕이며 아집이다.

나는 요즘도 강단에서 또 선교 공동체에서 동료들과 예배를 드리며 그때 나의 모습을 돌이키면 부끄럽기가 그지없다. 그래서 이 이야기를 간증으로 꺼내면서 회개하는 마음을 갖는다. 이제야 2등, 3등, 아니 꼴등 하는 것도 하나님 안에서는 다 귀한 것이라는 사실을 깨달았기 때문이다. 내가 최고라는 자만심은 결국 나를 바르게 바라보지 못하게 만든다.

고등학교 2학년 때, 나는 충격적인 사건을 만난다. 내가 아주 좋아하고 따르던 어머니가 친어머니가 아니란 사실을 알게 된 것이다. 여름방학 때였다. 대전에서 보령 집으로 가 지내다가 하루는 마당에 멍석을 깔고 모깃불을 피운 뒤 자고 있었다. 할머니 친구 분들이 장에 갔다가 얼큰히 취해 돌아오셨다. 그러다 자는 나를 발견하며 술기운에 한마디를 하셨는데 실상 나는 그때 눈을 감고 자는 척만 했지 인기척에 잠이 깨어 있는 상태였다.

"아, 이 애가 경식이(아버지 존함) 아들인 바오(내 별명)구먼. 애 낳고 죽은 금순이 셋째지. 이젠 이 집 장손인데 참 안됐어. 쯧쯧."

어떤 할머니의 이 말이 내게 파편처럼 와서 박혔다. 내가 지금 어머니의 아들이 아니라니. 하늘이 노랗게 보였다. 그런데 어떻게 나를 지금까지 속였는지 부모님이 보통 원망스러운 것이 아니었다.

한창 사춘기로 예민할 때 이 사건은 내게 엄청난 충격을 안겨 주었다. 나의 친어머니는 내 위로 형 두 명을 낳았는데 낳은 지 얼마 안 돼 둘 다 목숨을 잃었다고 한다. 그리고 다시 세 번째로 나를 가졌으며, 내가 출생한 후 참으로 애지중지 키웠다고 한다. 그런데 이번에는 평소 병약한 어머니가 질병으로 돌아가시고 말았다. 내가 두 살 때였다고 한다.

아내를 잃고 재혼하신 아버지는 새어머니로부터 동생을 다섯이나 이어 낳았는데, 나는 모두 같은 형제인 줄만 알고 있었다. 나는 새어머니를 무척 따랐다. 다 커서도 엄마 젖을 만지며 잠이 들 정도였다.

이렇게 출생의 비밀을 알고 난 뒤 나는 키운 정도 크지만 낳은 정도 크다는 것을 깨달았다. 나는 이미 세상에 안 계신 친어머니가 보고 싶어 견딜 수 없었다. 밤마다 남모르게 눈물을 훔쳤다.

부모님은 내가 이 비밀을 동네 할머니를 통해 우연히 알게 되었다는 사실을 몰랐다. 나는 이리저리 수소문을 해 친어머니의 동생인 막내 외삼촌이 전주에서 유기공장을 한다는 사실을 알고 무작정 그곳을 찾아가 먼발치에서 외삼촌을 지켜보기도 했다. 어머니 모습도 외삼촌과 비슷했을 것이라 상상하며 속으로 울음을 삼켰다.

또 어머니가 '동심초'란 노래를 항상 18번 삼아 잘 불렀다는 이야기도 전해 들었다. 내가 이 노랫말을 얼마나 자주 읊조리며 노래를 따라 불렀는지 모른다. 그러다 보니 나 역시도 18번 노래가 '동심초'가 되었다.

"꽃잎은 하염없이 바람에 지고 / 만날 날은 아득타 기약이 없네 / 무어라 맘과 맘은 맺지 못하고 / 한갓되이 풀잎만 맺으려는고 / 한갓되이 풀잎만 맺으려는고."

출생의 비밀을 알고 대전 학교로 돌아왔는데 갑자기 부모님이 싫어졌다. 사춘기가 겹쳐 모든 것이 회색빛으로 보이고 인생과 죽음에 대해 깊이 사색하며 혼자 있는 시간이 점점 많아졌다. 생각할수록 재혼한 아버지도 나를 속인 어머니도 이유 없이 미웠다. 지금 같으면 충분히 이해되지만 그때는 돌아가신 어머니가 너무나 불쌍했다. 나 혼자 감정에 북받쳐 울기도 했다.

한편으론 아버지가 어머니를 고생시켜 돌아가시게 한 것이 아닌가 여겨져 더 미웠다. 그래서 참으로 엉뚱한 다짐을 했다. 그것은 이제부터 내가 부모의 도움을 받지 않고 오직 내 힘으로 일어서 보겠다는 것이었다.

그러나 그것은 현실적으로 쉽지 않은 일이었다. 나는 고등학교 담임 선생님을 찾아가 상의했다. 내가 아버지 도움을 받지 않고 혼자 힘으로 일어서고 싶으니 선생님 댁에서 숙식을 할 수 있도록 도움을 주시거나 입주 가정교사를 구해주시면 감사하겠다고 했다.

당시 모범생이고 공부도 잘하던 내가 갑자기 이상한 말을 하니 담임 선생님은 "주석이가 머리가 너무 좋아 이상해진 것이 아니냐"며 이 사실을 아버님에게 바로 알리고 말았다. 나는 군산에 계신 아버지에게 바로 불려가 "너 무슨 소리 듣고 그런 못난 행동을 하느냐"며 회초리로 흠씬 두들겨 맞았다. 그렇지만 나는 이미 마음의 결정이 내려진 상태여서 어떤 말로도 내 마음이 돌이켜지지 않았다.

야단을 심하게 맞고 대전으로 돌아온 나는 아버지가 보내준 학비를 다시 집으로 돌려보냈다. 그렇게 믿었던 담임 선생님도 나를 이상하게 여기고 이해하지 못하니 학교도 더 이상 나가지 않았다. 학업을 포기해버린 것이다. 그리고 혼자서 검정고시를 준비해 불과 몇 달 만에 대학 입학 자격을 따냈다.

그리고 사업가가 되어 성공하겠다는 열망을 품고 연세대학교 상과대학 경영학과에 지원해 당당히 합격했다. 당시 상과대학 경영학과는 연세대학교에서 가장 경쟁률이 높은 학과였다.

#2
유명 입주 가정교사로 이름을 날리다

나는 연세대학교 경영학과에 입학했지만 아버지의 도움 없이 대학 생활을 하려면 숙식과 학비가 해결되어야 했다. 내가 대학에 입학한 1963년 당시는 이른바 서울대 연대 고대 등 명문대생들 중에 좀 잘사는 집에 기거하면서 그 집 아이들을 가르치는 입주 가정교사가 많았다. 이것은 지방에서 상경한 대학생들에겐 숙식이 해결되고 학비도 벌 수 있는 일석이조(一石二鳥)의 자리였다. 이 가정교사 자리를 구하려면 보통 동아일보에 아주 작게 두 줄로 광고를 내야 했다. '연세대 1년생 입주 가정 구함. 경험有'라 적고 전화번호를 넣은 광고를 내는 것이었다.

당시는 집에 전화가 있으면 부자였다. 나는 그런 형편이 못 되어 연락처가 있을 리 없어서 친구나 친척의 집 전화번호를 빌려 쓰고 그 집에서 대기하고 있다가 오는 전화를 받아야 했다.

나는 대학 동기인 전석채란 친구의 전화를 빌려 동아일보에 두 줄 광고를 냈다. 이렇게 연결되어 간 첫 번째 입주 가정이 세종로 1번지에 있던 윤 모 국회의원 집이었다. 이곳에서 초등학교 6년생을 가르쳤는데 불과 40여 일 만에 내가 가르치는 실력이 없다고 잘리고 말았다.

나는 학생을 예정된 공부 시간대로 엄격하게 가르쳤고 나름대로 열심히 한다고 했는데 이유를 알 수 없었다. 알고 보니 부모가 내 말보다 아이 말을 더 믿은 탓이었다. 아이가 이번 선생님이 공부를 못 가르친다고 말한 것 같았다. 쉬엄쉬엄 같이 놀아주고 장난도 쳐야 하는데 너무 정직하게 공부만 가르쳐서 아이의 마음에 들지 않았다는 사실을 나중에 알았다. 그럼에도 부모는 아이의 말만 믿으니 나로서는 어쩔 수 없었다.

다시 신문 광고를 내어 찾은 두 번째 입주 가정에서는 첫 번째 과외 경험을 거울 삼아 아이에게 재미있는 옛날이야기도 해주면서 공부를 가르쳤다. 함께 새총도 만들고 정원에다 물레방아도 만들어 주었다. 수시로 장난도 치면서 눈높이 교육을 했다.

그런데 신기할 만큼 아이의 성적이 쑥쑥 올랐다. 내게 가르치는 소질이 있다는 것을 나도 모르고 있었다. 부모가 여간 좋아하는 것이 아니었다. 과외비도 대폭 올려 주었다. 당시는 중학교 입시가 있어서 초등학교 6학년이 되면 비상이 걸려 공부를 열심히 시키던 시기였다.

그때 아이의 엄마가 공부하는 방으로 찾아와 했던 말이 지금도 잊히지 않는다. 매일 과일과 초콜릿, 주스를 쟁반 가득 받쳐 들고 온 엄마는 아이에게 이것저것 먹으라고 한 뒤 "너 코피 좀 흘려라. 이렇게 공부해서 다른 아이들 따라 먹겠니. 더 열심히 해라 더."라고 주문했다.

연세대학교에 다니며 입주 가정교사를 할 때
아이들과 나들이를 나간 장요나 선교사

참 극성스러운 엄마였는데 나는 그 모습을 보면서 마음 한편이 씁쓸
하면서도 너무나 부러웠다. 내게도 친엄마가 살아계셨으면 저렇게 해
주셨을 텐데 하는 아쉬움과 서글픔이 교차했다.

내가 지도한 아이가 소위 일류 중학교에 들어간 덕분에 내 주가가 한
창 높이 올라갔다. 이곳저곳에 소문이 나서 서로 와 달라는 가정이 많
았다. 학기가 끝나기 무섭게 나를 데려가려고 했다.

그때 큰 사업체를 운영하는 S상사 사장님 댁 가정교사가 되어 연년생
자녀 6명 모두를 지도한 적이 있었다. 그중 한 아이는 정신질환이 좀 있
었는지 성격이 괴팍해 누구의 말도 듣지 않고 제멋대로였다. 밥상도 엎
어 버리고 난폭한 행동을 일삼는 아이였다. 그런데 이상하게도 내 말은
잘 듣고 온순하게 잘 따라 주었다. 신기할 정도였다.

이 집은 워낙 큰 부자라 차도 여러 대에 고급 오토바이도 있었다. 하
루는 내가 오토바이를 몰래 끌고 가서 신나게 폼을 재며 타다가 미아리

에서 접촉 사고를 내고 말았다. 그 사고로 오토바이를 허락도 없이 탄 사실이 들통 나 당장 가정교사에서 쫓겨날 판이었다. 그럼에도 야단만 맞고 간신히 무마되었다. 자녀들을 잘 가르친 보답으로 받은 보너스였다고 생각된다.

이렇듯 나는 연세대학교를 다니는 4년 동안 입주 가정교사를 하며 학업을 이어갔다. 부모님에게 전혀 도움을 받지 않았다. 이상하게도 친엄마를 잃고 새엄마에게서 자랐다는 마음의 상처가 쉽게 가라앉지 않았다.

나는 대학을 다니며 공부만 한 것이 아니라 서클 활동과 학생 데모에도 앞장섰다. 당시 군사 쿠데타로 정권을 잡은 박정희 정부는 한일회담을 거쳐 한일협정을 체결하려고 했다. 이에 야당, 지식인, 학생, 시민들이 한일협정 반대운동을 대대적으로 펼쳤다.

나는 대학교 3학년 때인 1965년, 연세대 데모대에 들어가 한일협정 반대운동에 적극 참가했다. 당시 정부는 경제개발에 필요한 자금과 기술을 일본으로부터 들여오기 위해 한일회담에 적극적이었다. 원래는 1964년 3월에 타결해 5월에 조인식을 하는 것으로 방침을 세웠었다.

이에 '대일 저자세 외교반대 범국민투쟁위원회'가 결성됐고 3월 24일 서울대·고려대·연세대·대광고 등에서 대규모 시위를 벌인 뒤 이 운동이 전국으로 확산되고 있었다.

경찰에 쫓기고 최루탄을 마셔가며 반대 운동을 하던 나는 신촌 굴레방다리 밑에서 한일협정비준을 반대하는 혈서를 쓰는 일에도 참가했다. 내 왼쪽 손 검지에는 그때 낸 상처가 아직도 남아 있다. 그때 피가 철철 흐르는 손으로 혈서를 쓰고 나니 이화여대생이 다가와 손가락 상처에 약을 바르고 잘 싸매주었던 일이 기억난다. 그런데 재미있는 것은 나중에 보니 그때 손가락에 발라준 것이 콜드크림이었다는 것이다.

이렇게 반대 운동에 앞장섰던 나는 정부의 블랙리스트에 올라 요주의 인물이 되었다. 연세대학교를 졸업한 뒤 나는 잠시 동구여상에 교사로 들어가 상업과 수학을 가르쳤다. 총각 선생으로 학생들에게 꽤 인기가 있었다.

그러나 동구여상 교사 생활도 오래가지 못했다. 군 입대 영장이 날아온 것이다. 1967년 가을, 나는 머리를 박박 밀고 논산훈련소에 입소했다. 보통 대학교 2·3학년에 군에 가는데 나는 동기들보다 2~3년 늦게 군에 입대한 경우였다.

#3
군대에서 만난 간호장교 R 소위

　논산 신병훈련소에 입대해 보니 대학 동기생들은 이제 거의 고참이 되어 제대를 앞두고 있었다. 동기들이 이미 전국 곳곳에 배치되어 있다는 소식을 전해 들었다. 이미 ROTC 소대장으로 근무하는 대학 동기도 있었다.

　나는 최전방 부대 철책 지역에서 군인답게 근무하다가 제대하고 싶었지만 논산훈련소에서 막상 배치된 곳은 청주에 있는 육군병원이었다. 이 육군병원에서 행정병으로 일할 줄 알았는데 내 인사기록 카드에 교사로 학생들을 가르친 경험이 있다는 것을 안 병원장이 나를 관사로 불렀다. 그리고 관사에서 자신의 아이들을 좀 가르치라고 지시했다.

　요즘 같으면 병원장 갑질로 큰일 날 일이지만 당시는 이런 일이 다반사였다. 나의 주특기는 의무병과의 위생병이었지만 하루 일과를 관사로 출근해 병원장 아이들이 학교에서 돌아오면 공부를 가르치는 것으로 소일했다. 그러니 군 생활이 아주 편했다.

더구나 군병원이라 활동이 자유로운 편이어서 나는 아예 군복 대신 사복을 입고 다녔다. 다른 의무병들은 내가 사복을 입어도 되는 보안대 소속인 줄 알았다고 한다.

부대 생활에 어느 정도 적응하고 난 뒤 난 상병 계급장을 달고 다녔다. 아직 일등병이고 상병으로 진급할 때가 안 되었지만 미리 고참 계급장을 달고 다니기 시작한 것이다. 이것을 군에서는 '마이가리'라고 했다.

하루는 간호장교를 총괄하는 간호부장 L 소령이 나를 잠시 보자고 했다. 무슨 일인가 이야기해 보니 간호장교 중 R라는 장교가 있는데 계급이 소위인 이 여장교가 이상한 종교를 믿고 있고 행동도 좀 이상하므로 장 상병이 좀 알아봐 주면 좋겠다는 것이었다. 내가 대학을 졸업하고 교사로도 지냈으니 R 간호장교와 대화해서 문제가 무엇인지 알아보라는 요청이었다. 장교인 간호부장이 내게 부탁하는 것을 사병이 거절할 수 없어서 나는 일단 R 장교를 한번 만나 대화를 해보기로 했다.

청주간호대학에서 육군본부 장학금을 받으며 1등으로 졸업했다는 R 소위는 빼어난 미인이었다. 여기에 성격도 착해 주위 평판이 아주 좋았다. 단지 한 가지 핸디캡이 있었다. 군의학교에서 군사훈련을 받다가 한쪽 청력을 잃어 대화를 하다 보면 귀가 들리는 쪽으로 몸이 돌아가 있곤 했다.

"R 소위님. 안녕하세요. 일이 많아 힘드시죠. 장 상병입니다. 저랑 차

한잔 마셔요. 소위님이 교회 열심히 다니신다는데 저도 관심이 좀 있어서요."

가끔씩 얼굴만 마주치던 내가 대화를 하자고 하자 그녀는 일단 경계했지만 내가 종교 생활에 관심을 보이자 급격히 얼굴이 밝아지며 좋다고 했다. 그녀로서는 나를 전도할 수 있는 좋은 기회라고 생각했을 것이다.

드디어 R 소위를 만나 한참 동안 대화를 나누었다. 믿는 교회의 교단이 어디냐고 묻자 '개혁장로교'라고 했는데 무언지 자신 없어 하는 모습을 보였다. 그러면서 자신이 다니는 곳의 예배에 참석해 볼 것을 권유했다. 내 예상대로 전도를 한 것이다.

나는 잘 알았다고, 생각해 보겠다고 한 뒤 그녀가 다닌다는 교회를 찾아가 보았다. 간호부장이 알아보라는 지시를 수행해야 했기 때문이다. 역시 어느 정도 예상은 했지만 R 소위는 당시 크게 유행하고 있던 이단 종파에 빠져 있었다. 기독교 형식은 갖췄지만 예배 형식과 교리를 달리하는 그 종파는 성경책도 자신들만 따로 번역해 쓰는 완전한 이단이었다.

그럼에도 R 소위는 자신의 월급을 모두 이곳에 헌금하고 스타킹을 기워 신을 정도로 절약하고 있었다. 당시 나는 부대 내 군인교회를 다니고 있었다. 더구나 어린 시절부터 교회를 열심히 다녀서 성경에 대한 기본적인 이해가 있었고 내가 다닌 연세대학교도 미션스쿨이라 채플에 자주 참석해 정통 기독교에 대한 기초 상식은 풍부했다. 따라서 그녀가 잘못되어 있다는 것을 쉽게 눈치챌 수 있었다.

나는 그때 그녀를 통해 잘못된 이단 종교가 사람들의 영혼을 얼마나 피폐하게 만드는지 볼 수 있었다. 그래서 이후 내가 목사가 되고 선교사가 되어 사역을 하면서도 이단 종교를 경계하고 잘못을 바로잡는 데 큰 도움이 되었다.

나는 그녀가 신앙적으로 바로 돌아오도록 나름대로 신경을 썼다. 신앙에 대한 토론을 하면서 그녀가 잘못된 교리에 빠져 있음을 주지시켰다. 그 과정이 쉽지는 않았지만 우여곡절을 겪은 끝에 결국 그녀를 이단 교회에서 빠져나오게 할 수 있었다. 나중에 그녀는 이런 나에게 고마움을 표시했다.

그녀에게 한쪽 귀가 들리지 않는 장애가 있어서 사병들도 슬쩍슬쩍 그녀를 놀리는 것 같아 내가 보호막 역할을 가끔 하게 되었다. 이런 나에게 R 소위는 은근히 의지하는 것 같았고 이로 인해 내가 그녀와 사귄다는 소문이 부대 내에 쫙 떠돌았다.

나 역시 그녀가 미모를 갖추고 계급도 나보다 높은 소위라 관심이 없는 것은 아니었다. 그러나 당시 나는 최소 30세까지는 결코 결혼을 안한다고 다짐하고 있었다. 그 이유는 내 슬픈 가족사 때문이라고 할 수 있다. 일찍 어머니를 여의고 계모 밑에서 자라온 내가 이 사실을 뒤늦게 알고 아버지와 절연하다시피 하며 고학을 하며 살아왔기 때문에 내가 모든 면에서 안정을 찾고 가정을 잘 꾸릴 수 있는 능력과 처지가 되어야 당당하게 결혼하겠다고 스스로 결심하고 있었던 것이다.

한번은 토요일에 그녀와 함께 외출을 나갔다가 R 소위의 오빠와 언니를 만나게 되었다. 그런데 인쇄소를 하는 그 오빠는 내게 동생을 잘 부탁한다고 하고 교사인 언니도 마치 내가 그 집 사위나 된 것처럼 대해 무척 당황스러웠다. R 소위는 내가 보인 호의를 애정으로 받아들이고 집에다 장차 결혼을 생각하며 교제하는 사이라고 이야기한 것 같았다. 덜컥 부담이 몰려왔다. 당시 나는 군인이고 사회에 나가 직장을 얻고 자리를 잡으려면 아직 멀었으므로 결혼을 생각할 때가 아니었다. 그러므로 여기서 우물쭈물하다 보면 상황이 진전될 수도 있다는 생각에 모두에게 상처를 주지 않고 그녀와 멀어지는 방법을 찾아보기 시작했다.

　그 무렵 한국 군인들의 베트남 파병이 시작돼 군인 중에서 자원자를 모집하고 있었다. 당시는 6·25 한국전쟁의 참상을 겪은 지 20년이 되지 않은 시기여서 어른들은 전쟁이라면 몸서리를 쳤다. 나 역시 아주 어려서 전쟁을 경험했지만 피부로까지 느껴지지는 않았고, 월남전에 참전하는 것이 그녀에게서 자연스럽게 멀어지는 길이라고 여겨졌다. 그래서 육군본부에 월남전 참전 신청서를 제출했다.

#4
십자성 부대에서 펜팔로 만난 아내

　대한민국 군인의 월남전 파병은 1964년 9월부터 1973년 3월까지 한국 정부가 베트남 전쟁에 전투 부대를 참전시킨 것이다.

　6·25 한국전쟁은 미국을 중심으로 한 자유 우방의 지원으로 승리했다. 그런데 이와 비슷한 베트남전쟁을 남의 일처럼 바라볼 수 없어 박정희 정부는 존슨 대통령의 참전 요청에 "한국전쟁에 참전한 우방국에 보답한다."는 명분을 내세우고 국가 안보 차원에서 국회의 동의를 얻어 파병을 결정했다.

　제1차 파병은 이동 외과병원 요원 130명과 태권도 교관단 요원 10명 등 140명이 1964년 9월 11일, 해군 LST편으로 부산항을 출항해 22일 사이공에 도착한 것으로 기록되어 있다.

　이후 2차로 후방 지원과 건설 지원 임무를 수행하는 2,000명 규모의

베트남 파병 시 감찰부대에 배속돼 근무하던 장요나 선교사(가운데)

비전투 요원 '비둘기 부대'가 파병됐다. 이어 전투부대인 수도사단과 제2해병여단이 차례로 파병되었다. 이로써 미군은 베트남에서 상당한 전투력을 보강했다.

미국 정부는 "베트남의 작전 환경에 한국군이 가장 적합하다."는 결론을 내리고 한국군 전투 병력의 증파를 요청했다. 한국 정부도 "5만 명까지 무리가 없다."며 수도사단 제26연대와 제9사단 파병까지 결정했다.

나는 전투부대인 맹호부대에 지원하기로 했다. 남자로서 생과 사가 넘나드는 전쟁터에서 인생을 진지하게 생각하고 고민해 보는 것이 필요하다는 생각이 들었다. 사실 그것보다는 연인 관계로 소문이 나버린 R 소위에게서 멀어져야 한다는 생각이 더 크게 작용했다. R 소위는 내가 월남으로 가는 것을 매우 반대했으나 결심을 꺾을 수 없자 기다리겠노라며 자주 편지로 연락할 것을 당부했다. 그녀에게 미안했지만 나로서는 어쩔 수 없는 선택이었다.

당시 월남으로 파병되는 병사들은 월남과 비슷한 지형을 만들어 놓은 강원도 화천에서 4주 훈련을 받은 뒤 떠났다. 그런데 이상하게도 나는 화천에서도 내가 가려던 전투부대인 맹호부대에서 제외되고 후방 군수지원부대인 십자성부대에 배속되었다. 주변의 지인들이 나를 배려해 내가 원하지도 않은 길로 가도록 했으니 이것도 지금 생각하면 하나님께서 인도하신 것이라 간증하지 않을 수 없다. 당시 전투부대는 사망자가 적지 않았기 때문이다.

부산을 출발한 군함은 일주일 만에 나를 베트남 나트랑에 데려다 놓았다. 군 막사 침대가 4층까지 있는 것이 신기했다. 나는 207보충대에 배속돼 임지가 결정되기를 기다리고 있었다.

나는 수색중대에 배속돼 총을 쏘면서 군 생활을 하고 싶었는데 이 역시도 내 마음대로 되지 않았다. 보충대에서 대기하고 있는데 앞서 이곳으로 온 고등학교 동기가 나를 찾아왔다. 군에서도 힘이 좋은 부관부 소속이던 친구는 감찰 참모부에 결원이 있어서 그곳에 나를 추천해 주겠다고 했다. 내 나름으로 학벌도 있고 교사로 지낸 경력도 통했는지 바로 감찰부로 발령받았다.

육군부대 감찰부는 말 그대로 군부대의 비리를 발본하는 부서로 그 힘이 컸다. 나는 일개 사병임에도 사복을 입고 권총을 차고 다녔으며 군용 지프차도 자유롭게 이용했다. 장교 전용 식당도 마음껏 드나들었다.

장교들은 감찰반이 떴다 하면 눈치 보기에 급급했다. 당시만 해도 군부대 물자를 사사로이 이용하는 경우가 많아 누구든 털기 시작하면 걸리게 되어 있었다.

감찰부엔 베트남 여성 군속이 타이피스트로 일하고 있었다. 장난기가 많았던 감찰부 요원들이 그 타이피스트에게 내 이름 '장주석'을 제대로 가르쳐 주지 않고 '여보'라고 가르쳤다. 그랬더니 타이피스트가 나를 볼 때마다 '여보'라고 하는 통에 주변에서 웃음보가 터지곤 했다.

내가 월남으로 온 뒤 R 소위는 하루가 멀다 하고 편지를 보내왔다. 그녀에게 잠시 관심을 보이고 호감을 갖기는 했지만 진지하게 배우자감으로 생각한 것은 아니었기에 답장을 일절 하지 않았다. 정을 떼야 한다고 결심한 것이다. 그랬더니 나중에는 편지가 점점 뜸해지고 원망하는 듯한 편지가 오더니 더는 연락이 오지 않아 결국 관계가 끊어졌다. 사실 그녀에게 관계를 유지할 여지를 준 사람은 나였기에 결과적으로 미안한 마음이 들었다.

베트남은 날씨가 더워서 한창 더운 오후엔 점심식사를 하고 낮잠 시간을 가졌다. 이때 잠을 자지 않는 장병들도 많아 한국에서 파월 장병 위문 방송을 12시부터 1시 반까지 해 주었다. 코미디언인 송해 씨가 사회를 보면서 전국 곳곳을 찾아가 파월 가족들을 만나 안부를 묻고 노래를 하는 프로그램이었다.

그러던 어느 날, 수원을 찾아 수원도청에서 녹음한 방송을 듣게 되었다. 이 프로그램에 파월 병사를 둔 누나와 남동생이 출연했다. 송해 씨가 두 사람에게 남동생과 형이 근무하는 부대가 어디냐고 묻자 내가 소속된 백마부대라고 대답해 더 관심이 갔다. 누나와 동생은 방송에서 파월 군인이 된 남동생과 형의 안부를 물으며 건강하길 기원했다.

사병의 누나에게 송해 씨가 한마디 하라고 하자 "동생아. 건강하게 잘 지내지. 여기는 부모님과 나, 그리고 네 동생들까지 다 잘 있으니 걱정하지 마. 건강하게 잘 근무하다 우리 기쁘게 만나자"라고 말하는데 그 목소리가 얼마나 조신하고 예쁜지 몰랐다. 이어서 노래하는 순서가 되었다. 남동생이 기타를 치고 누나가 노래 '에델바이스'를 불렀다. 목소리도 좋은데 노래는 더 꾀꼬리같이 잘 불렀다.

나는 이 사병의 누나가 부른 노래에 홀딱 반하고 말았다. 그래서 노트에 백마부대 사병의 이름과 부대 소속을 적은 뒤 방송 팀에 연락해 이 날 방송분에서 에델바이스를 부른 사람의 노래만 녹음해 달라고 요청했다. 그리고 이 노래, 에델바이스를 듣고 또 들었다. 이상하게 내 마음을 포근하게 감싸주는 음성이라 아무리 들어도 싫증이 나지 않았다. 나중에는 얼마나 들었는지 카세트테이프가 늘어질 정도였다.

이후 백마부대를 수소문해 그 사병이 어느 부대에서 근무하는지 찾아보았다. 감찰부에 있는지라 소속을 확인하는 것은 전혀 어렵지 않았다. 그 친구는 서울대학교 약학대학을 졸업했으며 위생병으로 근무하고 있었다.

하루는 아예 날을 잡아 지프차를 타고 그 친구가 근무하는 의무중대를 찾았다. 사복에 권총을 차고 지프차에서 내린 내가 그 사병을 찾자 의무부대에서 너무나 놀라워했다. 당연히 내가 장교인 줄 알고 기립해 거수경례를 하고 부동자세를 취했다.

나는 괜찮으니 편한 자세를 하라고 한 뒤 호구 조사에 들어갔다. 그 친구는 방송에 나온 대로 누나와 남동생이 있다고 했다. 내가 방송을 들고 찾아온 것을 까마득히 모르는 그는 내가 누나가 이쁘냐고 묻자 큰 목소리로 "네, 이쁩니다."라고 대답했다. 방송에서 노래를 부른 그녀는 나와 동갑인 1943년생이었다.

알고 보니 그녀는 수도사대에서 식품영양학을 전공한 뒤 세종대학에서 학생들을 가르치는 대학 강사라는 사실을 알아냈다. 미국으로 유학 갈 준비를 하고 있다는 이야기도 동생을 통해 전해 들었다. 내가 사진이 있느냐고 물었더니 가족이 함께 찍은 사진을 보여주었다. 내 예상보다 훨씬 예뻤다. 나는 1차로 목소리에 반하고 2차는 노래에 반했는데 이번엔 얼굴에도 반하고 말았다.

사병에게 조용히 집주소를 알려 달라고 하자 즉석에서 적어 주었다. 나는 부대로 돌아가 곧장 장문의 연애편지를 썼다.

"우연히 방송을 듣다가 태정 씨의 에델바이스 노래를 듣게 되었습니다. 음색이 맑고 깨끗해 너무나 좋았습니다. 그래서 노래를 녹음해 듣다가 동생이 근무하는 백마부대를 찾아 주소를 알게 되었습니다. 이렇게 편지로나마 안부를 나누며 펜팔을 하길 원합니다. 허락해 주시면 좋겠습니다. (중략)"

나는 그 편지봉투 안에 미제 껌 4개를 함께 넣어 보냈다. 그녀는 내 편지를 받고 당황했을 것이다. 생면부지의 사람인 데다 동생에게 주소를 받아서 보낸 편지였을테니 바로 연락을 해 보았을 것이다. 동생 말을 들으니 군에서 높은 사람 같기도 하여 무시할 수 없었을 것이다. 얼마 후

답장이 왔다.

두근거리는 마음으로 개봉하니 일반적인 안부 인사와 함께 껌도 잘 받았다며 동생을 잘 챙겨주길 원하는 누나의 마음이 담겨 있었다. 이때부터 그녀와 나의 펜팔이 본격적으로 시작되었다.

이렇게 펜팔로 인연을 맺은 여성이 후일 바로 나와 결혼한 아내다. 돌이켜 보면 아내를 만난 것이 내게는 축복이고 감사의 조건이지만 아내로서는 나를 만난 것이 가시밭길의 시작이었다고 할 수 있다.

#5
사업부도 후 종합상사에 취직하다

월남에서 나는 1년 연장 근무를 신청해 제대가 늦어지게 되었고 한국으로 휴가를 나왔다.

나는 제일 먼저 수원에 사는 그녀를 찾아갔다. 정말 자그마한 체구에 여성스럽고 얼굴도 미인이었다. 사진으로 보긴 했지만 늘 마음으로 상상했던 바로 그 모습이었다.

나의 구애는 더 열정적이 되었다. 휴가를 마치고 월남에 돌아와서도 더 많은 연애편지를 썼다. 이때 얼마나 편지를 많이 썼는지 내 문장력이 이 시기에 완성된 것이 아닌지 모르겠다.

그녀의 아버지는 오랜 기간 공직에 몸담아 생활하다가 정년퇴직을 한 후 수원에서 그 나름으로 유지로 지내고 있었다. 나는 군에서 제대한 후 한번 찾아뵙고 인사를 드렸는데 사윗감으로 그리 탐탁지 않게 여기는 눈빛이었다. 그것은 어찌보면 당연한 일이었다.

드디어 군 생활을 마무리하고 제대했다. 보통 내 나이면 직장 생활을 하는데 나는 곧장 사회로 뛰어들어 사업을 시작했다. 당시 시장에서는 계란을 모두 짚으로 싸서 꾸러미로 만들어 팔았다. 한 꾸러미에 계란이 10개 들어 있었다.

1960년대는 남의 집을 방문할 때 계란 한 꾸러미나 설탕을 사서 가지고 가는 것이 제법 큰 선물이었다. 여기서 더 큰 선물은 돼지고기나 소고기를 한 근 사서 가는 것인데 그러기가 쉽지 않을 만큼 경제 사정이 다들 어려웠다.

계란을 짚으로 싸면 짚이 약해서 보관과 이동 과정에서 깨지는 경우가 많았다. 그래서 이런 방식에서 벗어나 요즘처럼 폐지를 눌러 만든 계란판이 막 나오려 하는 단계였다.

나는 이 신형 계란판을 보자마자 돈이 되겠다 싶어 곧바로 이 사업에 뛰어들었다. 그런데 그것은 시기상조였다. 종이 계란판이 튼튼하고 좋은 점은 인정하지만 당시 상황에서 초기 매입에 돈이 많이 들어가니까 판매 상인들이 구입을 꺼렸다. 그리고 10개 단위 개수에 워낙 익숙해져서 더 큰 판을 매매하는 것에도 부담을 느끼는 것 같았다. 나는 그동안 모은 돈을 이 사업에 다 쏟아부었던 터라 사업이 실패로 돌아가자 낙심이 컸다.

결국 나는 이 사업을 접고 말았다. 얼마 지나지 않아 이 종이로 만든 계란판은 없어서 못 팔 정도로 대히트를 했다. 내가 좀 더 버티지 못한 것은 지금도 안타깝게 여기는 부분이다.

당시 월남전 파병 장병에게는 생명 수당이란 것이 지급되었다. 이것이 당시에는 적은 돈이 아니었다. 미국에서 한국 정부에 군인 인원수에 맞게 지급한 것을 일정 부분 떼고 나누어 준 것으로 안다. 군에서 제대하면서 월급과 생명 수당으로 모은 돈을 이 사업을 하면서 다 잃은 나는 마땅히 할 일이 없었다. 새로운 일을 찾아 나서면서 시간이 많아지자 수원에 자주 내려가 그녀와 데이트를 더 많이 하게 되었다.

한번은 날을 잡고 데이트를 하려고 속리산으로 등산을 갔다. 그런데 그날 갑자기 폭우가 쏟아져 내리는 바람에 도저히 하산할 수 없었다. 결국 쉼터에서 비가 그치기를 한참 기다리다 늦은 시간에 내려왔는데 수원행 마지막 차편이 끊겨 하룻밤을 여관에서 묵게 되었다.

우리 커플은 사실 둘 다 아주 보수적이라 데이트를 하면서 키스도 한번 안 한 사이였다. 그런데 막상 밤을 함께 지새우게 되니 젊은 청춘남녀인 데다 적적해서 술도 한 잔 마신 터라 사고가 나고 말았다. 결혼 전이었지만 선을 넘어버린 것이다.

이후 우리는 여전히 서로 연락은 하면서도 겸연쩍기도 하여 어느 한쪽이 적극적으로 나서지 않아 결혼 이야기가 나오지 않았다. 장인 될 분이 나를 탐탁지 않게 여기는 것 같았기 때문이기도 했다.

그런데 3개월여가 지났을 때 장인 될 분으로부터 급한 호출을 받았다. 수원으로 내려가 보니 엄청난 소식이 나를 기다리고 있었다. 단 한 번의 사고(?)로 그녀가 임신한 지 3개월이 되었다는 것이다. 당시만 해도 처녀가 결혼 전에 임신한다는 것은 생각할 수도 없고 어른들은 집안 망신이라고 여길 때였다.

장인 될 분이 무조건 빨리 날을 잡아 결혼식을 올리자고 했다. 결국 우리는 1972년 11월 28일, 서울시민회관에서 결혼식을 올렸다. 아내도 아버지의 뜻을 따르지 않을 수 없었다.

서울시민회관은 현재 세종문화회관이 설립되기 전에 있던 건물로 당시 결혼식장으로 많이 사용되었다. 이곳은 1972년 대형 화재가 나서 사라졌고 그 자리에 지금의 세종문화회관이 들어섰다.

워낙 급작스럽게 올린 결혼식이라 내 친구들에게는 연락을 많이 하지 못해 신부 측 하객이 신랑 측보다 훨씬 많았다. 식이 끝나고 하객들과 사진을 찍는데 "신랑이 뭐하는 사람이야?"라는 소리가 들려오기도 했다. 당시 나는 사업을 한다고 이리저리 왔다 갔다 했지만 두드러지게 내세울 것이 없는 상태였다.

우리는 결혼식을 마친 후 온양 온천으로 신혼여행을 갔다가 아내의 친정이 있는 경기도 수원에 신혼집을 얻었다.

결혼 후 장인의 도움을 좀 받아 이번엔 '찬바람 나오는 냉장고' 사업을 시작했다. 이것은 냉장고에서 나오는 열기를 냉풍으로 전환하여 냉장고와 에어컨의 2중 효과를 동시에 보여준다는 그럴듯한 이론이었지만 실제 기기는 그렇지 못했다. 화난 소비자들이 냉장고를 반품하며 항의를 해왔다. 이 역시 처음엔 뭔가 잘되는가 싶었는데 사업에 경험이 별로 없던 나는 또 고스란히 실패하고 말았다.

할 수 없이 사업을 접고 직장인이 되기로 했다. 대한종합식품이라는, 펭귄표 통조림을 판매하는 회사에서 신입 직원을 모집한다는 광고를 냈기에 이곳에 지원해 면접을 보고 합격했다. 그때가 1973년이었다.

군 제대 후 사업을 하다 실패하고 종합상사에 취직했던 시절의 장요나 선교사(오른쪽)

대한종합식품은 1966년에 설립된 회사로 농수산물 음료 및 통조림을 가공하여 판매하였다. 나중에 벽산그룹으로 합병되었는데 처음에는 포항과 대전에 공장을 두고 활발히 사업을 했다.

나는 벽산그룹과 통합되기 1년 전에 입사했다. 판매 촉진과에 발령을 받아 공장에서 생산된 통조림을 팔기 위해 전국을 뛰어 다니며 홍보했다. 그때 나는 사람들의 마음을 끄는 광고와 홍보에 대해 많은 것을 배웠고 이것이 후일 선교에도 많은 도움이 되었다. 이렇게 보면 하나님은 그때부터 나를 선교사로 조금씩 훈련시킨 것일 수 있다.

통조림은 주로 복숭아 통조림, 꽁치 통조림, 청포도 통조림을 판매했으며, 전국을 무대로 통조림 판매에 열을 올렸다. 나는 리어카에 통조림 안내 현수막을 붙이고 산꼭대기 달동네까지 땀을 뻘뻘 흘리며 올라가 제품을 알리고 판매까지 했다. 아이디어를 내어 홍보 가운을 만들었고 구멍가게에서도 통조림을 팔 수 있도록 유통망을 넓혔다.

나는 회사에서 괴짜 같은 사원이라고 불릴 정도로 물불 안 가리고 열심히 일에 뛰어들었다. 나는 요즘 젊은이들이 직장에서 근무 시간을 정확히 지키고 공과 사를 너무나 분명하게 챙기는 것을 잘 이해하지 못한다. 내가 옛날 사람이라 그런지 휴무일도 없이 밤늦게까지 내 일처럼 열심히 뛰었던 기억이 생생하기 때문이다.

이렇게 열심히 뛰었던 덕분일까. 펭귄표 통조림이 벽산그룹에 합병된 후 나는 오너인 김인득 회장님의 눈에 띄어 기획실장의 자리에까지 오르게 되었다. 당시 벽산그룹은 을지로 3가에 있었다. 모두들 퇴근했는데 나는 혼자 남아 잔업을 하고 있었다. 그런데 김인득 회장님이 퇴근하며 사무실을 둘러보다 나를 발견하고 한마디 하셨다. 이렇게 내가 회사에 남아서 일하는 모습을 여러 번 보신 후 하신 말씀이었다.

"장 군. 내일부터 6층 내 방 옆 기획실로 자리를 옮기게나."

나의 열정과 성실함이 인정받는 순간이었다.

#6
아들의 사고를 통한 서원 기도

나는 벽산그룹 기획실로 옮겨가서도 맡겨진 일에 최선을 다했다. 남보다 항상 먼저 출근하고 제일 나중에 퇴근했다. 회장님이 일을 지시하면 차트로 A안, B안, C안 세 종류를 만들어 보고해 선택하시도록 했다.

나는 점점 김인득 회장의 총애를 받으면서 차장에서 부장으로 고속 승진했다. 나중엔 비서실장을 겸한 기획실장까지 맡게 되었다. 이 때문에 회사 내부에서 질시와 부러움의 눈총을 동시에 받아야 했다.

이쯤에서 신앙 이야기를 해야 할 것 같다. 앞에서도 잠시 밝혔지만 나는 모태 신앙인이다. 부모님이 모두 신앙생활을 열심히 하셔서 나 역시 주일학교를 열심히 다녔다. 성경 암송을 잘해 교회학교 선생님들의 귀여움을 많이 받았다.

그러나 고등학교 시절 대전에서 학교를 다니느라 부모님과 떨어져 지내면서 교회와 서서히 담을 쌓았다. 그런데도 나는 스스로 기독교인이라는 기본적인 정체성은 갖고 있었다. 기독교에 대해 진지하게 고민해본 것은 연세대학교를 다니던 대학 시절이었다.

모두가 알다시피 연세대학교는 미션 스쿨이다. 학교 채플에 의무적으로 참석해야 해서 예배를 보았지만, 나는 교회를 다녔으면서도 하나님의 존재에 대해서는 분명한 확신이 없었다. 성경도 읽어보고 신앙 서적을 구해 읽으며 하나님의 존재를 규명해 보려고 노력했지만 답을 얻을 수 없었다. 하나님의 존재를 인정해 보려고 해도 마음으로 느껴지거나 다가오지 않았다.

그래도 힘들고 어려울 때 가끔씩 교회에 들러 찬송을 부르고 설교를 들으면 무언가 마음의 평안이 느껴졌다. 어떤 무언의 힘이 나를 위로한다는 것을 어렴풋이 느끼고 있었다. 더구나 결혼한 후 입사한 벽산그룹의 김인득 회장님은 아주 독실한 크리스천이자 장로로 회사의 모든 행사에 기도를 하거나 반드시 예배를 드리도록 했다.

기획실장인 나는 회사에서 드리는 직원 예배의 사회도 자주 보고 내가 직접 기도를 할 때도 있었다. 집 근처 압구정동에 있는 광림교회에 등록해 가족들과 가끔 나갔다. 광림교회에서 집사로 임명까지 되었지만 나는 말 그대로 엉터리 신자였다.

한번은 전날 술을 너무나 많이 마시고 술이 안 깬 상태에서 직원 예배 사회를 보게 되었다. 월요일은 새마을 조회를 하고 화요일은 직원 예배를 드렸다. 그런데 이날을 예배가 아니라 새마을 조회를 하는 날로 착각하고 국기에 대한 경례와 애국가 제창까지 시키는 실수를 범하고 말앉다. 회장님 얼굴이 붉으락푸르락해지는 것을 보고, 또 직원들이 킥킥거리는 웃음소리에 정신이 번쩍 들었던 적도 있다.

열심히 사세를 확장해 나가던 벽산그룹이 암초를 만났다. 1979년 10·26 사태가 발생하면서 박정희 대통령이 시해되고 정권이 바뀌면서 일부 기업들이 된서리를 맞기 시작한 것이다.

나는 벽산그룹 임원으로 김인득 회장의 여러 중요한 심부름과 일처리를 하면서 정계와 경제계 등 다양한 사람들과 교제의 폭을 넓힐 수 있었다. 그래서 기업인으로 인정받았고 당시 국가보위비상대책위원회 상공분과위원회 연구위원으로 위촉되기도 했다. 따라서 정부와 연결되는 프로젝트에도 참여하곤 했다.

1981년, 나도 이제는 어느 정도 컸다고 생각하여 벽산그룹에 사표를 냈다. 작아도 내 사업을 시작해야 할 때라고 여긴 것이다. 안정적인 것보다 늘 모험을 택하는 내 성향도 있었지만 좀 더 큰 물에서 놀고 싶었다. 김인득 회장님은 물론 회사 측에서 적극적으로 만류했지만 내 마음 속에서 직장 생활은 여기까지라고 판단했다.

나는 여러 사람들과 발을 넓혀 놓은 것이 계기가 되어 정치에 참여해 보라는 권유를 받기도 했다. 당시 여당인 민정당에서 공천해 줄 터이니 내가 살았던 적이 있어서 연고가 있는 서울 관악구에 출마해 보라고 한 것이다. 당시 내무부 장관과 체육부 장관을 역임한 노태우 씨와 잘 지낸 일이 어떻게 줄로 연결된 것 같았다.

난 한마디로 거절했다. 정치판엔 결코 들어가고 싶지 않았다. 정치인들의 결말이 좋은 경우를 많이 보지 못했다. 겉만 번지르르할 뿐 속은 암투와 공격, 음해로 뭉쳐진 이합집산의 세계에 들어가는 것은 인격을 버려야 하는 일이라 여겼다.

내가 벽산그룹에서 나와 처음 시작한 일은 건설이었다. 내가 나올 당시 벽산그룹도 33개 계열사 중 5개가 건설업이었기에 내가 일하는 데 도움을 많이 받았다. 이 무렵은 1986년 아시안게임과 1988년 올림픽이 서울에서 열리기로 확정된 터라 국내 건설 경기가 최호황이었다. 더구나 여기에 대규모 아파트 단지들이 들어서면서 건설 경기를 부추겼다. 한마디로 이때는 건설업자들이 돈을 무더기로 벌던 시절이었다.

나는 벽산에 근무하면서 집을 논현동으로 이사했다. 아들만 둘을 연년생으로 둔 나는 이곳에 와야 8학군에 소속되어 좋은 중고등학교를 다니게 되고 대학 진학도 유리하다는 의견을 반영한 것이었다.

나는 사업을 본격적으로 하면서 예전보다 신앙이 더 약해졌다. 접대를 해야 하니 하루가 멀다 하고 술자리를 가졌다. 무늬만 크리스천이지 세상 사람과 구별되지 못했다. 기독교인으로서 하지 말아야 할 부끄러운 일도 저지르곤 했다. 주일에 일이 생기면 교회에 안 나갈 핑계가 생겼다며 오히려 좋아했다.

그래도 마음 한편에선 언젠가 이러다 하나님께 한번 된통 혼나는 것은 아닌가 하는 두려운 마음이 있었다. 내가 두려운 마음을 가지게 된 데는 나름대로 사연이 있었다. 내가 하나님께 드린 서원 기도 때문이다.

사연은 이렇다. 둘째 아들 지훈이가 세 살 때 엄청난 사고를 당한 적이 있었다. 그날도 술에 잔뜩 취해 집으로 기분 좋게 들어왔는데 일하던 가정부가 사색이 되어 있었다. 이날은 연휴를 앞두고 있어 아내가 두 아이를 데리고 수원 친정집에 내려가고 없는 상태였다.

"사장님. 큰일 났어요. 지훈이가 수원 외할머니 댁에서 끓는 물에 빠졌대요. 빨리 가보셔야 해요."

술이 순식간에 확 깼다. 보통 시골에서는 부뚜막에 큰 무쇠솥을 걸어놓고 아궁이에 불을 때 뜨거운 물을 상시 끓인다. 그런데 아이들이 뛰놀다가 미끄러져 이 끓는 물에 빠지는 사고가 시골에서는 자주 일어났다.

나는 정신없이 밖으로 나가 택시를 타고 수원으로 향했다. 전통적인 양반 기와집인 처갓집은 대문에서 안방까지 거리가 좀 있었는데 그것이 내게 얼마나 길게 느껴지는지 몰랐다.

지훈이는 전신에 흰 붕대를 휘감고 숨을 헐떡이고 있었다. 아내는 그 옆에서 기절하다시피 누워 있었고 장모님은 바닥을 치며 울고 계셨다.

"여보, 어떻게 해요. 우리 훈이. 병원에서 살리기 힘들다고 집으로 데려가라고 해서 그냥 데려왔어요. 엉엉."

아내는 기절했다 울었다를 반복했다. 외동딸인 아내는 친정에서 유독 귀여움을 많이 받으며 자라 어려운 일이 있거나 애 둘을 키우기가 너무 힘들면 친정 나들이를 자주 했다. 그나마 장모가 애들을 좀 봐주면 쉴 수 있었던 것이다.

장모는 딸에게 몸보신을 해준다고 사골국을 펄펄 끓이고 있었다고

52

한다. 일하는 사람이 기름을 걷어내고 잠시 자리를 비운 사이 부엌과 방을 연결하는 쪽문에 기대어 있던 아이가 쪽문이 갑자기 열리면서 함께 떨어져 사골을 끓이는 가마솥에 빠진 것이라고 했다.

나는 아이를 두 팔로 조심스레 받치고 차를 불러 다시 병원으로 달려 갔다. 그리고 병원이 떠나갈 듯 소리쳤다.

"당신들. 의사 맞아. 아이가 이 지경인데 죽는다고 집으로 돌려보내 다니 말이 돼. 당신 아이면 집에 가라고 하겠어. 내 아들 어서 치료해요. 당장 살려내라니까."

내 목소리가 병원 안을 쩌렁쩌렁 울렸다. 내 기세가 얼마나 등등했던 지 의사는 아이를 다시 눕히고 감은 붕대를 가위로 잘라내기 시작했다. 붕대 안에서 드러난 아이의 살갗은 차마 눈뜨고 볼 수 없을 정도로 처 참했다.

자지러지게 우는 아이의 울음에, 아내와 장모의 울부짖음에 정신이 아득했지만 나는 그 자리서 바로 꿇어앉았다. 부정(父情)의 외마디 기도 가 저절로 내 입에서 터져 나왔다.

"하나님. 아들을 살려 주세요. 꼭 살려 주셔야 합니다. 아들을 살려만 주시면 저는 하나님이 하라는 그 무엇도 다 하겠습니다. 아니 주의 종 이 되겠습니다. 복음을 전하는 목사가 되겠습니다. 제발 아들만 살려주 십시오."

나는 아들이 이렇게 된 것이 나의 죄 때문이라는 생각이 들어 더 큰 목소리로 하나님께 회개하며 기도했다. 인간은 절체절명의 순간에 정말 간절하고 깊은 기도가 나온다. 전심을 다한 내 기도는 한동안 이어지며 계속됐다. 후일 장모가 아내에게 "장 서방, 엉터리 신자인 줄 알았는데 기도를 그렇게 잘하는 줄 몰랐다."라고 했을 정도였다.

병원 바닥에서 처절하게 울부짖은 내 기도에 하나님은 응답해 주셨다. 의사가 치료가 안 돼 죽으니 돌아가라고 했던 아이가 흉터도 없이 말끔하게 고침을 받고 살아난 것이다.

돌이켜 보면 이것은 하나님이 나를 돌이켜 세우기 위한 1차 경고였음에도 나의 아집과 세속적 욕망은 이 사실을 까마득하게 잊어버리게 만들었다. 나는 하나님의 은혜를 잊어버린 채 또다시 세상을 향해 거침없이 걸어 들어가 즐기고 마시고 놀았다. 내가 하나님께 서원 기도를 했다는 사실조차 잊어버리는 어리석음을 범한 것이다.

#7
식물인간이 되다

인간은 망각의 동물이라는 말에 나는 절절히 공감한다. 아들의 사고로 하나님께 간절히 기도하고 응답을 받아 치료가 되었음에도 시간이 흐르면서 점점 나는 재미있게 세상을 즐기던 예전의 생활로 돌아가고 있었다.

회사를 나와서 시작한 건설업이 점점 자리를 잡았고 돈도 벌게 했다. 나는 1984년 아시안게임에서 치러질 부산 수영만 보트 경기장 일부의 하청을 맡아 공사를 시작했다. 공사는 수의 계약으로 따내어 돈 버는 것이 땅 짚고 헤엄치는 것처럼 쉬웠다.

문제는 감리하는 업자들을 잘 구슬려 트집을 잡게 하지 않는 것이 내 몫이었다. 이 건설업에다 부산의 옥외 광고회사까지 차려서 한마디로 성공한 사업가로 잘나가고 있었다.

부산에서 공사를 지휘 감독해야 하는 나는 부산 서면 무등장호텔에 장기 투숙 계약을 한 뒤 그곳에서 지냈다. 주말에 가끔 서울 논현동 집에 올라가기도 했는데 한 달에 한두 번 정도 갈 만큼 바빴다. 밤새 술을 마시고 호텔로 돌아가도 잔소리하는 사람이 없으니 좋았다.

어느 주일날이었다. 바쁘다는 이유로 서울 가족에게 가지도 않고 토요일에 신나게 술을 마셨고 이 때문에 주일에 가끔 나가는 수영로교회 주일예배도 빼먹었다.

오후가 되니 다시 심심했다. 건설 감독과 업자들에게 전화를 돌렸다. 범어사 입구에는 백숙집들이 많았는데 그곳에 모여 고스톱이나 치자고 했다. 난 업자들과 고스톱을 치면서 일부러 돈을 잃어주는데 이것이 일종의 접대인 셈이었다. 그러니 고스톱을 치자면 모두들 신나게 달려오곤 했다.

고스톱 같은 잡기엔 취미도 관심도 없었던 내가 업자들과 자꾸 어울리다 보니 이것에도 조금씩 재미가 붙기 시작했다. 거룩한 주님의 날에 이렇듯 고스톱을 치며 술을 마시다 보니 시간이 훌쩍 지나 얼큰해진 상태로 택시를 타고 호텔로 돌아왔다. 평소와 달리 몸이 무겁다는 느낌이 들었다. 그러나 푹 자고 나면 괜찮을 것이란 생각에 바로 잠자리에 들었다.

그런데 그다음 날 아침, 나는 인간 장주석의 시대를 마감하고 하나님의 만지심이 시작되는 첫날을 맞이하게 된다.

월요일 아침, 눈을 떴다. 오늘도 해야 할 일이 산더미 같았다. 누구를 만나고 무슨 일을 처리해야 할지 머릿속에서 업무를 순서대로 배열하고 있는데 얼굴의 느낌이 이상했다. 얼굴 한쪽이 당겨지는 느낌이 들었다. 이상하게 여겨져 거울을 봤더니 입이 왼쪽으로 돌아가 있었다.

"어! 이상하다. 내가 왜 이러지. 찬 바닥에서 자면 입이 돌아간다는데 난 침대에서 잤는데, 무슨 일이지."

약간 어지러움증도 있었지만 괜찮을 것이라 여기고 출근길에 약국에 들러 우황청심환을 하나 사먹었다. 그런데 회사에 와서도 몸이 이상했다. 온몸이 굳어가는 것 같았고 증상이 점점 빨라지면서 몸이 점점 나른해졌다.

몸이 심상치 않은 것을 느낀 나는 급히 김해공항으로 가서 비행기를 타고 서울로 올라왔다. 전조 증상이 치료를 잘 해야 할 것 같았기 때문이다. 논현동 집 근처에 있는 안세병원으로 아내와 함께 달려갔다. 여러 가지 검사를 받았다. 의사는 특별한 원인을 모르겠다며 그냥 집에서 푹 쉬라고 했다.

그런데 내 몸은 점점 더 이상해지고 있었다. 혀가 더 꼬이고 눈도 잘 보이지 않았다. 급히 영동세브란스병원을 다시 찾았고 여기서 다시 온갖 검사를 받던 나는 결국 그곳에서 의식을 잃고 말았다.

그때부터 나는 여러 종합병원을 전전했다. 뇌졸중인데 내 상태는 현대의학으로는 치료가 힘들다고 진단했다. 한마디로 사형선고를 받은 셈이었다. 너무나 놀랍고 고통스러웠지만 치료가 안 된다니 무한정 병원에 입원할 수도 없었다. 아내는 결국 나를 집으로 다시 데려왔다.

그나마 의식은 돌아왔는데 온몸이 말을 듣지 않았다. 나의 몸과 병은 한마디로 속수무책이었다. 청각은 살아 모든 걸 들었지만 두 눈은 하얀 막 같은 것이 끼어 전혀 보이지 않았다. 내가 말은 하지만 음성으로 전환되지 않고 내 입안에서만 맴돌았다. "여보!"라고 아무리 불러도 그것은 내 생각일 뿐 입이 움직여지고 목소리로 전환돼 밖으로 나오지 않았다.

내 상태가 어떤지 너무 궁금했지만 몸이 전혀 움직이지 않고 눈앞은 뿌옇기만 하니 내 모습을 볼 수 없었다. 말 그대로 의식만 살아 있는 식물인간이었다. 호흡도 혼자는 벅차 옆에 산소 호흡기를 달았다.

나도 내 몸이 이렇게 된 사실에 미치도록 답답하고 괴로웠다. 아내는 이런 나를 안타깝게 바라보며 눈물지었다. 그러나 묵묵히 대소변을 받아내고 옷을 갈아입히며 정성껏 간호를 해 주었다.

나는 아내가 기저귀를 갈아주러 올 때마다 "여보, 나 좀 살려줘 제발. 나도 답답해 미치겠어."라고 온 힘을 다해 외치곤 했다. 그러나 그것은 내 생각 속의 외침일 뿐 내 표정으로 또 목소리로 전환되지 못했다.

나를 걱정하며 많은 사람들이 병문안을 왔다. 꼼짝없이 누워 있으니 사람들은 당연히 내가 듣지 못할 것으로 여기고 아내가 잠시 자리를 비우면 그 속내를 다 드러내곤 했다.

"어머머 세상에. 이런 걸 식물인간이라고 하는 건가 봐."
"장 사장, 이럴 줄 알았어. 그렇게 술 마시고 놀더니만. 쯧쯧."
"이렇게 혼수상태로 있으니 산소 호흡기 떼고 유동식 안 주면 그냥 죽는 거야."

내 밑에서 그렇게 고분고분하게 일하던 직원들조차 아내에게 내가 한눈 팔아 바람피운 일이 있다는 것까지 고자질하는 것을 보고 정말 믿을 인간이 없다고 한탄했다. 당장 그 친구 멱살이라도 잡고 싶었지만 손가락 하나도 까딱하지 못하는 것이 당시 나의 현실이었다.

고향에 계시던 부모님도 병상의 나를 찾아와 슬피 우셨다. 그리고 나를 포기하는 듯한 발언을 하시는 것에 큰 충격을 받았다. "이 지경이 된 것 어쩌겠니. 더 이상 아프지 말고 편안히 먼저 가라. 나도 뒤따라가겠다."라고 하신 것이다. 아들을 고쳐줄 생각은 하지 않고 의사의 말만 믿고 아들을 포기하는 것이 한없이 야속하고 서운했다.

그런데 인간의 욕망은 어디까지인지 수수께끼 같다. 이렇게 죽음 직전의 식물인간이 되었음에도 나의 자아는 죽지 않았다. 한창 사업이 잘 되는 마당에 왜 이런 일이 생겼는지 그저 화가 자꾸 치밀었다. 그리고 어디에 비밀리 돈을 놓아둔 것, 친구에게 거액의 돈을 빌려준 것, 공사가 차질을 빚어 손해가 날 것이라는 점을 식물인간인 내가 계속 걱정하고 있었다. 여기다 광고모델 건으로 모 여자 탤런트와 만나기로 한 날짜에 못 간 것도 아쉬워하고 있었다.

이것이 바로 인간의 한계였다. 인간의 육(肉)은 이렇게 더 큰 영(靈)의 세계를 깨닫지 못하면 피부로 느끼는 지엽적 세계에만 매몰돼 버린다. 큰 틀을 깨고 나오지 못하는 것이다.

이렇게 식물인간이 되어서도 그랬으니 건강한 몸, 많은 재산, 주위의 명예를 가진 이들에게 육의 세계를 넘어 영의 세계에 깊이 들어가는 길이 얼마나 어려운 일인지 짐작되는 부분이다.

시간은 자꾸 흐르고 있었다. 두 달여가 지나니 내 주변 사람들도 더는 나를 찾아오지 않았다. 모두들 안타까워하고 걱정해주는 듯한 말을 하지만 그 말들이 정말 진정성 있게 느껴지는 경우는 많지 않았다.

더구나 나중에 장모님이 와서 "산 사람은 살고 갈 사람은 가야 한다. 언제까지 산소 호흡기에 기대어 연명할 것이냐. 너도 단단히 결심해라." 라며 아내에게 단호한 말씀을 하실 때는 간담이 서늘했다. 그 말은 곧 이제 산소 호흡기를 떼고 치료를 중단하자는 의미로 들렸기 때문이다.

나를 위해 할 만큼 했으니 산 사람이나 살자는 장모의 말은 딸을 아끼는 마음에서 우러나온 것이지만 내가 죽을 수도 있다는 생각이 들자 그제야 겁이 덜컥 났다. 아내를 향해 절대 산소 호흡기를 떼면 안 된다고 간절히 애원하며 소리를 질렀다. 그러나 그것은 소리 없는 아우성일 뿐 나는 여전히 미동조차 없는 식물인간이었다.

#8
죽음의 문턱에서 만난 하나님

꙳꙳꙳

식물인간으로 지낸 지 5개월여가 되면서 모두들 지쳐갔다. 나 역시 조금씩 자아가 허물어지기 시작했다. 내가 자랑하던 돈, 내가 신나게 좋아하던 그 어떤 것도 죽음 앞에 서면 티끌보다 못한 것이란 사실을 체감해 가고 있었다.

이제야 서서히 모든 것이 체념으로 돌아서기 시작했다. 집도, 사업도, 사무실도, 자동차도 결국 내 것이 아니고 내 생명도 내 맘대로 못한다는 사실을 안타깝고 아쉽지만 인정해야 했다.

그리고 위문하러 온 사람들을 통해 인간의 가면과 가식이 얼마나 무서운 것인지도 뼈저리게 느꼈다. 내가 식물인간이 되었다고 안타까움에 문병을 온 사람들이었지만 잠시 슬픈 표정을 짓고 나서는 자신들끼리 먹고 웃으며 농담했다. 아내가 있는데도 수시로 내 험담을 했다. 진심으로 안타까워하고 눈물 짓는 이는 친가족을 제외하곤 거의 없었다.

식물인간이라 유동식에만 의지하는 내 몸은 점점 말라가고 있었다. 그나마 욕창이 생기지 않은 것은 다행이었다.

시간이 흐르면서 내게 남아 있던 욕심과 아집이 빠져나가기 시작하자 그때야 하나님께서 나를 만지셨다. 먼저 지금까지 한 번도 경험하지 못한 꿈을 너무나 생생하게 꾸기 시작했다.

내 영과 육이 분리되고 천국까지 올라갔다가 땅 밑 지옥으로 떨어지는 환상을 보았다. 그때 본 천국에서는 살아있는 모든 것, 나무며, 꽃이며, 잎사귀며 모든 것이 창조주 하나님을 찬양하고 있었다.

"송축하라! 송축하라!"

너무나 생생하고 아름다운 소리였다. 그 어떤 세상의 음악과도 비교가 안 되는 음색이었다. 색깔 또한 너무나 선명하고 아름다웠다. 사전에 있는 어떤 단어로도 표현할 수 없을 만큼 눈이 부셨다.

그런데 그 속에서 내가 나를 볼 수 있었다. 내가 이곳저곳에 집을 지으며 다니고 있었다. 그리고 야자수 밑에서 많은 사람들이 둘러싼 앞에서 연설을 하고 있었다. 이런 꿈을 한 번만 꾼 것이 아니었다. 비슷하게 여러 번 반복해서 꾸었다.

그때야 나는 하나님을 간절히 찾았다. 내가 얼마나 미련했는지 식물인간이 된 지 9개월이 다 되어서야 기도를 시작한 것이다. 나를 이렇게 만든 하나님을 원망만 했던 내가 드디어 나를 제대로 바라보게 된 것이다. 그리고 둘째 아이가 화상을 입었을 때 서원 기도한 내용을 지키지 않은 것을 그때야 깨닫고 절절한 마음으로 회개했다.

이렇게 식물인간이 되고서도 자아를 깨뜨리지 못하다 봇물처럼 터진 회개는 끊임없이 나를 기도하게 했고 그런 가운데 나를 향한 하나님의 말씀이 어디선가 우렁차게 들려왔다. 교회에서 자주 접했던 말씀이었다.

"환란날에 나를 부르라 내가 너를 도와주리라 네가 나를 영화롭게 하리라."(시편50:15)

또 다른 말씀이 나를 향해 깊고 굵은 목소리로 들려왔다.

"지극히 높은 자에게 제사를 드리고 네 서원을 갚아라."(시편50:14)

나를 향한 이 두 말씀이 너무나 선명하게 내 폐부를 찔렀다. 결국 나는 이 말씀에 완전히 두 손을 들었다. 하나님이 살아 계시고 내 서원을 기억하고 계셨으며 이 식물인간의 고통도 하나님의 섭리 안에 있다는 확신이 들었다. 나를 살리실 이는 오직 하나님 한 분뿐임을 절절히 느끼게 되었다. 나의 기도는 더욱더 간절해졌다.

"하나님, 살아계신가요. 저 한번만 살려주세요. 그러면 이번에는 저번처럼 약속을 어기지 않고 꼭 지키겠습니다. 저 좀 깨어나게 해주세요. 저 좀 살려주세요. 살려주시면 주님의 일을 하겠습니다."

나는 요동도 못 하는 상태지만 마음속으론 하나님께 손발이 닳도록 빌었다. 이렇게 식물인간인 채로 끊임없이 하나님께 매달리며 기도했고 살려달라고 몸부림쳤다. 이런 가운데 내가 세상에서 제일 잘난 줄 알고 으스대며 살던 내 모습이 떠올라 무척이나 부끄러웠다. 내 몸이 이렇게 되고 보니 세상의 부귀영화나 권력은 아무런 소용이 없었다. 제대로 숨 쉬고 잘 먹고 걸어 다닐 수 있는 것만으로도 감사해야 할 조건이었다.

그러던 어느 날, 여전히 기도하는 가운데 내 귓가에 우렁차고 강한 음성이 다시 한번 울렸다. 나를 소스라치게 하는 말씀이었다.

"이제 내가 너를 소유하리라. 요나야, 저 큰 성 니느웨로 가라! 가서 내가 너에게 명한 바를 선포하라!"

형언할 수 없는 엄청난 음성에 놀란 나는 어찌할 줄 몰랐다. 그저 이 것은 하나님의 음성이라는 생각이 강하게 들었다. 그런데 말을 이해할 수 없었다. 나는 요나가 누군지 니느웨가 어딘지 잘 몰랐기 때문이다.

음성이 끝나자마자 어떤 거대한 힘이 내 몸 구석구석을 밀고 들어오는 것을 느꼈다. 다시 몸에 전기가 통하는 것처럼 찌릿찌릿한 느낌이 들었다. 내가 느끼기에도 혈액순환이 되기 시작한다는 느낌이 왔다.

여기에 힘을 얻어 손과 발을 조금씩 움직이기 시작했다. 미세하게 그 움직임이 느껴졌다. 정확히 식물인간이 된 지 10개월 만에 일어난 기적 같은 일이었다.

"하나님, 감사합니다. 저를 살려 주셨군요. 제 기도에 응답해 주셨군요. 감사합니다. 감사합니다."

학교에 갔다 온 큰아들이 인사하러 왔다가 내가 움직이는 걸 보고 제일 먼저 크게 놀랐다.

"엄마, 아빠가 이상해! 아빠가 움직여."

그때만 해도 아내는 내가 혼수상태가 된 지 10개월이 넘으면서 나를 마음으로는 이미 포기하고 있었다고 한다. 그런데 정말 아들 말대로 내몸이 조금씩 움직이니 그 놀라움은 말로 다할 수 없었다. 아내는 조금씩 움직이는 내 손을 잡고 감격스럽게 외쳤다.

"여보. 당신 깨어난 거야. 당신 살아난 거야."

나는 고개를 끄떡였다. 그리고 내게서 나온 첫 육성은 아내를 다시금 놀라게 했다.

"감람산, 감람산, 감람산!"

바로 이 단어가 10개월 만에 식물인간에서 깨어나며 내게서 나온 첫마디였기에 아내가 놀라는 것도 무리가 아니었다.

#9
감림산기도원에서 신앙을 키우다

집에서는 난리가 났다. 내가 10개월 만에 눈을 뜨고 말을 하고 조금씩 움직이니 기적 중의 기적이었기 때문이다. 나는 분명히 하나님께서 나의 간절한 기도에 응답해 주셔서 병을 고쳐주셨다는 것을 확신했다. 그것은 내가 몸으로 느끼고 체험한 생생한 사실이었기 때문이다.

나는 깨어나기 직전 음성으로 들은 '요나'며 '니느웨'며 하는 단어의 뜻을 잘 몰랐다. 성경을 제대로 읽어본 적이 없었기 때문이다. 나는 간신히 의식을 차린 뒤 바로 이 부분을 집중해 찾아보고 또 성경을 읽었다. 그 단어의 의미를 되새기면서 하나님께서 나를 일으키시고 쓰시겠다고 한 사실을 깨닫게 되었다.

그리고 이 사실을 하나님께 감사하며 기도하는 가운데 감림산기도원이 떠오르며 그곳에 가서 믿음을 추슬러야 한다는 강한 다짐이 밀려왔다. 그래서 내가 깨어나며 이 감림산이란 말을 여러 번 외친 것임을 알게 되었다. 하나둘 퍼즐이 맞춰지고 있었다.

나는 엉터리 신자였고 주일예배를 밥 먹듯이 빠졌지만 부산에서 요트 경기장을 공사하면서 가끔씩 경북 양산 하북면 삼감리에 있는 감림산 기도원을 들르곤 했었다. 내가 그곳에 간 것은 내 밑에서 일하던 L 부장 때문이었다. 믿음이 좋은 그는 공사차 이리저리 함께 다니며 이동하다 내게 슬그머니 잠깐 기도원에 들렀다가 가자고 권하곤 했다.

나 역시 주일을 자주 빠져 주님께 죄송한 마음이 있던 터라 그때마다 같이 가곤 했다. 그곳은 부산과 가까워 마음만 먹으면 한나절 만에 쉽게 다녀올 수 있었고, 나도 사업으로 골치 아픈 일들이 많아지면 한 번씩 맑은 공기를 쐬러 가고 싶다는 생각도 했던 기도원이었다.

감림산기도원은 1년 365일 기도와 예배가 끊이지 않는 곳이다. 이옥란 원장님은 28세이던 1968년, 하나님의 음성을 듣고 이곳 황무지를 개척해 기도동산을 세우고 한국 교회의 민족, 세계 선교를 위해 기도하는 처소를 만드셨다.

나는 그곳에 가야 한다는 깨달음으로 아내에게 피골이 상접한 상태인데도 나를 감림산기도원에 데려다 달라고 했다. 아내는 몸이나 회복시키고 천천히 가자고 했지만 내가 계속 졸라대자 나중에는 화를 냈다. 이러는 내가 도저히 이해가 안 되었을 것이다.

"여보, 나 당신이 식물인간으로 있는 10개월간 병수발 하느라 얼마나 고생한 줄 아세요. 이제 깨어나 제대로 몸을 추슬러야 하는데 왜 자꾸 양산 감림산의 기도원에 가자고 하는 거예요. 제발 나 좀 힘들게 하지 말아주세요."

아내는 보양식을 먹고 몸을 정상으로 만들자고 했지만 나는 하나님과의 약속을 지키는 것이 더 급했다. 하나님의 능력으로 내가 깨어났는데 하나님이 주신 명령을 지키지 않으면 안 된다는 두려움이 더 강하게 나를 일깨우고 있었다.

끊임없이 보채는 나의 요구에 결국 두 손을 든 아내는 내게 마음대로 하라고 했다. 나는 부산에 살고 있는 이모에게 전화를 걸어 나를 감림산기도원으로 좀 데려다 달라고 부탁했다. 부산에 있으며 가끔 보았던 이모는 독실한 기독교인이었기에 한걸음에 달려와 나를 감림산기도원에 데려다 주었다. 이때도 내 몸이 말라 얼마나 가벼웠는지 이모가 나를 등에 업고 기도원 비탈길을 손쉽게 올랐을 정도였다.

그때 나를 맞이한 감림산기도원 이옥란 원장님은 웬 여성이 걸음도 못 걷는 남자를 간신히 부축해 데리고 들어오는데 마치 시체가 들어오는 줄 알았다고 나중에 회고했다.

지금은 감림산기도원 시설이 현대식으로 많이 좋아졌지만 그때만 해도 기도원은 바닥 장판에서 물이 새어 나오고 계곡을 따라서 허름한 방들이 군데군데 몇 곳 세워져 있었다. 하나님이 왜 나를 이 먼 곳까지 가라고 했는지 내가 생각해도 궁금했다.

나는 '인내의 집'이라는 간판이 걸린 숙소에 여장을 풀었다. 내 몸은 아직 나다닐 만큼 성하지 않았다. 식물인간에서 깨어났지만 왼쪽 눈은 찌그러지고 아예 실명이 되어 거의 보이지 않았다. 워낙 오랜 기간 누워 있었기에 관절과 근육이 제대로 작동하지 않아 거동이 자유롭지 못했다. 간신히 앉고 서기는 했지만 몇 발자국 걷기가 무섭게 주저앉았다.

기도원에서 나를 위해 천장과 벽에 못을 박고 끈을 매달아주어 그 끈을 잡고 일어나곤 했다. 밥도 기도원 직원이나 기도하러 온 성도들이 갖다 주어야 찾아 먹을 수 있었다. 기도원에서는 매일 부흥 집회가 열렸는데, 나는 맨 뒤에 아예 누워서 예배를 드리곤 했다.

그러나 이때 내가 드린 예배는 예전에 내가 형식적으로 드렸던 예배가 아니었다. 마음 깊은 곳에서 충심에서 우러나오는 감사와 은혜, 기쁨이 샘솟는 예배였다. 하루에 몇 번을 드려도 즐겁고 은혜가 넘쳤다. 그리고 끝없이 회개가 이어졌다. 하나님을 만나 중생을 체험하고 올려드리는 예배는 시간이 어떻게 흐르는지도 모르게 순식간에 끝났다.

그리고 내게 회개의 영이 임하자 내가 죄인지도 몰랐던 죄들이 다 드러나 보였고 그 죄는 너무나 크고 많았다. 내가 놀란 것은 내가 의도적으로 피해 베트남으로 도망가게 된 R 간호장교와 얽힌 사건도 회개해야 할 일이었다는 사실이다.

그뿐만이 아니었다. 내가 여자상업고등학교에서 잠시 학생들을 가르칠 때 총각 선생이라 인기가 많은 편이었다. 그 학교 학생 중에 J라는 여고생이 자살을 해 학교가 발칵 뒤집혔다. 그런데 그 학생 가방에 나를 짝사랑하는 내용이 적힌 편지가 들어 있었다고 한다. 당시 양공주라고 불리며 화류계에 있던 이의 딸이었던 J는 자신의 환경을 비관했고 그 괴로움을 못 참고 자살을 하였다.

그 학생의 얼굴도 회개하는 가운데 나타났다. 남자든 여자든 나로 인해 상대에게 상처를 주고 분노케 해 실족하게 만드는 요인을 조금이라도 제공했다면 그것은 죄였고 따라서 회개해야 했다. 나는 매일 예배를 드리며 회개의 눈물을 쏟았다. 사람의 몸에서 이토록 많은 눈물이 나올 수 있다는 사실이 신기할 정도였다.

감림산기도원의 강사는 매주 바뀌는 것이 특징이었다. 한국의 유명한 부흥 강사부터 이름도 모르는 외국 목사도 기도원 강단에 섰다. 그런데 내게는 유명 무명이 중요하지 않았다. 은혜를 사모하니 모든 말씀이 다 나를 향한 메시지로 들렸고 감격의 눈물을 쏟게 했다. 나는 하나님 앞에 참으로 죄인이었다는 사실이 겹겹이 느껴질 뿐이었다.

매일 오는 부흥 강사들 중 한 사람이 나의 귀와 마음을 사로잡았다. 바로 요즘도 비라카미 사역의 가장 중요한 동역자이자 선교 후원자인 남서울비전교회 최요한 목사다. 당시 최요한 목사는 서울 잠실 부근 신천에 있는 작은 개척교회에서 목회를 하고 있었다.

최 목사는 주로 전국의 작은 교회와 기도원을 다니며 부흥회를 인도했다. 찬양 인도를 잘했던 최 목사는 신유의 은사가 강한 편이었는데 그가 설교를 마치면 안수기도를 받기 위해 성도들이 모여들었다. 그런데 최 목사가 손만 대면 성도들이 쓰러지는 것이 아닌가.

나는 처음에 최 목사와 짜고 사람들을 현혹시키는 것이 아닌가 의심했는데 그것이 아니었다. 나도 최 목사에게 안수를 받았고 빠르게 몸이 치유되는 것을 느꼈다.

이곳에서 나의 특별한 간증을 듣게 된 최 목사는 나이는 나보다 10여

살 아래지만 하나님의 놀라운 섭리를 인정하며 감람산기도원에 올 때마다 나와 대화를 했다. 신앙 교제가 이루어진 것이다.

이렇게 1개월여 기도원에서 지내다 보니 나 혼자 이동이 가능할 만큼 건강이 많이 나아졌다. 갑자기 나를 위해 늘 눈물 뿌려 기도해 온 어머니 생각이 났다. 비록 친어머니는 아니지만 나를 사랑으로 잘 키워주었고 기도해준 분이었기 때문이다. 나는 기도원에서 어머니를 찾아갔다.

내가 식물인간으로 누워있을 때 다녀가셨던 터라 어머니는 나의 달라진 모습에 너무나 놀라시며 기쁘고 반갑게 나를 안아주셨다. 그리고 내게 미처 하지 못했던 마음에 걸려 했던 이야기를 털어 놓으셨다.

"주석아, 난 네가 오래전부터 목사가 되었으면 하고 기도했단다. 그런데 넌 부모와 엇나가기만 하고 우리의 연락을 피했지. 결혼도 하고 사업도 성공했지만 난 하나님과의 약속 때문에 늘 안타까운 마음이었단다. 차라리 사업에 실패하고 하나님께 돌아와서 목회자가 되었으면 하고 기도한 적도 있단다."

잠시 숨을 고른 어머니는 이 대목에서 눈물을 주르르 흘리시며 말을 이으셨다.

"네가 사업을 하다가 부산에서 쓰러져 식물인간이 된 것이 혹시 내가 잘못 기도한 결과가 아닌가 하고 얼마나 고통스러웠는지 모른다. 그러나 하나님은 결국 기도를 이루시는 분이셨어. 네가 10개월간 긴 혼수상

71

태에 있었지만 결국 하나님의 부르심을 받아 이렇게 고침을 받고 나를 찾아온 것이 아니니. 좋으신 하나님이시다. 너를 부르기 위해 긴 고통의 시간을 주셨지만 이제 오직 하나님만 바라보고 사명을 감당해야 한다."

우리 모자는 서로 얼싸안고 눈물을 흘리며 좋으신 하나님을 찬양했다.

#10
평생 동역자 최요한 목사와의 교제

나는 계속 감림산기도원 생활을 이어가며 깊은 기도 세계에 들어갈 수 있었다. 욕망을 죽이는 것은 나의 자아를 죽이는 것과 같다. 모든 것을 내려놓으면 그 빈 공간에 하나님의 영이 들어오게 된다. 그러나 욕심과 탐심, 미움과 분노가 남아 있으면 성령이 들어갈 자리가 없다.

깊은 묵상 기도에 들어가면 하나님은 환상을 자주 보여 주셨다. 내가 병상에서 깨어나기 전, 식물인간으로 있을 때 야자수 밑에서 많은 사람들에게 둘러싸인 가운데 연설하고 있는 장면을 자주 보았다.

그런데 감림산기도원에서 이 장면과 연결되는 것 같은 꿈을 계속 꾸었다. 감림산기도원 구국제단 주변에는 나무 십자가가 세워져 있다. 그 주위에 소나무가 있는데 거기에 엄청나게 큰 벌집이 있는 것이 보였다. 그 벌집에서 꿀이 줄줄 흐르는데 잡아당기니까 건축 자재들이 우르르

73

쏟아져 쌓이는 것이 아닌가.

그런데 어느새인가 내가 그걸 가져다가 집을 짓고 있었다. 그리고 이전에 꾼 꿈이 다시 연속극처럼 이어졌다. 또다시 내가 야자수 숲 밑에서 수많은 사람들을 모아놓고 연설하는 것이었다. 식물인간일 때 꿨던 꿈과 똑같았다.

이렇게 꿈을 꾸다 보면 새벽기도 시간이 되었고 사람들이 삼삼오오 짝을 지어 올라오는 소리를 듣고서야 꿈에서 깨어났다. 이런 꿈이 자주 이어지다 보니 강사로 올 때마다 만나는 최요한 목사를 붙잡고 꿈을 해석해 달라고 부탁했다.

"장 집사님, 하나는 교회고요, 하나는 병원인 거 같습니다. 많은 사람들이 모인 곳에서 연설한다는 것은 아무래도 하나님의 종이 될 거 같습니다. 연설이 아니라 말씀을 전하는 설교를 하시는 거지요."

내가 나중에 깨닫게 된 것이지만, 야자수 숲은 바로 베트남이고 수많은 집은 교회와 병원이고 많은 사람들 앞에서 연설한 것은 말씀을 전하는 선교사가 될 내 모습을 하나님께서 환상으로 보여주셨던 것이다. 그러나 그때는 이 사실을 까마득히 모르고 있었다.

이렇게 감림산기도원에서 3개월을 보내고 난 나는 하나님이 나를 식물인간에서 살리신 것이 하나님의 종으로 부르기 위한 과정인 것을 확신하고 신학교 입학을 결심했다. 내가 다니던 광림교회가 감리교단이었으므로 감리교단 계통의 신학교에 입학해 공부를 시작했다.

1997년 베트남 선교지로 찾아온 최요한 목사(오른쪽)와 함께한
장요나 선교사(왼쪽)

원래는 기독교대한감리회에서 운영하는 서대문에 있는 감리교신학대
학에 가고 싶었으나 내 나이가 입학 제한에 걸려 갈 수 없었다. 할 수
없이 예수교대한감리회에서 운영하는 신학교에 입학했다. 같은 감리교
단 이름을 쓰지만 이곳은 소속 교회가 많지 않았다.

술 마시기 좋아하고 놀기 좋아했던 내가 하나님이 쏜 불화살을 맞고
꺼꾸러졌다. 10개월간의 코마 상태를 통해 하나님의 살아계심과 역사하
심을 깨닫고 체험한 뒤 두 손을 번쩍 들고 항복하면서 엎드러진 것이다.

나는 신학교를 다니면서 감림산기도원에서 만난 최요한 목사의 부흥
회를 자주 따라 다녔다. 대신 그의 가방도 들어주며 부흥사 훈련을 받
았다. 최 목사는 나보다 어려도 목회자로서는 까마득한 선배라 그저
존경스럽고 좋았다. 하나님이 기뻐하실 복음 전파의 일을 옆에서 돕는
것만으로도 기뻤다.

시골 교회에 집회를 가면 좁은 여관방에서 함께 지내게 되는데 최 목사는 침대에서 자고 나는 바닥에서 쪼그리고 자도 좋았다. 빨래도 내가 하고 한약도 데워 주고 거의 수행 비서처럼 일을 하다시피 했다. 그럼에도 예전에 떵떵거리며 지내던 사장 시절보다 이 생활이 더 좋았다. 즐겁고 행복했다. 잘나가던 사업가로 세상의 모든 걸 가지고 흥청망청 누리던 세상 기쁨과는 비교가 되지 않았다. 참으로 신기한 일이었다.

최요한 목사는 부흥회 마지막 시간이나 틈새 시간에 내게 잠시 간증할 수 있는 기회를 주었다. 그러면 그때 나는 내가 만난 은혜의 하나님, 성령의 하나님, 기적의 하나님을 증거했다. 세상모르고 날뛰다 가혹한 연단을 통해 주님 앞에 돌아온 이야기를 가감 없이 간증했다. 평소 언변은 있다고 들었던 터라 내 간증에 성도들은 귀를 세우고 눈을 크게 뜨고 경청했고 모두들 살아계신 하나님을 인정하며 아멘을 외쳤다.

세상 말로 아주 잘나가던 대기업 기획실장 출신에 큰 건설업체와 유명 광고회사 사장을 지낸 내가 하나님의 부름에 꼬꾸라져 신학생이 된 스토리는 많은 성도들에게 은혜를 주었다.

어느덧 신학교 졸업반이 되었다. 나는 그때 계속 기도하면서 내 진로 문제로 고민하고 있었다. 꿈속의 사연대로라면 나는 해외 선교사로 가는 것이 맞았다. 그런데 지금의 나는 부흥사인 최 목사와 함께 다니다 보면 결국 부흥사로 흘러갈 것이란 생각이 문득 들었다.

난 부흥사는 사명이 아니라고 여겨졌다. 그리고 그때야 그동안 꾼 꿈들이 이어지면서 퍼즐이 맞춰지듯 모든 것이 이해되었다. 하나님은 꿈속에서 내가 연설하던 장소가 전에 내가 갔던 장소라는 깨달음을 주셨는데 그렇다면 그곳은 베트남이었다. 월남전에 참전한 내가 간 베트남은 열대지방으로 그곳이야말로 야자수가 즐비했기 때문이다. 1968년 군생활을 하며 십자성부대원으로 베트남 전쟁터에 갔던 그곳을 하나님은 다시 가라고 하시는 것이었다. 나는 순종하는 마음으로 베트남 사역을 놓고 본격적으로 기도하기 시작했다.

이제 남은 것은 최 목사와의 부흥회 동행을 종료해야 할 시점이었다. 하나님께서는 이것도 은혜롭게 마무리하게 도와주시고 합력하여 선을 이루게 만드셨다.

하루는 최요한 목사와 봉고차를 타고 교인 심방을 갔다가 대화를 하다 보니 새벽 2시까지 차 안에서 헤어지지 않고 있었다. 최 목사는 아침에 또 일찍 움직여야 하니 이대로 집에 가지 말고 봉고차에서 그냥 자자고 했다. 그 열정이 참으로 대단했다.

그런데 내가 이렇게 계속 붙어 다니다가는 아무것도 못 할 것 같다는 생각이 순간적으로 들었다. 그리고 나도 모르게 입에서 생각지도 않았던 말이 튀어나왔다.

"최 목사님. 오늘이 저와 목사님의 마지막 시간이 되어야 할 것 같습니다. 그동안 최 목사님 따라 다니면서 많이 배우고 은혜도 많이 받았습니다. 그런데 제가 이해되지 않는 부분은 목사님이 담임하는 교회는 성도가 너무 적은데 본인 교회도 크게 부흥시키지 못하면서 다른 교회에 가서 '부흥될지어다'라고 집회를 인도하는 것은 좀 그렇습니다. 제가 지금 교회 성장학에 대해 졸업논문을 쓰고 있는데 목사님 교회부터 부흥시키시고 부흥 강사로 나가시면 좋겠습니다."

최 목사 가방을 들고 다니며 비서 노릇을 했던 나로서는 참으로 건방
진 말이었다. 정말 다시 보지 않겠다는 각오가 아니면 할 수 없는 직언
이었다. 그런데 최 목사는 나중에 내가 한 이 말에 엄청난 충격을 받았
다고 한다. 그 결과 그날로 최 목사는 감림산기도원에 올라가 40일 금
식기도에 들어갔다고 한다.

금식에 들어가 기도하면서 분당으로 가라는 하나님의 음성을 듣고
그곳에 교회를 개척했고 이어 큰 부흥을 이루었다. 지금 분당 지역 큰
교회 중의 하나인 바로 남서울비전교회다. 최 목사가 수년 안에 부흥하
지 않으면 절대 분당 밖으로 한 발짝도 나가지 않겠다는 각오로 열심히
목회한 결과 지금의 남서울비전교회가 된 것이라 여겨진다.

지금 생각하면 최 목사와 나는 4년간 둘도 없는 파트너로 함께 다녔
지만 서로를 위한 결단으로 각각 갈라서서 더 큰 하나님의 일을 하게
된 셈이다. 둘 다 헤어져 더 큰 사역을 이루었으니 이처럼 하나님의 일은
오묘하고 놀랍다.

이후에 다시 만난 최요한 목사는 나의 둘도 없는 베트남 선교 사역
후원자요 영적 리더가 되어 지금까지 관계를 꾸준히 이어오고 있다.

"너는 말씀을 전파하라. 때를 얻든지 못 얻든지 항상 힘쓰라.
범사에 오래 참음과 가르침으로 경책하며 경계하며 권하라"(딤후 4:2)

2

복음 불모지,
베트남 선교를 위한 대장정

베트남 교회 설립은 수없이 많은 지역을 탐사하고 돌아다니면서 얻어낸 정보로 이루어졌다. 사실 비라카미선교회가 세운 모든 교회는 다 건축을 위해 헌신한 많은 분들의 눈물과 기도, 귀한 헌신과 헌금이 모아진 결정체이고 특별한 사연이 없는 교회가 없을 정도다. 그렇지만 이 중에서도 베트남 땅에 제일 처음 세운 1호 교회 수이바요나 교회는 나에게만큼은 특별한 사연이 담겨 있다.

#11
장요나로 이름이 바뀌다

하나님은 식물인간이었던 나를 죽음 앞에서 건지시고 주의 종으로 불러 주셨다. 신학교를 다니게 한 뒤 꿈으로 환상으로 베트남 선교의 비전을 불어 넣어 주셔서 베트남으로 가는 것이 나의 선교 사명이라는 사실을 구체적으로 깨닫고 있었다.

그러나 지금부터 31년 전인 1990년, 베트남은 공산국가로 아무나 쉽게 갈 수 있는 곳이 아니었다. 1988년에 해외여행 자유화가 되었다고는 하지만 공산권 국가를 갈 때는 정부기관 여러 곳에 신고도 하고, 다녀와서는 보고서도 써야 할 만큼 까다로웠다. 더구나 베트남은 한국과 수교도 하기 전이었다.

나는 베트남으로 떠나기에 앞서 나를 비우는 작업부터 했다. 맨 먼저 이름부터 장주석에서 장요나로 바꾸었다.

'비둘기'라는 뜻의 요나는 갈릴리의 가드헤벨 사람이다. 아밋대의 아들로 성경 요나서(書)의 저자다. 그는 북이스라엘의 요아스(B.C. 798-782년)와 여로보암 2세(B.C. 793-753년) 때 활동했다. 북왕국 이스라엘의 회복을 예언했고 후기에는 앗수르의 수도 니느웨에서 멸망을 선포하며 회개를 촉구하도록 부름받은 사명자였다. 그럼에도 하나님의 뜻을 저버리고 다시스로 도망가다가 폭풍을 만나 바다에 던져졌고, 물고기 배 속에서 3일 밤낮을 경험하고 3일 후 다시 물고기에서 토해냄을 받게 된다.

이 사건은 훗날 예수님의 죽으심과 부활에 대한 표적이요 모형이 되었다. 요나가 니느웨에서 멸망을 선포하자 그곳 백성들이 회개함으로써 하나님이 심판의 뜻을 돌이키셨고, 이에 요나는 크게 분노하며 고집스럽게 니느웨 성읍 멸망을 기대하게 된다. 그러나 하나님은 박 넝쿨 사건을 통해 니느웨에 대한 당신의 사랑을 요나에게 가르쳐 주셨다.

이 요나가 바로 예전의 내 모습이라고 여겨져서 그 이름을 내게 붙였다. 그리고 주님이 나를 부르셨을 때 음성으로도 '요나야'라고 들은 것을 기억해 붙인 이름이기도 했다.

일반적으로 성경에 나오는 인물의 이름을 인용해 이름을 짓더라도 하나님을 거역한 인물이기에 이 이름을 사용한 크리스천을 거의 보지 못했다. 그러나 나를 돌이켜 보면 아들이 사고를 당했을 때 하나님께 서원을 했음에도 그 약속을 저버렸으니, 나는 요나보다 더한 자였다. 그래서 이 이름으로 개명해 하나님의 종으로 사역하는 동안 최소한 하나님을 배반하는 일이 없도록 안전장치를 이름에 확실히 부여한 것이다.

이 이름은 다시는 하나님의 명령을 어기는 일이 없도록 하자는 다짐을 내포하고 있다.

이름이 바뀐 뒤 나는 내 재산도 다 포기했다. 후일 베트남에 파송되어 사역하던 중에 아버지가 돌아가셔서 장례식에 참석하기 위해 부모님이 사시던 시골로 내려갔다. 임종은 당연히 지키지 못했다. 나는 일가친척이 다 모인 자리에서 부모님 유산은 한 푼도 필요 없으니 동생과 친척들이 다 나누어 가지라고 선포해 버렸다.

아내는 두 아이를 키우려면 학원도 보내고 돈이 많이 들어가는데 가장이란 자가 대책도 없이 장남의 권리인 재산도 안 가지겠다고 하느냐며 강하게 항의했다. 그러나 나의 결심은 변하지 않았다. 내 자녀와 아내는 하나님이 키우시고 먹이실 것이라는 확신이 있었기에 내린 용단이었다.

성경에서 예수님은 "나를 따라오려거든 자신을 부인하고 자기 십자가를 지고 오라"고 하셨다. 이 말씀에 크게 고무되고 은혜를 받은 나는 그것을 최대한 실천하려고 노력한 것이다.

나는 처음에 아내에게도 베트남에 같이 가서 선교에 동참해주길 바랐다. 아이들도 데려가 그곳에서 공부하게 하면 된다고 생각했다. 그러나 아내의 생각은 달랐다.

"수교도 안 된 나라를 어떻게 간다고 해요? 애들 학교 전학이 그리 쉬운가요? 베트남어도 모르는 아이들을 그곳에서 어떻게 지내게 하겠다는 거예요. 선교사로 가는 것은 좋은데 많은 나라를 다 놔두고 하필

이면 공산국가를 간다고 하느냐고요."

　나는 그래도 아내를 잘 타일러 시장 조사차 한 번 베트남을 다녀오자
고 했고 아내도 허락해서 여행 비자를 받아 며칠간 다녀오게 되었다. 그
런데 아내는 베트남을 다녀온 뒤 더 손을 내저었다. 비위가 약한 아내는
특유의 향이 가미된 베트남 음식을 전혀 먹지 못했고, 허약해진 몸과
마음으로 돌아와야 했다.

　아내의 말은 다 맞았다. 내가 목회자가 되어 사명을 받았지만 아내와
아이들에게 희생을 강요하는 일은 나도 마음이 내키지 않았다. 결국 나
혼자 가는 것으로 결정했다.

　베트남에 가서 사역을 하려면 선교사를 후원해 주는 파송처가 있어야
했다. 정기적인 선교 후원금도 들어와야 하는데 선교비는 못 받더라도
파송처는 있어야 했기에 초교파 사단법인 국제사랑의병원선교회에서 파
송을 받았다.

　현 '비라카미 사랑의 선교회'의 전신인 '국제 사랑의 선교회(IAF:
International Agape Fellowship Korea)'의 역사를 조금은 짚어볼
필요가 있다.

　이 단체는 1978년 4월, 서울기독교병원에서 설립된 '새롬선교회'가 태
동이 되어 창립됐다. 그 뒤 '사랑의병원선교회'로 발전하여 세계 오지의
열악한 나라에서 의료 혜택을 받지 못하고 있는 영혼들을 위하여 병원
을 세우고 의료진을 파송해 왔다.

그동안 약 40여 개 국가에 130여 명의 선교사를 파송하여 사역 활동을 하던 중, 1999년에 '사랑의병원선교회'가 임상목회 선교회로 갈라져 나가게 된다. 이후 나와 김번일 선교사, 최의식 선교사를 비롯하여 다수의 임원이 '사랑의병원선교회'의 역사를 이어가기로 하고 2000년 1월 31일 남서울비전교회에서 '(사)국제사랑의선교회'라는 이름으로 재건 창립 전진 대회를 열어 오늘에 이르고 있다.

나의 요청으로 1990년 IAF가 나를 파송은 해 주었지만 당시 베트남에 파송된 공식 한국인 선교사는 아무도 없었다. 수교도 안 되고 공산권이라 어떤 문제가 생겨도 보호받을 수 있는 길이 전혀 없었다.

이런 점에서 내가 공식적으로 베트남 1호 선교사가 되는 셈이다. 이후 1년 뒤 들어온 선교사가 자신이 1호라고 하고 다니기도 했지만 이 부분도 개의치 않았다. 선교에 이런 것이 하등 중요하다고 여기지 않았기 때문이다. 그러나 사진과 자료, 당시 한인들의 증언을 들어보면 이는 정확한 사실이다.

당시 한국과 미수교국인 베트남에 합법적인 비자를 받아 내가 장기간 머무를 수 있는 길은 비즈니스 비자를 받는 방법밖에 없었다. 나는 기업인으로 가는 방법을 찾다가 당시 르까프란 상호로 신발 비즈니스를 하는 친구를 찾아가 르까프 베트남 지사장이란 명함을 하나 만들어냈다. 편법이지만 이 방법밖에 베트남에 장기간 갈 수 있는 길이 없었다.

화승 르까프에 근무하던 친한 친구 조명동은 당시 여의도침례교회 안수집사였다. 친구는 이후 나의 든든한 후원자가 되어 사역을 지속적으로 도와주었다. 안타깝게 갑자기 천국에 일찍 갔지만 친구는 나를 도와 베트남 호치민에 고법양문교회를 세우기도 했다. 그리고 내가 선교사가 되어 베트남을 간다는 사실을 알게 된 부산 수영로교회에서 2000불을 선교비로 지원해 주었다. 내가 출석했던 교회였기에 참으로 감사했다.

드디어 1990년 1월 13일, 매서운 겨울바람을 맞으며 국제선이 출발하는 김포공항으로 나갔다. 언제 다니러 다시 한국으로 오겠다는 계획은 전혀 없었다.

마태복음 6장 7-13절을 보면 이런 성경 구절이 나온다. 나는 이 말씀에 큰 은혜를 받고 내 사역의 모토로 삼기로 했다. 하나님이 주시는 권능으로 세상을 이기고 복음을 전파하라는 말씀이다.

"열두 제자를 부르사 둘씩 둘씩 보내시며 더러운 귀신을 제어하는 권능을 주시고 명하시되 여행을 위하여 지팡이 외에는 양식이나 배낭이나 전대의 돈이나 아무것도 가지지 말며 신만 신고 두 벌 옷도 입지 말라 하시고 또 이르시되 어디서든지 누구의 집에 들어가거든 그곳을 떠나기까지 거기 유하라 어느 곳에서든지 너희를 영접하지 아니하고 너희 말을 듣지도 아니하거든 거기서 나갈 때에 발아래 먼지를 떨어버려 그들에게 증거를 삼으라 하시니 제자들이 나가서 회개하라 전파하고 많은 귀신을 쫓아내며 많은 병자에게 기름을 발라 고치더라"

이 말씀에 비하면 나는 많이 가진 자였다. 신발은 한 켤레였고 옷은 두 벌 가방 안에 들었으며 당장 쓸 여비와 선교비도 있었기 때문이다.

당시는 한국에서 베트남으로 가는 직행 노선이 없어 반드시 방콕에 들러서 가야 했다. 방콕을 반드시 가야 하는 이유가 또 있었다. 수교가 안 되어 있으니 방콕에 있는 베트남대사관에 가서 비자를 신청하고 받아야 호치민행 비행기를 탈 수 있었다.

그런데 이곳 직원들이 얼마나 일처리를 늦게 하는지 이곳에서 무려 10일간을 체류해야 했다. 조바심을 내며 10일을 기다리는데 혹시 비수교국 국민이라 비자가 나오지 않으면 어떨까 잠시 걱정도 했다. 그렇지만 하나님께서 이곳으로 가라고 명령하셨는데 그럴 리가 없을 것이라 확신하며 내내 기도하며 지냈다.

드디어 비자가 발급돼 호치민행 비행기표를 사려고 하는 순간 '호랑이를 잡으려면 호랑이굴로 들어가야 한다'는 생각이 들었다. 당시 베트남 수도는 하노이였지만 경제 규모로 보거나 번화하고 발전된 도시는 호치민이었다. 나도 당연히 호치민을 가려고 하다가 정부가 있는 수도 하노이로 먼저 가서 이 나라를 위해 기도해야겠다는 생각을 했다.

#12
베트남 1호 선교사로 첫발을 딛다

방콕에서 하노이로 향하는 비행기는 소리가 굉장히 큰 프로펠러 비행기였다. 밤이 늦은 시간에 크기만 좀 더 클 뿐, 우리나라의 시골역 대합실 같은 하노이공항에 도착했다. 전쟁으로 폐허가 된 베트남은 이제야막 잠에서 깨어나려 하고 있었다.

비행기의 트랩에서 내려 베트남 땅을 밟는데 감개무량했다. 23년 전에는 베트남에 파병된 육적 군인으로 왔다가 이제는 하나님의 부르심을 받은 영적 군사로 재파송받은 것이 감격스러웠다. 난 눈을 지그시감고 감사 기도를 드렸다.

"하나님. 감사합니다. 하나님께서 꿈으로 환상으로 수십 번 보여주신이 야자수 많은 베트남 땅에 왔습니다. 하나님이 명하신 이 선교지에 뼈를 묻는다는 각오로 선교하겠습니다. 지켜주시고 보호해 주시고 인도해 주시옵소서."

입국 수속을 밟는 데 2시간이나 걸렸다. 입국자 이름을 일일이 손으로 쓰는데 먹지를 서너 장 깔고 하나하나 체크해 가며 쓰니 시간이 많이 걸리는 것이 당연했다. 성경은 반입 금지 품목인데 나는 당당하게 갖고 들어와 마음을 졸였다. 세관원의 눈을 가려 달라고 간절히 기도해 무사히 통과했다. 진땀이 다 났다.

자그마한 가방 두 개를 달랑 들고 내린 하노이는 생각보다 날씨가 선선했다. 북쪽이라 기온차가 있는 듯했다. 공항에서 외국인이 주로 묵는다는 시내의 라탄호텔까지 가는데 주변이 모두 깜깜했다. 늦은 시간이라 상점문도 닫았겠지만 그때만 해도 하노이는 경제발전이 거의 이뤄지지 않은 상태였다.

호텔에서 체크인을 하고 호텔방에 들어가 앉아 바로 찬양과 기도를 시작했다. 그런데 창문이 다 막혀 있어 밖을 보기 힘들었다. 나는 "하나님! 육적 전쟁은 미국과 한국이 베트남에 지고 말았습니다. 그러나 영적 전쟁은 반드시 승리하게 해 주세요."라며 기도의 끈을 놓지 않고 기도했다. 기도하다가 어느새 잠이 들고 말았다. 방콕에서 비자 때문에 긴장하다가 베트남에 도착하고 나서 마음이 풀린 때문인가 싶기도 했다.

날이 밝자 빨리 밖으로 나가보고 싶었다. 23년 전 월맹이었던 하노이 거리가 어떻게 생겼는지 궁금했다. 호텔방에서 내려와 밖으로 나가려고 하는데 이해할 수 없는 상황이 벌어졌다. 호텔 입구를 지키는 인민위원이 나는 아직 나갈 수 없다고 했다.

당시 나는 베트남에 대한 정보가 거의 없었다. 기본적인 상식선에서 자료에 나와 있는 역사와 인구, 주요 생산물 정도만 숙지했지 정작 중요한 정치적 상황이나 외국인 입출국 문제는 모르고 있었다.

밖으로 못 나가게 하는 이유는 베트남에 오긴 왔어도 이곳저곳 돌아다니려면 여행 허가서를 받아야 한다는 것이었다. 나는 비자가 있는데 무슨 소리냐고 항의했더니 그건 입국에 필요한 것이고 또다시 여행 허가증이 있어야 한다고 했다. 뭐 이런 복잡한 나라가 다 있나 했지만 로마에 가면 로마의 법을 따라야 했다. 여행 허가증 수속을 밟는데도 사진 2장과 20불을 내야 했다. 이 허가증도 금방 나오는 것이 아니고 하루가 걸린다고 하니 꼼짝없이 하루를 호텔방에 갇혀 있어야 했다.

그런데 여행 허가증이 끝이 아니었다. 밖으로 나가니 인민위원회에서 나온 한 명이 나를 따라다니며 감시를 하는 것이었다. 참 희한하고 놀라운 나라였다. 공산화된 당시의 베트남은 이랬다.

어찌됐건 너무나 보고 싶던 베트남 하노이의 거리를 활보하니 살 것 같았다. 그런데 1960년대 동양의 진주라 불리며 그렇게 잘살던 나라가 완전히 다른 나라가 된 것이 매우 안타까웠다. 거리에는 거지들이 아주 많았다. 그 모습들이 얼마나 불쌍하든지 눈물이 다 나올 정도였다.

예전의 나는 거지들을 만나면 불쌍한 생각은 들었어도 눈물까지 나오지는 않았다. 그런데 이제 눈물이 나오는 것은 왜일까. 예수를 만나 하나님의 은혜와 기적을 체험하고 성령의 인도대로 살려고 노력하니 내 안에서 예전과 다르게 긍휼과 사랑의 마음이 나오기 시작한 때문이라고 여겨진다.

하노이에 도착한 지 3일째 되는 날이었다. 거리에 비쩍 마른 모습으로 널브러져 있는 거지들이 너무 불쌍했다. 하루 한 끼도 먹지 못하는 것 같았다. 나는 호텔에 들어가 빵과 물을 가져와 거지들에게 나누어 주었다. 그러나 한 소년이 손을 내저으며 1달러만 달라고 했다. 물도 빵도 싫다고 했다. 대화는 안 되지만 그 소년의 눈망울에 나타난 간절함과 애원이 배인 목소리에 내 마음이 매우 아파서 칼로 저미는 것 같았다. 소년은 자신에게 당장 필요한 물과 빵보다는 집에서 굶어 쓰러져 가는 부모를 더 생각해서 뭐라도 사서 가져려고 1달러를 달라고 하는 것인지도 몰랐다.

나는 이 불쌍한 사람들, 이 고통받는 사람들에게 물과 빵보다 더 귀하고 중요한 복음을 나누어 주어야 한다는 생각에 정신이 번쩍 들었다. 이 메마르고 고통받는 땅, 예수를 모르고 오직 복종만 강요하는 동토의 땅을 예수 그리스도의 사랑으로 열어야 한다는 사실을 가슴판에 더욱 깊이 새겼다.

난 며칠째 빵과 물을 사서 거지들에게 나누어주는 일을 계속했다. 더 많은 거지들이 몰려들었다.

그런데 하루는 갑자기 공안이 나타나 무조건 따라오라고 말했다. 나는 졸지에 경찰서에 끌려가 이른바 취조를 받게 되었다. 도대체 당신은 누구인데 함부로 베트남 사람들에게 접촉 허가도 없이 물과 빵을 나누어주느냐고 따졌다. 나는 한국에서 온 사업가인데 신발을 팔기 위한 시장 조사를 하는 중이며, 거리에 불쌍한 사람들이 많아 먹을 것을 나누어 준 것뿐이라고 했더니 주민 접촉 허가증을 내놓으라고 했다. 난 베트남 비자를 보여주고 또 여행 허가증도 보여주었지만 경찰은 손을 내저었다. 베트남인과 만나고 대화하려면 주민 접촉 허가증이 있어야 한다고 했다. 내가 이 허가증도 없이 베트남인을 만나 물과 빵을 주었으니 위법이라는 것이 내가 붙잡혀 온 이유였다.

참 기가 막혔다. 불쌍한 자국민을 도운 것도 위법이라니. 경찰은 호텔방에 있는 내 가방까지 가져와 뒤져가며 계속 취조를 했다. 나는 한국대사관도 없는 상태에서 이렇게 어이없이 붙잡혀와 조사를 받아도 어떻게 항의도 하소연도 할 수 없었다.

경찰은 나를 계속 미심쩍어했다. 한국의 사업가로 시장 조사를 하러 왔다고 하고 명함까지 가지고 있었지만 내가 갖고 있는 물건이나 그간 해온 행동이 내 주장과 맞지 않았기 때문이었다. 지금 생각하면 인권유린으로 대서특필될 내용이 당시엔 아무렇지도 않게 이뤄지고 있었다.

이렇게 하노이 경찰 구치소에 13일간이나 불법 행위를 한 혐의로 붙잡혀 있던 나는 결국 태국으로 추방 명령을 받았다. 선교 사역을 하겠다고 몰래 입국했다가 초반부터 된서리를 맞은 것이다.

"장주석. 하노이에서 주민 접촉 허가증도 없이 주민들과 함부로 접촉하는 불법 행동을 하고 비자 받은 목적과 다르게 행동한 것도 이상하니 더 이상 베트남에 있지 말고 들어온 태국으로 다시 돌아가시오."

더구나 당시로는 큰돈인 600불을 벌금으로 내라고 했다. 베트남 선교가 만만치 않다는 것을 보여준 호된 신고식이었다. 나는 불과 20여 일만 베트남에 머무르다가 태국으로 쫓겨나고 말았다. 단단한 결심과 뜻을 품고 뛰어든 베트남 선교에 대해 제대로 한 펀치를 맞은 셈이었다.

#13
무너져 폐허로 변한 베트남 교회

　나는 베트남에서 추방되어 방콕으로 왔지만 한국으로 돌아갈 수는 없었다. 하나님의 명령으로 간 선교지에서 상황이 만만치 않다는 사실을 체험하고 터득한 나는 태국에 머무르면서 베트남을 좀 더 면밀하게 공부하기 시작했다.

　그리고 비자를 다시 신청했다. 비자를 받기까지 보통 10일에서 늦으면 2개월까지 소요되기에 마음을 조급하게 먹지 않기로 했다. 베트남 기독교에 대한 자료를 찾으니 별로 없었다. 관광객을 위한 베트남 안내 자료는 있는데 베트남 공산정권이 집권하면서 기독교를 완전히 폐쇄해 버렸고 시간이 흐르면서 예전 기록이 다 사라져 버린 것이다.

　이러한 상황에서도 나는 서점과 도서관, 안내서 등을 뒤져가며 베트남의 선교 역사를 어느 정도 짚어낼 수 있었다. 베트남의 선교 역사는 길지만 이제 완전히 문이 닫혀 있음을 알 수 있었다. 내가 공부한 베트남 기독교 역사는 우리나라보다 훨씬 앞서 있었다.

주후 980년, 네스토리안 선교사가 북베트남에서 선교를 시작하면서 베트남에 구교(가톨릭)가 처음 전래된 것으로 알려져 있다. 이후 1580년, 마닐라 주재 로마가톨릭 프란시스코 수도회 선교사 일행이 베트남 선교에 나섰지만 성과를 얻지 못했다. 그리고 다시 예수회 선교사와 프란시스코 수도회 선교사가 베트남 거주 일본인 선교에 포커스를 맞추고 선교를 시작한 것으로 기록되어 있다.

일본은 도쿠가와 시대에 핍박받던 기독교 신자들이 일본에서 추방당한 후 베트남으로 집단 이주했다. 이때, 선교사들도 일본에서 함께 추방당해 마카오와 중국에서 선교하다 다시 추방당해 베트남으로 입국했다고 한다.

프란시스코와 예수회 소속 5명의 선교사가 슈란니 지역에 교회를 설립하였으나 베트남 원주민들의 고발로 박해를 받았다. 1621년, 박해 속에서도 베트남 신자 82명, 일본인 신자 27명이 세례를 받았다고 한다.

프란시스코 푸조모 선교사를 중심으로 24년의 선교 기간 중 12,000명에게 세례를 베풀었다. 로마가톨릭의 베트남 선교는 이후 숱한 박해와 순교를 거치며 발전해왔고 로드스(Alexandre de Rhodes)에 의해 기초가 세워졌다. 로드스는 예수회 선교회 소속으로 일본 선교사로 파송되었으나 추방당하고 남베트남에 입국하여 1628년까지 6,700명의 사람들에게 세례를 베풀었다. 그 후 다시 베트남에서 추방당한 로드스는 마카오로 다시 가서 파리선교회를 창설했다.

베트남의 한 시골 교회에서 예배를 드리고 있는 성도들. 1990년대는 교회를 찾기 힘들었다.

로드스는 애니미즘(정령신앙)이 강한 베트남인들에게 신유, 축귀, 소경의 치유 등 이적을 가르치며 불교인들까지 개종하게 했다. 그러나 베트남에서의 종교 박해는 치명적이었다. 재산을 몰수당하고, 살이 찢기는 고통을 감내해야 했으며 급기야 사형을 당하는 일이 계속되었다. 이러한 박해 속에서 로마가톨릭 교인은 적게는 8만 명에서 많게는 13만 명까지 순교를 당한 것으로 기록되어 있다.

이것이 구교의 역사라면 신교 기독교의 역사는 19세기 후반, 영국 성서공회가 성경을 보급함으로써 베트남 선교가 시작되었다고 할 수 있다. 그 후 베트남이 프랑스 식민지가 되면서 프랑스 목사가 프랑스어 성경 보급과 함께 선교를 했지만 교회 설립의 뜻은 이루지 못했다.

그러다 1911년, CMA(Christian & Missionary Alliance)에 의해 본격적인 선교가 시작되었다. 베트남 최대의 교회인 복음주의교회(Evangelical Church of Vietnam)는 CMA가 설립한 교회였다.

CMA 선교회 소속 로버트 제르리 선교사는 중국과 인도네시아 선교 사역을 마치고 베트남 다낭에서 첫 선교를 시작했다. 성경 보급과 문서 선교와 사역자 훈련을 통해 1922년에서 1940년까지 베트남인 2만 명을 신자화하고 1928년에 베트남 복음주의교회라는 교단을 설립했다.

크메르인과 라오스와 태국으로 선교 영역을 확대한 CMA는 공산화 이전까지 신자 수를 10만 명으로 늘리는 등 크게 부흥했다. 1950년대 후반에는 부족 사역 선교를 전담한 WEC, UWM, SIL과 도시 선교를 전문으로 하는 남침례교 280명의 선교사들이 베트남에 상주해 있었다.

그런데 1975년 베트남 공산화 이후 정부의 기독교 정책은 박해와 개방을 병행하는 구도로 이어졌지만 대부분의 교회는 폐쇄되었다. 신학교도 사라지고 신자들은 예배드릴 장소가 없어 흩어졌다. 목사와 전도사들은 투옥되었으며 신앙생활을 하기가 힘들었다.

기독교가 핍박받고 교회가 폐쇄되어 있던 상황에서 베트남 기독교인들은 숙청당했고 일부는 당국의 눈을 피해 숨어서 예배를 드리거나 자신이 기독교인인 것을 밝히지 않았다. 교회가 지하로 숨은 것이다.

바로 이런 무렵에 베트남 정부는 자국 경제 회복을 위해 경제개방정책을 펴기 시작했다. 베트남도 외국인의 포교는 종교법으로 엄격히 금하고 있었기 때문에 이것이 발각되면 바로 추방을 당했다. 이때가 1980년대 후반이었고 이 시기와 맞물려 내가 1990년에 베트남에 들어간 것이다. 지금 생각하면 아주 선교 적기에 들어간 것이라 여겨진다.

주민 접촉 허가증 없이 거지들을 도와주었다는 이유로 추방된 나는 2개월 후 다시 비자를 받고 이번에도 하노이로 입국했다. 이때는 베트남에 컴퓨터가 없고 모든 것을 손으로 기록했던 시기라 내가 추방된 기록이 남아 있지 않았다. 만약 지금 같으면 재입국을 못했을 수도 있었을 것이다.

나는 비용이 싼 호텔에 장기 투숙 계약을 하고 이리저리 시내를 돌아다니며 선교를 어떻게 시작할 것인가를 구상했다. 처음에는 걸어 다녔는데 너무나 힘들어 자전거를 한 대 빌려서 타고 다니며 이곳저곳을 둘러보았다.

베트남의 4월과 5월 날씨는 정말 무덥다. 왜 사람들이 큰 밀짚모자를 쓰고 다니는지 충분히 이해되었다. 돌아다니다가 지치고 배고프면 호텔로 돌아가 쌀국수로 끼니를 때웠다. 이렇게 하노이 시내를 돌아다니는 내 머릿속에는 '어떻게 해야 베트남 선교의 물꼬를 틀 수 있을까?'라는 생각이 늘 맴돌고 있었다.

번화가인 도시에만 있으면 농민들의 삶을 잘 모를 것 같아 한번은 시골에 가보기로 했다. 털털거리는 버스를 타고 남딘이란 도시로 갔다. 베트남의 북동부에 위치한 남딘은 하노이에서 남쪽으로 약 93km 정도 떨어져 있다. 남딘성(省)의 성도이며, 14개의 행정구역으로 나뉘어 있다. 팟디엠 대성당과 바이딘 사원 등 종교 유적지가 있는데 지금은 관광 명소로 유명하지만 그때는 개발되기 전이었다.

가방 하나 들고 남딘에 도착한 나는 이곳저곳을 다니며 땅 밟기를 하다가 밤이 되어 모텔에 들어갔다. 손님은 나 혼자였다. 옷을 넣으려 옷장을 여니 바퀴벌레가 우글우글해 그대로 문을 닫아 버렸다. 침대는 스펀지로 되어있는데 얼마나 낡았는지 누워보니 몸이 푹 꺼졌다. 바닥에는 빈대와 진드기가 가득해 당장 튀쳐나가고 싶을 정도였다. 그런데 다른 곳을 찾을 수 있을지, 그곳도 이곳과 비슷하다면 헛수고를 하는 셈이니 그냥 묵기로 했다.

하루 종일 땀을 너무 많이 흘려서 옷을 빨아야 했다. 여분 옷을 가져오지 않아 팬티만 입은 채 빨래를 해 천천히 돌아가는 선풍기 아래에 널어놓고 침대에 쪼그리고 앉아 있으니 내 신세가 하염없이 초라해 보였다. 오늘따라 아내가 끓여주는 된장찌개가 먹고 싶었고 토끼 같은 두 아들이 유난히 보고 싶었다. 당장이라도 에어컨이 돌아가는 시원한 집으로 달려가고 싶었다.

"옷장에 양복이 60여 벌이나 되었고 자가용을 타고 으스대며 세상 쾌락에 한껏 취했던 내가 아닌가. 하나님께 붙잡혀 고난의 시간을 통과하고 주님을 뜨겁게 만났고 선교사가 되었는데 베트남 시골구석에 와 이렇게 처량하게 쪼그리고 앉아 있는 것이 과연 잘하는 일일까. 하나님은 날 언제부터 쓰시려는지, 언제까지 기다려야 하는지 너무나 힘들다."

내 입에서 불평 섞인 하소연이 튀어나오는데 갑자기 성령의 강한 음성이 다시 한번 나를 휘감았다.

"요나야. 모든 것엔 때가 있다. 조급하게 여기지 말고 기다려라. 내가 너를 사용할 것이다. 인내하고 기도하라."

나는 바로 회개 기도를 드렸다. 인간은 이렇게 참으로 나약한 존재다. 주님의 기적적인 은혜로 새생명을 얻고 사명을 받은 내가 육신적으로 힘들고 고통스러우니 나도 모르게 불평이 나온 것이다. 잠재한 인간의 욕망이 수면 위로 드러난 것이다.

나는 다시금 주먹을 불끈 쥐었다. 정신을 차리려고 고개를 흔들었다. 그리고 베트남 복음화에 온몸을 던지겠다고 다시 한번 다짐했다. 주님의 명령을 늘 잊지 않는 선교사가 되게 해달라고 뜨겁게 기도를 마친 후 찬송가를 펼쳤다. 그러자 찬송가 438장이 내 마음을 위로하는 듯 나타났다. 그리스도인에게는 그 어디든 머무는 곳이 천국임을 내게 가르쳐 주었다.

"내 영혼이 은총 입어 중한 죄 짐 벗고 보니 / 슬픔 많은 이 세상도 천국으로 화하도다 / 할렐루야 찬양하세 내 모든 죄 사함받고 / 주예수와 동행하니 그 어디나 하늘나라"

#14
빈민들 삶으로 뛰어들어 가다

1968년 내가 군인으로 와 있을 때 동양의 진주로 불리며 그토록 화려했던 사이공이었다. 그런데 1990년 23년 만에 온 베트남에서 만난 사람들은 하나같이 지독한 가난과 배고픔으로 시달리고 있었다.

나는 자전거를 타지 않으면 시클로를 주로 타고 이동했다. 시클로는 우리말로 인력거다. 베트남의 시클로는 영어 사이클(cycle)의 베트남식 발음이고 원 영어로는 사이클 릭샤(Cycle Rickshaw)라고 한다. 모양은 삼륜 자전거 같은데 두 바퀴가 앞을 향하여 움직이며 동력 없이 사람이 페달을 밟아 전진한다.

베트남에서는 시클로를 사람을 태워주거나 작은 짐을 운반해주고 운임을 받는 영업용으로 쓰고 있다. 관광지에서는 이 시클로를 타고 주변을 돌아보기도 한다. 그런데 내가 보기에 인력거를 모는 사람들이 얼마나 말랐는지 타고 가면서도 안쓰러울 정도였다.

시클로 운전수들에게 말을 건네 보면 사실 하루 벌이가 대중이 없었다. 벌이가 괜찮으면 모르지만 온 가족이 자신을 기다리는데 하루를 공치고 빈손으로 돌아갈 때는 너무나 슬프다고 했다.

시클로 운전수는 그나마 나았다. 최소한 이 시클로로 입에 풀칠은 하기 때문이다. 집안의 가장임에도 일거리가 없어 하루 종일 멍한 표정으로 앉아 있는 남자들을 보면 그 고달픈 삶이 내게도 전해져 가슴이 찡했다. 그들을 향한 긍휼의 마음이 나를 사로잡아 어찌하든 도움을 주고 싶은 마음이 들었다.

이 무직자들이 갖는 최고의 희망은 어찌하든지 돈을 벌어 중고 시클로라도 한 대 사서 직접 영업을 하는 것이었다. 열심히 시클로를 운행하면 밥은 사먹을 수 있고 더 나아가 아이들 공부도 시킬 수 있는 길이 열리기 때문이다.

나는 시클로를 한 대 제작하는 데 드는 비용이 얼마인지 알아보았다. 150불 정도로 베트남에서는 큰돈일지 모르지만 한국으로 치면 큰 액수는 아니었다.

나는 나를 파송해준 단체인 사랑의병원선교회 측에 SOS를 보냈다.

"베트남은 지금 직접적인 선교는 하기 힘든 상태이고 이들과 좋은 관계를 맺는 준비 작업이 필요하다. 난 지금 이곳의 저소득층 빈민들을 대상으로 사람들을 사귀는데 밥 굶기가 일상인 사람들이 너무 많다. 이들 남자들에게 무슨 도움이 필요한지 물어보면 하나같이 시클로만 한

대 있으면 온 가족이 살아난다고 한다. 이들 가족의 생계를 도와주는 것도 그리스도의 사랑을 실천하고 복음을 전하는 계기를 만들 것으로 보인다. 그러니 빈민 가장들에게 이 시클로를 한 대씩 사주고 돈을 벌면 그 값을 나중에 받는 것으로 하고 선교를 시작해보면 좋겠다. 그러니 회원들에게 1인 1시클로 돕기 운동을 펼치자."

나의 제안에 사랑의병원선교회에서 좋은 생각이라며 긍정적인 답변이 왔다. 나는 베트남의 시클로를 만드는 공장을 찾아가 시클로를 많이 주문할 것이니 최대한 싸게 만들어 달라고 부탁했다.

이때부터 나는 빈민들에게 시클로를 사주는 사역을 시작했다. 나중에 돈 받을 생각을 하지는 않았지만 형식적으로는 돈을 갚겠다는 계약서를 쓰게 하고 시클로가 제작되는 대로 이를 나눠주기 시작했다.

이 소문은 금방 퍼졌다. 나는 아무에게나 주지 않고 정말 가난하고 자녀도 많으며 성실해 보이는 사람을 골라 시클로를 주기 시작했다. 이렇게 해서 30여 대를 나누어 주었다.

이렇게 베트남에서 선한 일을 하고 누구에게라도 도움을 주려고 하는데도 경찰[公安]은 여전히 나에게 계속 감시의 눈길을 보냈다. 나를 외국에서 온 간첩으로 생각하는지도 몰랐다. 하기야 사업가라고 하는데 신발은 안 팔고 이리저리 돌아만 다니면서 사람들 동태만 살피니 그렇게 볼 수도 있었다.

방콕에서 재입국한 뒤에도 나는 여러 차례 경찰서에 가서 이것저것 조사를 받았다. 늘 같은 질문에 짜증도 났지만 나중엔 그러려니 했고, 이후에도 또 한 번 추방을 당해 다시 비자 수속을 밟아 들어온 적도 있었다.

경찰이 호텔로 찾아온 적도 많아 문 두드리는 소리만 들어도 호텔 직원인지 경찰인지 쉽게 알 정도였다. 이렇게 계속 경찰의 시달림을 받으면 겁이 나야 하는데 나는 그렇지 않았다. 무엇이든 담대한 마음이 있었다. 그 이유는 간단했다. 죽음을 경험했기 때문이다. 10개월간 죽음 직전에까지 간 나로서는 그 무엇도 두렵지 않았다. 그 죽음에서 하나님이 나를 살리시고 새생명을 주셔서 이곳 먼 나라 베트남에 보내셨는데 무엇을 못할 것인가. 설사 이곳에서 복음을 전하다 순교를 하더라도 나는 원점이었다.

시클로를 통해 가장들을 돕다가 우연히 탁아소에 들르게 되었다. 부모가 직장에 출근하고 맡겨진 아이들을 보았는데 초롱초롱한 눈이 얼마나 예쁜지 몰랐다. 보모들에게 이것저것 물어보며 전도의 실마리를 찾아보려고 했지만 감시원의 감시가 심해 이것도 여의치 않다는 것을 깨닫게 되었다. 그렇지만 나중에 기회가 된다면 이 어린이들을 꼭 도울 것이라고 다짐했다. 그리고 이 약속은 후일 지켜졌다.

내가 베트남에 온 1990년 1월에 한국에서 베트남선교회가 창립됐다. 베트남에 참전했던 유명한 채명신 장군과 조주태 장로 등이 주축이 되었는데 설립 준비는 베트남에 오기 전에 내가 주관하다시피 했다.

이 베트남선교회에서 초창기 선교사역에 도움을 많이 받았다. 그러나 점점 시간이 지나면서 사역 방향이 달라 이제는 각자 사역을 하고 있지만 여러 부분에서 많은 동역을 했다. 이는 늘 감사하게 생각하는 부분이다.

베트남에 와 보니 직접 선교하거나 개인 전도를 할 수 있는 분위기가 아니라는 것만 깨달았다. 다만 경제가 어려운 베트남 정부가 문호를 개방해 외국 자본을 받아들이려는 추세를 보이고 있어 외국인들에 대한 감시가 좀 느슨해지고 있다는 것이 어렴풋이 느껴졌다.

이곳저곳 다니다 보니 가난하고 배고픈 사람보다 더 불쌍한 사람들이 있었다. 몸이 아픈 환자들이었다. 베트남의 병원 시설은 정말 열악했다. 그나마 대도시는 좀 사정이 나았지만 조금만 시골로 들어가면 보건소 같은 곳이 있긴 해도 제대로 된 의료기기나 약은 하나도 없었다. 간단한 상처 치료를 해주는 정도의 기능만 하고 있었다.

베트남에도 의료보험제도가 있으나 병원 문턱이 높았다. 가난한 사람은 아예 병원에 갈 엄두를 내지 못했다. 의료 혜택을 받으려면 엄청나게 까다로웠다. 그러니 가난한 환자는 민간요법에 의지하거나 그냥 집에서 죽어가는 수밖에 없었다.

이런 상황을 보며 불현듯 우리나라의 초기 선교 상황이 떠올랐다. 우리나라도 조선시대 말에 가난하고 고통받는 민초들에게 서양 선교사들이 찾아와 병원을 지어 무료로 진료해주고 학교를 지어 교육을 시켜주었기에 조선이 오랜 어둠에서 깨어날 수 있었다.

이와 마찬가지로 베트남인들에게 가깝게 다가갈 수 있는 길은 의료로 접근하는 것인데 왜 진작 이 방법을 생각하지 못했는지 안타까운 마음이 들었다. 더구나 나를 파송한 단체가 의료선교인 사랑의병원선교회가 아닌가. 나는 즉시 병원 설립 가능성을 타진하고 이 사역을 준비하기 시작했다.

#15
오지에 세워진 첫 선교병원

❦

베트남에서 행한 의료 사역은 내가 베트남에 온 지 1년 6개월 후에 본격화되었다.

나의 행적을 세심하게 지켜보던 경찰들이 보고를 했는지 하루는 경찰서에서 또 나를 호출했다. 이번에는 또 무슨 트집을 잡으려고 그러는지 긴장하고 있는데 내가 인도된 곳은 경찰서가 아니라 군복을 입은 서기장급 고위 관리가 있는 사무실이었다.

베트남에는 총서기장이 있고 각 지역별로 인민위원회가 있다. 당시는 베트남 정부에 14명의 서기장이 있었다. 이 중 NGO를 담당하는 서기장에게 내가 불려간 것이다. 서기장은 고위급이라 그런지 카리스마가 있어 보였고 키는 자그마했지만 미남형에 풍채도 있었다.

NGO는 비정부기구로 Non Governmental Organization의 약

자다. 간단히 설명하면 지역, 국가, 국제적으로 조직된 자발적인 비영리 시민 단체를 뜻한다. 당시 베트남은 워낙 경제가 열악해 세계적인 구호 NGO들이 하나둘 찾아와 베트남의 어린이와 빈민들을 중심으로 구호 활동을 막 시작하는 시기였다. 이 NGO는 빠콤(PACOM)이라고 불리는 정부기관에서 관리했다.

서기장은 내 손을 잡아 힘차게 악수를 한 뒤 차를 권하며 아주 부드럽게 말을 건넸다.

"안녕하세요. 장 선생이 베트남에 오셔서 가난한 사람들을 위해 시클로를 사주고 배고파하는 사람들에게 빵도 나눈다는 이야기를 잘 듣고 있습니다. 개인으로 오셔서 베트남을 위해 좋은 일을 하시지만 이런 일이 이 베트남의 행정 체계상으로는 불법입니다. 그래서 그동안 경찰에서 자주 조사를 받으시고 강제로 추방도 당하셨던 것입니다. 이 부분 저희도 죄송하게 여기고 있습니다. 오늘 오시라고 한 것은 베트남을 위한 이런 활동을 마음껏 하실 수 있도록 NGO 단체 허가를 내드리면 어떨까 해서입니다. 그러면 불편 없이 이런 일들을 마음껏 하실 수 있을 것입니다."

나는 내 귀를 의심했다. 오직 기도로 인내하며 버텨온 것이 놀라운 반전으로 돌아온 것이다. 나는 NGO로 허가받아 사역을 할 수 있는 방법이 있다는 것도 몰랐는데 베트남 정부에서 오히려 그 합법적인 길을 열어준 셈이다.

화이동 사랑의 병원에서 의료 선교를 펼친 의사와 간호사들이
현지 성도들과 손잡고 찬양하는 모습

"너무나 감사합니다. 이런 방법이 있었는데 제가 몰랐군요. 바로
NGO 등록 신청을 하고 허가를 받겠습니다."

하나님은 기도하고 있던 내게 적당한 시기에 맞게 길을 열어 주셨다.
이 무렵 후원자들이 베트남에서 병원을 지을 수 있는 돈을 어느 정도
모아준 상태라 NGO를 설립한 후 제일 먼저 병원을 짓기로 했다.

그래서 제1호로 지어진 병원이 남하성 남린군에 지어진 아가페이동병
원이다. 이 병원은 베트남선교회와도 손잡고 공동으로 세웠다. 이어서
두 번째 병원을 1993년 5월, 농푸읍에 세웠다. 이곳은 베트남 남부 메
콩강 델타 빈민 지역이었다.

이 병원 건축에 특별히 기여한 교회가 한 곳 있다. 한국에 들어와 지
역에서 제법 큰 교회라고 소문난 이 교회에 부흥회를 인도하러 간 적이
있었다.

부흥회 첫날 저녁, 담임 목사 사택에서 식사를 마련했다며 중심 장로 몇 분과 자리를 같이했다. 베트남에서는 보기도 힘든 진수성찬으로 잘 차리고 더운 나라 베트남에서의 사역은 체력도 중요하니 이를 보충하시라며 녹용을 삶은 물까지 잘 끓여서 내게 내어 왔다.

부흥회 강사를 잘 접대하는 것은 좋은데 왠지 모르게 거부감이 있었다. 이것은 내가 아닌 내 안의 성령이 갖는 거부감이었다. 식탁 뒤 큰 주방에 대형 냉장고가 3대나 있었다. 담임 목사가 나이가 있어 부부만 산다는데 목사가 너무나 사치스럽게 산다는 생각을 지울 수 없었다.

이렇게 내가 거북하고 성령이 역사하지 않으면 이번 부흥회는 은혜가 되지 않는 맹탕이 된다. 그럴 바에는 차라리 부흥회를 안 하는 것이 낫다고 생각되었다.

"죄송합니다. 제가 몸이 갑자기 안 좋아 병원에 가야 될 것 같아 부흥회를 취소했으면 합니다. 다음에 하겠습니다."

담임 목사가 무슨 일이냐며 당황했다. 나를 보니 중한 상태는 아닌 것 같은데 집회를 안 하겠다고 하니 이해되지 않았던 것이다. 목사는 내게 응급 처치를 한 뒤 짧게라도 집회를 해달라고 사정했다. 성도들이 부흥회 참석을 위해 이미 교회에 와 있었기 때문이다. 그리고 내게 다른 이유가 있는 것 같았던지 자꾸 이유를 물었다. 나는 조용히 따로 목사님을 불러 그대로 이야기를 해버렸다.

"목사님 부부만 사시는데 냉장고 3대가 웬일입니까. 2대는 가난한 사람 주시고 1대로 충분하지 않나요. 목사는 섬기고 나누고 희생하는 사명자입니다. 즐기고 누리고 호사하는 것과는 거리를 두어야 한다고 생각합니다. 물론 주님이 주시는 복은 받아야 하지만 지나치면 그것은 하나님의 뜻이 아닌 것 같습니다. 오늘 이 교회에서 계속 이런 부분이 거슬려 그냥 간다고 한 것입니다. 너무 직설적으로 말씀드려 죄송합니다."

목사님은 화를 낼 수도 있는데 내 말을 성령의 음성으로 받으셨다. 그리고 바로 그 자리서 회개를 하며 이 사실을 인정했다.

"선교사님 말씀이 맞습니다. 저도 목회 초기에 무릎으로 늘 기도하며 성령이 충만했었습니다. 그때는 설교에 힘이 있었고 성도들도 모여들어 오늘의 큰 교회를 이루었습니다. 그런데 언제부터인가 타성에 젖어 그 열정을 잃어버리고 이렇게 편안한 목회를 추구하게 되었습니다. 그런데 오늘 선교사님이 오셔서 이렇게 저의 잘못된 부분을 지적해 주시니 성령의 음성으로 받겠습니다. 회개하고 다시 심기일전해 성령목회, 무릎목회를 하겠습니다."

나는 목사님과 손잡고 뜨겁게 기도를 나눈 뒤 강단에 올랐다. 어느 때보다도 성령이 크게 역사하며 온 성도들과 큰 은혜를 나눌 수 있었다. 내 간증에 성도들 모두가 눈물을 보였고 선교의 동역자로 기도의 응원 부대가 되겠다고 했다.

목사님은 내 설교가 끝난 뒤 우리 모두 장요나 선교사님의 베트남 사역을 위해 특별 헌금을 하자고 호소했다. 그 자리에서 꽤 많은 액수의 헌금이 모였다. 헌금 주머니엔 금반지며 금목걸이도 적지 않았다. 이 돈은 앞서 밝힌 대로 '농푸 사랑의 병원' 건립에 큰 보탬이 되었다. 하나님은 이렇게 놀라운 방법으로 병원 건립을 도우셨다.

이 병원은 나를 파송한 국제사랑의병원선교회(AHF)도 후원을 해 건립할 수 있었으며, 이곳에 의료진 20명에 직원 4명을 두고 개원했다. 이런 시골 마을에 내과와 외과, 치과, 산부인과, 한방과, 안과와 약국까지 갖춘다는 것은 획기적인 것으로 큰 화제가 되었다.

선교병원은 문을 열기가 무섭게 사람들이 밀려들었다. 이처럼 사랑의 병원은 의료 혜택이 닿지 않는 오지에 먼저 지어졌다.

이후 병원들이 계속 지어져 2020년 현재 16곳이나 지어졌지만 우리가 임의로 무작정 짓는 것이 아니었다. 베트남을 돌아다니며 답사를 통해서 정하는 것이 아니라 NGO를 관리하는 빠꼼의 도움을 받았다. 외무부 산하의 빠꼼과 늘 정보를 교환하면서 의료 혜택을 가장 받지 못하는 어려운 곳을 추천해달라고 하면 리스트를 우리에게 보내주곤 했다. 그럼 그 리스트를 가지고 기도를 하면서 그중에 가장 병원이 필요한 곳, 하나님이 세우라고 명하시는 곳, 응답이 오는 곳으로 가서 사랑의 병원을 짓는 것이다.

16
의사는 약으로 나는 은사로

오지에 선교병원을 지으며 의료 선교를 함과 동시에 서울의 의사들과 연계해서 순회 의료 사역을 펼쳤다. 나도 의사 가운을 입고 동행하는데 환자 대부분이 신경통이나 관절염, 위장병으로 몰려왔다. 이들은 앓고 있는 병과 관련된 약을 처방해 주는 것과 함께 기도를 해주면 신기할 정도로 잘 나았다.

의사들이 진료하고 내가 기도하면 90% 이상의 환자에게 치료 효과가 있었다. 그중에 식물인간이나 중풍병자 등 중증 환자들에게도 안수기도를 해주면 기적이 일어나기도 했다.

그러다 보니 내가 나타나면 소문을 듣고 몰려온 환자들이 줄을 이었다. 불치병, 난치병 환자들은 주로 내가 맡았다. 상황을 설명하고 내가 기도해 주겠다고 하면 모두들 승낙했다. 함께 따라다니며 감시하는 경

114

찰에게도 이 환자는 불치병인데 의술로 손 쓸 방법이 없다, 그냥 기도해 주겠다고 말하면 그렇게 하라고 허락했다.

"하나님 감사합니다. 나의 불치병을 치료해주신 하나님. 바로 이 시간에 동일한 사건이 일어날 것을 믿고 손을 얹었습니다. 하나님, 오늘 주님의 살아계신 역사가 이들을 감동케 하시고 하나님께 영광 돌리게 하시고 살아계신 하나님을 증거케 해 주시옵소서. 이 환자를 치료해 주셔서 이 베트남에 그리스도의 복음이 널리 퍼지게 도와주시옵소서."

신기할 정도로 내 기도로 많은 불치병 환자들이 나았다. 하나님께서 내 손에 신유의 능력을 주신 것이라 믿는다. 이것이 만약 안 고쳐지면 내가 사기꾼이 되는데 내가 하나님을 100% 믿고 기도하니 역사가 일어났다. 이런 놀라운 기적이 계속해 이어졌다. 그리고 이렇게 치료를 받은 환자들이 신앙을 갖게 되고 은혜를 받으면 교회 건축에 헌신하는 것으로 이어졌다. 하나님은 부족한 부분들을 사람들을 통해 하나하나 채워 주셨다.

경찰에게는 진료한 환자들의 후유증을 체크하러 간다는 명분 아래 병문안 허가를 받아 다시 그 지역을 찾아가면 고침을 받은 사람들이 하나님을 믿고 교회를 지을 준비가 돼 있었다. 그러면 자연스럽게 이들이 바로 교회를 짓는 건축자가 되곤 했다. 하나님이 예비하시고 인도해 주시는 이런 사역들을 경험하며 의료 사역을 하다 보면 힘든 줄 몰랐다. 너무 신이 나서 잠도 오지 않았고 피곤하지도 않았다.

재미있는 사연도 있다. 한번은 메콩강 하류 짜빈성에서 서울 새문안 교회 소속 의사들이 와서 의료 사역을 밤늦게까지 했다. 환자들이 밀려 들어와 차마 돌려보낼 수 없었기 때문이다.

나는 일행들과 늦은 식사를 마친 후 예배를 드리고 숙소로 돌아왔다. 땀에 절어버린 옷을 빨고 12시쯤 팬티만 입고 잠자리에 들었다. 그런데 잠자리에 눕자마자 누군가 문을 두드렸다.

"이 밤늦은 시간에 피곤한데 도대체 누가 문을 두드린단 말인가?"

그런데 갑자기 성경에 친구가 찾아왔는데 먹을 것이 없자 부잣집 문을 두드려 음식을 청한 사건이 있었다는 사실이 생각났다. 팬티 바람으로 문 쪽으로 나가 문구멍으로 내다보니 병원을 세울 때 나를 몹시 핍박하고 감시하던 짜빈성 성장이었다. 성장은 우리나라의 도지사 정도 되는 사람으로 높은 신분이었다.

짜빈성 성장은 대령 출신으로 그의 핍박이 대단했기에 내가 아주 생생히 기억하고 있었다. 오늘은 무료 진료만 했는데 혹시 또 무슨 트집을 잡아 나를 잡으러 왔나 싶어 긴장하지 않을 수 없었다.

그런데 얼굴 표정이 예전처럼 기세등등하지 않았고 보통 성장이 움직이면 경찰과 같이 오는데 혼자 온 것이 좀 이상했다. 늦은 시간이었지만 문을 열어 반갑게 맞이했다.

"무슨 일인가. 난 지금 막 잠자려고 누웠다. 옷도 세탁하느라 입지 않

마을 무료 진료 시 몰려드는 환자들. 장요나 선교사는 기도로 환자들을 치료했다.

은 상태다. 급한 일이 아니면 내일 보면 안 되겠는가."

"늦게 와서 정말 미안하다. 난 당신을 만나러 왔다. 좀 들어가서 차분하게 이야기하면 좋을 것 같다."

뒤에 같이 온 경찰도 없어 얼른 침대의 시트를 둘둘 말아 걸친 뒤 들어오라고 했다. 그런데 성장은 들어와서 뒤에 누가 없는지 눈치를 살피더니 대뜸 "나에게도 기도를 좀 해달라."며 불쑥 고개를 내밀었다. 깜짝 놀랐다. 도저히 있을 수 없는 일이 일어났기 때문이다. 혹시 기도하면 이 사실로 나를 트집 잡아 골탕을 먹이려는 것이 아닌지 눈치를 보며 뜸을 좀 들이며 말을 건네었다.

"도대체 어디가 아파 기도를 해달라고 하는가?"

"오래전부터 갑상선이 아파 고생하고 있다. 요즘 들어 더 아프고 정말 힘들다. 병원에서도 치료 방법을 모른다. 당신이 기도해 낫는 것을 옆에서 많이 보았다. 나도 좀 낫게 해주면 좋겠다."

나는 한 번 더 그를 떠보았다. 여긴 약이 없으니 내일 아침 병원으로 오면 약을 주겠다고 했다. 그러자 이번엔 내 앞에서 무릎을 꿇었다. 나는 다시 한번 더 놀랐다. 나를 못살게 굴던 이가 기도를 요청하는 것이 확실했기 때문이다. 다른 경찰이나 이웃에서 성장이 나를 찾아와 기도 받았다는 소문이 날까 봐 이 밤늦은 시간에 몰래 나를 찾아온 것이 분명했다. 사역을 하다 보니 이런 일도 다 있구나 싶어 몸까지 떨렸다. 나를 핍박하던 자가 기도를 해달라고 했던 바로 그때의 기분은 무엇으로도 바꿀 수 없었기 때문이다.

나는 기도에 앞서 "하나님 감사합니다. 하나님 감사합니다."라고 감사 기도를 먼저 한 뒤 그의 머리에 손을 얹고 간절히 기도했다. 기도를 마치고 나자 성장은 눈에 눈물이 그렁그렁해져 있었다. 너무 늦은 시간이라 성장이 인사를 하고 돌아간 뒤에 나는 그를 위해 또 한 번 기도했다.

"하나님. 성장을 보내 주셔서 감사드립니다. 그가 치유되어 이곳 짜빈성이 복음화되는 데 큰 역할을 하게 해주세요. 전능하신 하나님께서 도와주셔서 이를 통해 베트남 선교의 물꼬가 터지게 되길 원합니다."

다음 날 성장은 나를 보자 환하게 웃으며 나를 얼싸안았다. 얼굴에

웃음꽃이 피어 있었다. 그리고 자신을 고통스럽게 하며 괴롭히던 갑상선 통증이 사라지고 만져지던 혹도 갑자기 작아졌다며 엄지손가락을 추켜세웠다. 정말 당신은 특별한 의사라며 놀라워했다. 그리고 자신이 도울 수 있는 부분은 얼마든지 돕겠다고 했다.

하나님이 일하시는 방법은 이처럼 놀라웠다. 이런 예기치 않은 기적과 사건 때문에 사역에 힘을 얻고 자신감을 갖게 된다. 이후 이곳의 선교 사역은 성장 덕분에 많은 도움을 받았음은 물론이다.

이후 계속 지어나간 병원들은 의료 시설이 없는 오지에 건축하는 것을 기본으로 했다. 농푸 사랑의병원 다음에 1995년에 건립된 병원은 '흥화 사랑의 병원'이다. 남부 지역 남지나해 빈민 지역인 짜빈성 틱우칸 군 흥화읍에 지었다. 이 병원은 공주감리교회의 후원으로 지었으며 의료진은 6명이었지만 내과, 외과, 조산원, 한방 등 4개과만 있었다. 그렇지만 언제나 환자들로 차고 넘쳤다.

선교병원은 전도하기에 최고로 좋은 여건이 된다. 사람은 아무리 돈이 있고 권력이 있어도 아프면 모든 것이 부질없다는 것을 느낀다. 질병 앞에서는 누구나 마음이 약해지고 치료만 할 수 있다면 무슨 일이라도 할 것 같은 자세가 된다. 그래서 내가 의사 가운을 입고 청진기를 대면서 복음을 전하면 신기할 정도로 예수님을 잘 믿었다.

예수님께서도 말씀하시길 건강한 사람에게는 의원이 필요 없다고 하셨는데 육적으로 병든 사람에게 복음을 들고 나가면 접근하기가 너무나 쉽다. 치료를 해주면 주민들이 감사해하고 또 현지 의사들에게 급료와 약품을 대주면서 접근하니 그들이 안심하고 우리를 무조건 좋은 사람이라고 인식했다.

이렇게 시작된 병원 건립은 계속 숫자가 많아지면서 베트남 사역을 지탱하는 근본적인 힘이 되어 주었다. 내가 만약 교회만 세우고 병원을 건립하지 않았으면 벌써 추방되어 베트남에 뿌리를 내리지 못했을 것이다. 주민들에게 큰 도움을 주는 병원 건립이 적절한 타이밍에 계속 이어졌기에 빠콤에서도 나를 인정하고 고마워하고 있는 것이다. 요즘도 내게 병원을 지어달라는 요청이 빠콤뿐 아니라 각 곳에서 수시로 들어온다.

예수님은 가난한 자, 병든 자, 고통받는 자를 위로해 주시고 치유해 주셨다. 한국에 복음과 함께 수많은 서양 의료 선교사들이 찾아왔던 것처럼 베트남에도 헌신하는 의료 선교사가 많이 나와 베트남 복음화의 큰 몫을 감당해주길 바라는 마음 간절하다.

17
빈민들 삶으로 뛰어들어 가다

베트남에는 내가 1968년 군복무 할 때만 해도 나트랑시에 냐짱신학교가 있었다. 그리고 다낭신학교와 본넷톡신학교와 사이공에 성경학교가 있었다. 현재 아주 나이가 많고 살아 있는 베트남 목회자는 대부분이 냐짱신학교 출신이라고 보면 된다.

베트남에 다시 와서 내가 예전에 군복무 하던 나트랑을 찾아가 보았다. 베트남전쟁 당시 미군이 철수하면서 한국군도 함께 철수했었다. 공산화된 베트남에 두 번 다시 올 일이 없을 것이라 여겼는데 하나님께서 이제 선교사의 신분으로 다시 보내주셨다. 나는 나트랑의 십자성부대가 있던 곳을 찾아 갔다. 너무나 감격스러워 눈물이 흘러 나왔다.

이어 수소문을 해서 냐짱신학교가 있던 자리에 가보니 신학교는 물론 함께 있던 교회까지 다 폐쇄되고 창고로 쓰고 있었다. 신학교 자리에는 게스트 하우스가 들어섰다.

나는 이왕이면 이곳에서 묵는 것이 좋겠다 싶어 찾아 들어갔다. 그런데 외국인이라 그런지 프런트에서 얼마나 철저히 나를 심사하는지 몰랐다. 간신히 방 안으로 들어가 곧장 문을 잠그고 무릎을 꿇고 기도했다.

"하나님 이게 어떻게 된 일입니까. 하나님의 종을 교육하는 신학교가 공산당들의 숙소가 되다니요. 이곳에 다시 복음이 살아나게 도와주세요. 교회와 신학교를 재건해 주세요."

앞에서도 밝혔지만 1975년 베트남이 공산화되면서 종교 말살 정책이 시도됐다. 베트남 목사님들을 차례로 숙청하고 교회는 모두 문을 닫도록 했다. 수많은 크리스천들이 예수를 믿는다는 이유로 끌려가고 순교를 당하기도 했다.

공산주의는 자신들의 이념에 위배되는 것이 바로 기독교였기 때문에 기독교에 대한 박해와 핍박은 어느 공산 국가에서나 공통적으로 이루어진다. 그러나 아무리 인위적인 탄압이 있어도 성령의 역사가 있는 곳에는 하나님의 말씀이 살아 움직이기에 복음은 존속되고 이어진다. 그 강한 생명력으로 하나님의 말씀이 다시 피어나는 것이다.

베트남에도 당국의 감시를 피해 신자들이 모여 예배를 드리고 있는 지하교회가 있었다. 이곳에 주의 말씀을 배우려는 믿음이 강하게 역사했고 이 믿음의 사람들로 인해 베트남 기독교인은 인원은 적었지만 지

교회 건축 현장을 찾아 실무자들을 격려하는 장요나 선교사

하에서 베트남을 위해 뜨겁고 간절하게 기도하고 있었다.

내가 베트남에 파송된 1990년 초반에는 어림잡아 10만여 명의 기독교인이 있었던 것으로 추산된다. 그러던 중 1995년에 미국과 베트남이 수교했다.

이후에도 베트남 정부의 종교 압박은 계속되었지만 경제개방정책을 시행하면서 폐쇄된 교회들에 대해 재건이 가능하도록 허락되었다. 이때 이미 교회 재건 준비를 차근차근 하고 있던 나는 고기가 물을 만난 듯 교회 건축에 박차를 가할 수 있었다.

베트남 선교 초기 하노이에서 연거푸 추방을 당한 나는 사역지를 인구도 많고 상업이 활발한 호치민으로 옮겼다. 그때가 1992년 5월이었다. 그러나 이곳에서도 경찰의 감시는 계속되었다. 공산국가의 특징은 늘 사람들의 동태를 살펴 이상한 징후를 미리 파악하고 이를 사전에 차단한다는 것이다. 서로가 서로를 감시하게 만들기도 한다.

내가 꾸준히 대외적인 구호 활동을 하는 중에도 경찰의 감시는 계속되었다. 걸핏하면 조사를 하겠다며 나를 데려가는데 아주 돌아버릴 것 같았다. 경찰서에서 취조하는 내용도 항상 같았다. 마치 레코드판이 돌아가듯 판에 박힌 질문이었다. 나 역시 앵무새처럼 같은 대답을 하기가 아주 힘들었다.

나는 당시 호치민의 한 여관에 장기 투숙하며 내 신분을 잘 노출하지 않은 채 새로운 선교 물꼬를 틀 수 있는 방법을 찾으려 노력하고 있었다. 그리고 가급적 경찰의 눈길을 피해 다니며 호치민 시내 구석구석을 돌아다녔다. 도보로 다니다가 다리가 아파 자전거를 타고 다니며 땅 밟기 기도를 했다. 이때 내가 가장 많이 성경 구절을 인용해 기도한 내용이 '이 산지를 내게 주소서'였다.

이 성경 구절은 성경 여호수아서 14장에 등장한다. 말씀을 요약하자면 가나안 서쪽 땅을 분배하고 있는데, 갈렙이 예전의 일을 상기시키면서 헤브론 땅을 여호수아에게 달라고 하는 것이다. 땅을 산지라고 하는 것은 산이 많은 땅이기 때문이지만 상징적인 의미로는 하나님이 약속하신 땅이란 의미도 있다. 그 당시만 해도 갈렙이 달라고 한 땅에는 쫓아내지 못한 족속인 아낙 사람들이 있었지만 갈렙은 자기에게 주면 자기가 가서 그 사람들을 물리치고 살겠으니 땅을 달라고 한 것이다.

내 입장에서는 공산 정권에 의해 복음이 사라져 버린 땅을 하나님이 허락하시면 복음이 울려 퍼지는 성지로 만들겠다며 하나님께 기도한 것이다.

"이 베트남 땅을 내게 주옵소서. 내가 하나님의 말씀이 울려 퍼지는 복음의 땅으로 만들겠습니다. 하나님을 찬양하는 목소리가 울려 퍼지는 곳으로 만들겠습니다. 이 산지를 점령하겠습니다."

자전거를 타고 노래하듯 드린 이 기도가 드디어 응답받는 첫 사건이 일어났다. 참으로 놀라운 일이라 하나님의 예비하심과 섭리라고 여겨진다.

병원 관계 일로 농탄군 떤헙마을로 출장을 간 적이 있었다. 차도 들어가지 않아 오토바이로 간신히 들어가는 오지였는데 마을 한곳에서 결혼식이 열리고 있었다. 베트남 현지인의 전통 결혼식은 처음 보는 것이라 궁금해서 마음 사람들 속으로 나도 끼어 들어갔다. 전통복을 입고 예식을 하는 모습이 우리와도 많이 닮았다는 생각이 들었다.

여흥 시간이 되어 사람들이 어울려 노는데 나는 익숙한 아코디언 음악 소리에 깜짝 놀라고 말았다. 한 40대 중반의 남자가 아코디언을 켜는데 곡조가 그 유명한 찬송가 '어메이징 그레이스'였기 때문이다. '나 같은 죄인 살리신'이란 제목이 붙은 이 유명한 찬송이 베트남의 한 오지 마을에서 울려 퍼지고 있다니. 나는 아코디언을 켜는 사람에게 다가가 연주가 끝나길 기다렸다. 초라한 행색의 그에게 조용히 말을 건넸다.

"안녕하세요. 연주 잘 들었습니다. 지금 연주하신 곡이 찬송가인데 혹시 크리스천이신가요?"

그분은 주위를 한 번 살피더니 고개를 끄떡였다. 나는 그에게 잠시 이야기를 나눌 수 있는지 양해를 구하고 조용한 곳으로 가서 대화를 시작했다. 알고 보니 그는 H란 이름을 가진 전도사로 나트랑신학교를 졸업했다고 했다.

1975년 남북으로 나누어져 계속되던 베트남전쟁이 끝났다. 공산 정권이 실권을 잡으면서 앞에서도 밝혔지만 교회가 공산당의 심한 감시를 받게 되었다. 많은 교회가 폐쇄되고 교회 지도자들이 핍박받고 구금되는 현상은 1980년대까지 계속 이어지고 있었다.

이때 나트랑신학교를 졸업하고 나트랑교회에서 목회하던 H 전도사도 350명의 목사가 일시에 구속되는 대규모 핍박에 포함되었다. 이때 H 전도사도 붙잡혀 교도소에 2년간이나 구금되어 있다가 간신히 집으로 올 수 있었다고 한다.

"전도사님, 반갑습니다. 저는 베트남 영혼 구원을 위해 한국에서 온 장요나라고 합니다. 이곳에 온 지 2년여가 되었는데 베트남에 융성했다는 교회 흔적을 찾기 힘듭니다. 전도사님이 혹시 그 무렵 베트남에 교회가 어디어디에 있었는지 자료를 갖고 계시나요."

H 전도사는 내가 외국인이라 안심한 듯 마음을 열고 대화를 해 주었다. 내가 그렇게 찾던 예전 베트남 교회들의 주소가 적힌 명단도 갖고 있었다. 나는 마음속으로 '할렐루야'를 크게 외쳤다.

H 전도사는 이후 나와 단짝이 되어 흩어져 사라졌던 베트남의 옛 교회를 찾아 다시 세우는 귀한 파트너가 된다. 우리는 '베트남의 무너진

제단을 수축하라'는 슬로건을 걸고 교회 재건축 운동에 본격적으로 나서기 시작했다.

그리고 나는 당시 고등학생이던 H 전도사의 딸, 다오(THAO)를 한국에 보내 한국어를 공부하게 한 뒤 후일 총신대 신학대학원을 졸업하고 신학박사 학위까지 받도록 도움을 주었다. 이후 다오 선교사는 2006년 목사안수를 받고 베트남 선교에 얼마나 열정을 가지고 사역하고 있는지 모른다. 다오 목사는 지금 분당의 베트남인교회에서 사역하며 평택대학교에서 채플교수도 맡고 있다. 하나님께서는 모든 만남과 사역을 준비하고 계셨고 나는 그 일을 열심히 하면 되었다.

H 전도사와의 영화 같은 만남은 베트남 교회 건축의 시작을 알리는 신호탄이었다. 나는 H 전도사로부터 넘겨받은 예전의 교회 주소를 찾아다니기 시작했다. 거의가 폐허가 되어 있거나 흔적이 사라진 것을 보며 얼마나 마음이 아팠는지 모른다.

이 무렵 베트남은 경제개발(도이모이)을 외치면서 외국 자본과 외국 문물이 들어오는 것을 받아들이려는 추세였다. 경제개방정책을 쓰기 시작한 것이다. 여기에 발맞추어 내가 베트남에 왔으나 아주 필요한 적기에 온 것이라고 할 수 있다. 정부도 교회 성도들이 나서서 교회를 짓거나 또 사라져 버린 교회를 재건하겠다고 하면 허가를 내어 주었다. 이때 나뿐만 아니라 미국과 호주, 캐나다 등 선진국에서도 베트남 선교를 위해 선교사를 많이 파송했고 국제구호단체도 많이 들어왔다.

교회를 신축하거나 재건하는 비용을 한국의 후원자들을 찾아 부담하게 하고 교회를 건축했다. 의료 사역과 함께 교회 짓는 일에 앞장섬으로써 베트남의 무너진 제단을 재건하는 최일선에 설 수 있었다.

　나의 교회 건축과 재건은 내가 한국에서 사업하던 건축의 연장선이라 쉽게 접근할 수 있었고 나의 전문 영역이기도 해 나로서는 최고의 안성맞춤 사역이었다. 이때를 위해 하나님이 나를 건축업자로 훈련시키셨음을 알게 되었다.

#18
직접 세운 베트남 1호 수이바요나교회

　베트남 교회 설립은 수없이 많은 지역을 탐사하고 돌아다니면서 얻어낸 정보로 이루어졌다. 사실 비라카미선교회가 세운 모든 교회는 다 건축을 위해 헌신한 많은 분들의 눈물과 기도, 귀한 헌신과 헌금이 모아진 결정체이고 특별한 사연이 없는 교회가 없을 정도다. 그렇지만 이 중에서도 베트남 땅에 제일 처음 세운 1호 교회 수이바요나교회는 나에게만큼은 특별한 사연이 담겨 있다.

　나는 초기 선교 시절 오토바이를 타고 이곳저곳을 끝없이 누비며 하나님의 사인을 받아 교회를 짓거나 병원을 건립했다. 그런데 교회로서는 처음으로 세운 곳이 바로 이 수이바 지역이다. 고목나무 숲으로 둘러싸인 이 한적한 시골 마을은 소수 민족 스텅족이 사는 집단 거주지로 민가도 그리 많지 않았다.

하루는 길을 지나다 이곳에 들르게 되었다. 여자아이 5~6명이 모여 빨래를 하다가 내가 오토바이를 타고 와서 멈추자 무슨 구경거리라도 된 것처럼 주변으로 모여 들었다. 얼굴이 다르게 생긴 아저씨가 나타났으니 신기했던 것이다. 오토바이도 신기한지 이리저리 만져 보았는데 10살 전후의 여자아이들의 행색이 너무나 초라해서 불쌍했다.

여자아이임에도 상의도 없이 반바지 비슷한 허름한 옷만 아래에 걸쳤고 신발은 그 누구도 신지 않았다. 아이들이 사는 움막을 따라가 보니 부모들은 없고 빈집에 세간이라곤 때 묻은 이불에 그릇 몇 개, 생활용품 서너 개가 고작이었다.

산족이 어렵게 살고 있는 것은 알았지만 이 정도로 힘들게 사는지는 미처 몰랐다. 말이 집이지 동물이 사는 우리라고 해도 될 것 같았다. 한국 놀이동산 동물원 막사가 이보다 훨씬 나을 정도였다. 나는 그래도 좋다고 웃는 천진난만한 아이들의 해맑은 눈동자를 바라보며 불쌍하고 안타까운 마음에 나도 모르게 눈물이 흘러 나왔다.

내가 주님 앞에 이끌려 온전히 변화되어 주의 종으로 사명을 받은 후 달라진 큰 변화 중의 하나가 눈물이 많아진 것이다. 걸핏하면 눈물샘이 터졌다. 주님을 모른 채 세상을 끝내고 지옥에 갈 영혼들을 생각하면 불쌍해서 울었다. 힘들고 고통스럽게 살아가는 가난한 사람들을 보면 안타까워서 울었다. 성경을 보다 하나님의 말씀이 깨달아지면 감격해서 울었다. 길을 가다가도 하나님의 은혜가 너무나 감사해서 울먹거렸고 기도를 하다가도 성령의 감동을 받아 어린아이처럼 엉엉 울기도 했다. 지금도 나는 설교하다가도 자주 울먹인다.

내가 눈물을 글썽이며 우니 산족 아이들도 영문도 모른 채 나를 따라 울었다. 나는 아직 때 묻지 않은, 맑은 영혼을 가진 아이들의 손을 잡 았다. 그리고 이들을 위해 기도하기 시작했다.

"하나님, 이 아이들의 천진하고 맑은 눈을 보시고 계시지요. 너무나 열악한 환경에서 가난하고 어렵게 살고 있습니다. 이들에게도 복음이 전해져 소망과 기쁨을 가지고 살게 해주세요. 이들에게 가장 필요한 것 이 복음입니다. 이 소수 부족에도 교회가 지어지고 복음을 전할 수 있 도록 도와주세요."

나는 이곳에도 교회가 세워지고 헌신된 주의 일꾼이 나와 복음을 전 하길 간절히 기도했다. 그때 내 안의 성령이 나를 향해 강하게 말하는 것이 느껴졌다.

"그래. 요나야. 그래서 내가 너를 베트남에 보낸 것이 아니냐. 이 첫 교회를 네가 이곳에 세워라. 네 힘으로 헌신해라."

나는 우선 이곳에 의료 사역부터 실시했다. 산족의 환자들이 의료 선 교차 한국에서 온 의사들의 치료를 받고 놀랍게 치료되면서 신망을 얻 게 되었다. 이렇게 몇 차례 의료 선교를 펼치면서 자연스럽게 가정 교회 가 설립되었다.

나는 주일에 이곳에서 산족 어른들을 만났다. 한국에서 보내온 어린

아이와 어른의 헌옷들을 나누어 주니 입들이 쩍 벌어졌다. 아이들에게 종이와 연필을 주며 그림도 그리게 했다. 이들에게 나는 아주 고맙고 신기한 외국인이었다.

나는 인부를 데려다 철골 기둥에 슬레이트를 얹은 교회를 지었다. 주민들은 이곳이 교회인지 모르고 좋은 마을회관이 생긴 것이라 여기며 모여들었다. 그리고 매 주일 이곳에 와서 서서히 복음을 전하며 예배를 드리는 교회의 정체성을 드러냈다. 결국 수이바 지역의 지명과 내 이름을 따서 수이바요나교회라고 이름 지은 교회가 개척되었다.

이곳에 자주 오가다 보니 이 마을에 가장 시급한 것이 우물이었다. 식수가 부족해 주민들이 애를 먹었다. 현재 먹는 물의 수질이 나빠 질병도 많이 생기는 것 같았다. 그래서 우물을 파주려고 인부를 시켜 땅을 깊게 파도 물이 나오지 않아 아주 애를 먹었다. 계속 파다 보니 꽤 깊은 웅덩이가 되었다. 10m는 파내려 간 것 같았다. 나는 계속 우물에서 빨리 물이 나오길 늘 기도했다.

하루는 예배가 끝난 후 혼자 우물을 파다가 내가 밟은 흙이 물러 미끄러지면서 웅덩이 아래로 굴러 떨어지고 말았다. 머리도 부딪히며 쿵 소리를 내며 몸이 바닥에 닿았는데 다행히 흙이 부드러워 몸이 다친 것 같지는 않았다.

그런데 문제는 웅덩이가 워낙 깊어 내 힘으로 도저히 올라갈 수 없다는 사실이었다. 나는 큰 소리를 내어 사람들을 불렀지만 내 소리는 안에서만 울릴 뿐 바깥으로 뻗어 나가지 않는 것 같았다. 누군가가 나를 발견할 것이라 여기고 기다렸는데 시간이 점점 흐르면서 불안해지기 시작했다. 갑자기 장맛비라도 쏟아져 웅덩이에 물이 순식간에 차거나 또 흙이 무너지면 난 그대로 매몰되고 마는 것이었다.

그래도 희망을 거는 것은 내 오토바이가 그대로 있을 테니 없어진 나를 산족 사람들이 찾을 것이란 사실이었다. 정말 사람들이 내가 사라지자 이상히 여기고 내 이름을 부르며 찾는 소리가 들렸다. 그러나 아무도 내가 이 안에 있을 것이란 생각을 못 하고 아예 들여다보지도 않았다.

내가 아무리 크게 소리를 질러도 사람들은 듣지 못했다. 조금 있으면 밤이 되는데 산속의 밤 온도는 예상 외로 낮아 내가 견딜 수 있을지도 몰랐다. 나는 주님께 부르짖을 수밖에 없었다. 이제 베트남 선교를 막 시작했고 첫 교회를 세웠는데 이렇게 허무하게 죽을 수는 없다고 하소연하며 기도했다.

바로 그때 내가 유독 예뻐한 한 여자아이가 이 우물 안을 들여다보게 되었고 큰 소리를 질렀다.

"옹짱이 우물에 있어요. 빠져 있어요. 어서들 여기로 오세요."

이제야 살았다는 안도의 한숨이 나왔다. 나를 위로 올리는 작업도 만만치 않았다. 밧줄이 내려오고 그 밧줄을 내가 몸에 묶어 끌어 올리는데 여러 명이 동원됐다. 나는 흙투성이가 된 몸 그대로 바로 교회로 달려가 생명을 지켜주신 하나님께 감사 기도를 드렸다.

베트남은 어디를 가든 조금이라도 방심하면 안 되는 영적 전투 현장임을 새삼스럽게 느꼈다. 늘 기도로 무장하고 성령께 의지해 사역해야 한다는 사실을 더더욱 절감한 사건이었다.

⚜

"주의 성령이 내게 임하셨으니 이는 가난한 자에게 복음을 전하게
하시려고 내게 기름을 부으시고 나를 보내사 포로된 자에게 자유를,
눈먼 자에게 다시 보게 함을 전파하며 눌린 자를 자유케 하고"

(눅 4:18)

#19
목이 말라 지어진 여우야이교회

럼동성 마욜족 소수 부족 S 목사를 만나러 갈 때였다. 호치민 선교
센터에서 달랏으로 가는 이 길은 도로 사정이 안 좋아 자동차로 10여
시간이 걸렸다. 여우야이란 지역을 지나가는데 심하게 목이 말랐다.

나는 비교적 참을성이 많아 웬만한 경우는 다 참는데 이상하게 이날
은 목이 말라 견딜 수 없었다. 그렇다고 물을 사서 먹을 수 있는 상점
도 없었다. 물을 파는 곳으로 돌아갈 수도 없을 만큼 많은 거리를 온
상태라 난감했다.

그런데 그때 지난번에 이 지역을 지나가다 보았던 우물이 갑자기 생
각났다. 내 기억력은 거의 챔피언급이다. 한 번 본 것이나 대화한 내용,
기록한 것 등은 거의 잘 잊지 않는다. 사람들이 내 기억력에 혀를 내두
르는데 예전에는 이런 내가 똑똑하고 잘난 줄 알았다. 그러나 이제는

하나님이 선교를 잘 하라고 주신 달란트임을 감사히 여기고 있다.

기억을 더듬어 우물을 찾아보니 정말 있었다. 그런데 막상 우물 안을 보니 한마디로 너무 더러웠다. 우물 안에 먼지가 가득 끼어 있었고 물에 침전물도 아주 많았다. 그러나 워낙 목이 말랐던 터라 일단 우물을 퍼서 간단하게 입만 축였다.

그런데 우물 뒤에 민가가 있는 것 같아 그쪽으로 가 보았다. 혹시 이곳에 깨끗한 식수가 있으면 한 잔 얻어 마실 생각이었다. 베트남 농촌의 집들은 낡고 열악하다. 그때 허름한 집 안에서 웬 나이든 여성의 신음소리가 나직하게 들렸다. 놀라서 집 안으로 들어가 보니 할머니 한 분이 누워 계시는데 땀을 뻘뻘 흘리고 계셨다. 신음소리는 할머니에게서 나오고 있었다.

나는 의사들과 의료 봉사를 많이 다녀서 좀 과장하면 반은 의사가 된 상태였다. 얼굴 표정과 증세를 보니 아무래도 열병에 걸려 땀을 흘리고 있는 것 같았다. 얇은 이불이 축축하게 다 젖어있을 정도였다. 의식도 가물가물한지 내가 들어가도 잘 모르고 헛소리도 내고 있었다. 그때 갑자기 깨달음이 왔다.

"하나님께서 이 병든 자를 위해 나를 이곳에 보내셨구나."

어느새 내 목마름은 사라지고 할머니를 위해 기도하고 전도해야 한다는 생각이 솟아났다. 그래서 할머니 머리에 손을 얹고 간절히 기도를 시작했다. 비위생적인 곳에서 자칫 열병에 전염될 수 있었지만 이때는 이런 생각도 하지 않을 만큼 열정이 넘쳤다.

"하나님 아버지. 여우야이에서 이곳 민가에 들르게 하신 것, 하나님의 인도라고 믿습니다. 여기 주님을 모르는 한 할머니가 열병으로 신음하고 있습니다. 주님께서 치료의 광선을 발해 주셔서 병상에서 일어나게 해 주시옵소서. 그래서 주님을 믿고 이 지역에서 하나님을 전하는 일꾼이 되게 해 주옵소서."

내 입에서 갑자기 튀어나온 이 기도 내용은 성령께서 내 마음을 감동케 해 나온 것이었다. 기도를 마치고 할머니 댁에서 나와 다시 달랏으로 가면서 계속 할머니가 눈에 밟혔다.

일정을 마치고 돌아오는 길에 할머니가 어떻게 되셨는지 너무 궁금했다. 그렇지만 돌아올 때는 이미 날이 저물어 그 집을 도저히 찾을 수 없었다. 다음을 기약하고 그냥 호치민 선교센터로 돌아왔다. 이후에도 가끔 할머니가 궁금해지고 생각이 났다.

그러다 한 달여 만에 다시 달랏을 가게 되었고, 이번엔 작정하고 할머니 집으로 찾아갔다. 집에 인기척을 내며 "계신가요?" 했더니 바로 내가 기도했던 그 할머니가 나타났다. 예전의 모습이 아니었다. 건강하고 활기찬 모습이었다. 할머니는 단번에 나를 알아보고 미소를 지으며 큰 소리로 이렇게 말했다.

"바로 이분이야. 나한테 기도해준 분이 바로 당신이지요. 당신이 기도

해줬을 때 뜨거운 빛을 봤어요. 그리고 바로 다음 날 병석에서 일어났지요. 이젠 예전보다 더 건강해졌답니다. 그동안 당신을 만나고 싶어 기다리며 기도하고 있었습니다. 정말 감사합니다."

할머니는 나를 얼싸안고 무척 반가워했다. 그러면서 자기 동네에 자기 같은 병에 걸린 사람들이 많다며 치료해 달라고 요청했다. 또 내게 직업이 뭐냐고 물어 병원을 지으러 다닌다고 했다.

"선생님. 우리 마을 사람들 아픈 사람이 많습니다. 이곳에는 병원도 없고 병원에 가려고 해도 너무 멀어요. 와서 기도도 해주시고 치료를 좀 해주세요."

자신이 병이 나은 것에 감격해하며 마을 사람들을 위해 도움을 달라는 그 할머니의 요청에 감복한 나는 이 여우야이 지역에만 의료 사역을 3번이나 나가게 되었다. 이 3번의 의료 사역을 통해 병을 고침받은 사람들에게 복음을 자연스럽게 전했고 기독교인이 생겼다. 나는 이제 이곳에 교회를 세워야 하고 그래서 교회에 모여 예배도 드리고 성경 공부를 해야 한다고 말했다. 의료 사역도 집에서 하지 않고 교회에서 할 수 있다고 했다.

그러자 맨 처음 병 고침을 받은 할머니가 교회 부지로 자신의 땅을 기꺼이 내놓았다. 그래서 일단 대나무와 야자수로 가건물을 만들어 그 안에서 성경 공부도 하고 무료 진료도 펼쳤다. 그리고 건축 허가를 받아

3번째 의료 사역에 동참했던 경북군의교회의 후원으로 멋진 교회가 탄생했다. 하나님의 역사는 이처럼 놀랍다.

하나님께서 내게 갈급한 목마름을 주셔서 찾고 찾은 민가가 하나님의 전이 될 줄은 아무도 몰랐다. 우리 믿는 자들은 늘 하나님이 주시는 세밀한 음성에 귀 기울이며 그 명령에 순응할 수 있어야 한다.

하나님의 성령이 주시는 음성을 잘 깨달아 그대로 실행에 옮길 때 놀라운 역사가 일어난다. 그 이유는 하나님이 하시는 일이기 때문이다. 오늘도 하나님은 일하신다. 그런데 아둔한 우리가 그 일하심을 깨닫지 못하고 그 명령에 게으르지 않는지 스스로를 점검해 보아야 할 것이다.

베트남을 찾는 선교 팀들과 가끔 이곳 교회를 찾아 교회 탄생 과정을 들려주면 모두들 은혜를 받는다. 한 할머니의 치유와 헌신으로 세워진 이 교회가 이제 매 주일마다 수많은 성도들로 가득 채워진다. 그리고 하나님을 향한 찬양과 기도 소리가 지금도 주변에 널리 울려 퍼지고 있다. 또 이곳에서 온 학생들이 비라카미신학교에서 열심히 공부하고 있다.

20
한 구개열 소녀의 놀라운 변신

초창기에 병원 선교를 할 때 빈롱성과 짜빈성에 병원을 세워 한국의 의사들이 무료 의료 봉사를 많이 와 주었다.

베트남은 산모의 영양실조 때문인지 유난히 구개열(일명 언청이) 환자가 많다. 입술이 찢어진 상태의 구개열은 우리말로 '입천장 갈림증'이라고 한다. 겉으로 보이지는 않지만, 말할 때나 울 때, 웃을 때에 목젖이 갈라져 있는 것을 보고 진단하게 된다.

이 병은 선천적인 것이 아니라 임신 3개월이면 아기의 코가 성형되고 4개월이 될 때쯤 입술이 형성되어 가는데, 그때 산모가 비타민 B12가 부족하면 입술이 안 붙어서 생기는 것이라고 한다. 의사들은 입술만 갈라진 사람을 로컬(구개열)이라고 하고, 잇몸에서 목구멍까지 갈라진 사람을 제너럴(구순열)이라고 부른다.

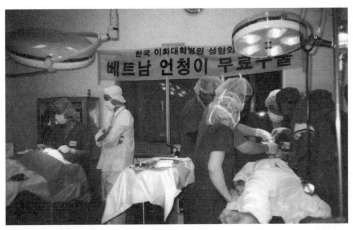
초창기 구개열 환자 수술 모습. 유달리 구개열 환자가 많은 베트남에서 무료 수술은 큰 인기를 얻었다.

대부분의 구개열 환자는 적절한 치료와 수술을 통해 정상인과 같은 생활이 가능하다. 그래서 외과적 수술을 해주는 봉사를 많이 했는데 소문을 듣고 얼마나 많은 환자들이 몰려드는지 몰랐다. 그러나 의사가 수술할 수 있는 환자는 제한적이고 기간도 짧아 아무리 열심히 해도 한계가 있었다. 이화여대 부속병원 소속 의사들이 베트남 구개열 환자들을 대상으로 자주 찾아와 수술을 해주었다.

30년 전 베트남 길가에는 구순열, 구개열 환자들이 널려 있었다. 과거 우리나라에도 이런 환자들이 많았던 것으로 기억한다. 로컬 환자는 입술만 꿰매면 됐지만 제너럴 환자는 자기 살을 이식해 수술해야 했기에 좀 더 복잡했다. 그런데 이 수술을 해주면 100% 예수님을 영접했다. 지금까지 얼굴 기형으로 온갖 놀림을 받으며 살아왔고 스스로도 너무나

스트레스를 받았는데 얼굴이 거의 정상으로 돌아오게 해주니 이보다 기쁜 일이 없었을 것이다.

이들은 어렸을 때는 자신의 기형 사실을 크게 못 느끼다가 청소년기가 되면 자기 모습을 보고 자학하고 실망하고 무척 괴로워하다 자살까지 한다고 했다. 그러니 수술 후 달라진 자신의 모습을 보고 정말 감사해한다. 그리고 이런 수술을 조건 없이 해주는 의사들이 믿는 하나님을 자신도 믿게 된다.

빈롱 병원에서만 그동안 수천 명이 수술 혜택을 받았다. 예쁘게 수술이 잘돼서 그들과 그들의 가족이 다 예수님을 믿기로 약속하면 내가 안수기도를 해주곤 했다. 그들이 교회에 나와 성가대에 서서 찬양하고 비라카미신학대학교에 입학해 공부하는 모습을 보면 얼마나 감격스러운지 모른다.

구개열 수술을 해줄 때는 한국에서 의료 팀이 와야만 가능했는데 항상 제한된 의료 사역 기간이 있어서 순서를 정해 수술을 해줬다. 만약에 260번까지 수술을 하게 되면 261번이 1년을 기다려야 하니 울며 몸부림치는 모습이 언제나 눈에 밟혔다. 수술을 못 받은 사람들이 무조건 쫓아다니며 꼭 치료를 받게 해달라고 애원하면 정말 가슴이 아팠다.

한번은 무료 수술 현장에서 일과가 끝나 수술 도구도 다 정리했는데 수술해 달라며 몸부림치는 한 자매를 두고 온 적이 있었다. 물론 순서도 아니었기에 잘 타일러 보았지만 그냥 울면서 보채기만 했다.

그런데 며칠 후 누군가가 내 숙소 문을 두드려 나가보니 수술을 해달라고 울부짖던 바로 그 자매였다. 어떻게 내가 있는 곳을 알아내어 나를 찾아온 것이다. 머리를 다 풀어헤치고 울면서 찾아왔는데 정신이 반쯤 나가 있었다. 그녀는 내게 무서울 정도로 계속 같은 말을 반복했다.

"제발 고쳐주세요! 제 입술을 꼭 좀 고쳐주세요!"

그 자매가 하는 말에 의하면 지난해 바로 자신의 앞 번호였던 친구는 예쁘게 수술을 받고 시집까지 갔다고 한다. 그런데 이번에 자신은 늦게 오는 바람에 순서도 못 받아 수술에서 아예 제외되었는데, 이번에 자기를 수술해주지 않으면 죽어 버리겠다며 엉엉 우는 것이었다.

그러나 이미 철수한 의료진을 다시 부를 수도 없었다. 떼쓰는 그 자매는 수술해 줄 의사들이 올 때까지 집에 가지 않겠다고 고집을 부렸다. 하는 수 없이 그녀를 선교센터로 데려올 수밖에 없었다. 선교센터에 와서 같이 예배를 드리며 지내다 보니 그 자매는 독실한 크리스천으로 변했다. 신앙이 빠른 시간에 놀랍게 성장했다.

이 처녀는 질환 때문에 발음이 새어 당연히 말이 어눌했다. 이것이 공동체 식구들과 대화할 때와 베트남어를 배우고 있는 한국인 스태프들에게 영향을 주는 것 같아 시골집에 가 있으면 의료진이 올 때 제일 먼저 부르겠다며 단단히 약속을 하고 돌려보냈다. 여기서 신앙생활하면서 안 가겠다는 그녀를 생활비까지 주어 보내는 내 마음도 안타까웠다.

구개열 수술은 1년에 한 번씩 이루어졌는데 공교롭게도 다음 해에 한국에서 IMF가 터져 의료 팀이 오지 못해 그녀와 한 약속을 지킬 수 없었다. 그 사이 2년의 시간이 다시 흐르고 어느덧 그 자매를 까맣게 잊어

버리고 말았다.

그 자매와 헤어진 지 3년이 지났다. 오지 선교지를 돌아다닐 때였다. 달랏에서 야라이성으로 가다 보면 오지 지역이 나온다. 거기서 반나절 정도 걸어 들어가면 휴화산 지역이 있다. 여기도 소수 부족이 사는 곳이다.

이곳 사람들은 현대 문명을 모르고 마치 석기시대처럼 사는 부족이었다. 그곳에서 하룻밤을 자는데 사람들이 내가 가진 물건들이 다 신기했던지 내 치약을 꺼내 짜보고 내 옷도 만져보고 하였다.

저녁이 되니 부족 사람들이 나를 환영한다며 노래를 불러준다고 했다. 그래서 나는 산족 노래를 불러주겠지 하고 별 기대도 없이 그들의 노래를 들으러 갔다.

깜깜한 밤. 초롱불 하나만 켜놓은 촌장집에서 조용히 노랫소리가 들려왔다. 은은하게 나는 노랫소리에 나는 내 귀를 의심했다. 찬송가가 흘러 나왔기 때문이다.

"우리에게 향하신 여호와의 인자하심이 크고 크도다."

그것도 더구나 베트남어가 아닌 한국어로 부르는 찬양이 나오는 것이 아닌가. 나는 이게 꿈인가 생시인가 하며 나를 꼬집어 보았다. 도저히 있을 수 없는 일이 일어났기 때문이다.

이렇게 깊은 산속에서 한국어 찬양이 나오다니. 나보다 먼저 온 한국 선교사가 있었다고 생각했다. 이렇게 깊은 데까지 한국 선교사가 나보다 먼저 들어왔나 보다 감격해서 눈물이 나오려고 했다. 그래서 누가 이 노래를 가르쳐줬냐고 물었더니 하나 더 있다며 찬양 한 곡을 더 들려주었다.

"사랑하라 내 영혼아. 사랑하라 내 영혼아!"

이 역시 한국어 발음이라서 깜짝 놀랐다. 이 벽촌까지 누가 이 찬양을 전했나 했는데, 그 주인공은 바로 선교센터에서 수개월간 함께 생활하며 떼쓰던 바로 그 구순열 환자 호아 자매였다.

그 자매가 일어나 내게 걸어왔다. 예전처럼 수술하지 않은 그대로였다. 나는 너무나 놀라 그녀를 얼싸안으며 어떻게 여기까지 왔느냐고 물었다. 얘기를 들어보니 그 자매는 센터를 나와 다시 고향인 빈롱으로 가자니 너무 창피했다고 한다. 자신이 수술해 치료받지 않으면 돌아가지 않겠다하고 집을 뛰쳐나왔기에 돌아갈 수 없었다고 한다.

그래서 무조건 북쪽으로 가다가 깊은 산속에서 죽으려고 마지막으로 온 곳이 바로 이곳이었다. 그런데 여기 와서 보니 자기보다 더 불쌍한 사람들이 살고 있었다는 것이다. 산족은 정말 체구도 작고 얼굴도 까맣고 못생겼다. 자기가 여차하면 죽겠다는 곳에서 자기보다 못한 사람들이 하나님을 모르고 사는 것을 보고 깨달은 것이 있었다고 한다. 인생을 외모로만 판단하고 살아가면 영원히 만족이 없다는 사실을 느끼고 이곳에서 지내면서 선교센터에서 배운 성경과 찬양을 가르치며 복음을 전해야겠다는 생각을 하게 되었다는 것이다.

나는 너무나 감격스러웠다. 또 얼마나 감사한 일인지 몰랐다. 그냥 죽으려 했던 그녀가 자기보다 더 못났고 마치 짐승처럼 사는 소수 부족들에게 하나님의 복음과 사랑을 전하고 있었으니 감격하고 또 감격했다. 나는 놀랍게 역사하시는 하나님을 찬양하고 또 찬양했다.

이후 그녀를 도와 나도 소수 부족 선교에 힘을 썼고 다시 의료 팀이 왔을 때 그녀에게 수술을 권했으나 이미 그녀는 다른 사람에게 기회를 주라며 사양했다. 자신은 이제 생긴 이 모습 이대로 만족한다고 했다. 장 선교사님이 장애자로 자신을 자랑하며 선교하고 계시듯이 자신도 이대로 살겠노라고 말했다. 그리고 자신의 얼굴이 바뀌면 이 사람들에게 더 친근하게 다가가지 못할 수 있고 자신의 마음이 이곳을 떠나게 될 수 있다는 것도 이유로 들었다.

산족 마을의 구순열 자매. 베트남 선교에서 결코 잊을 수 없는 얼굴 중의 하나이다. 나는 그녀가 내 제자인 것이 아주 자랑스럽고 흐뭇하다. 그 깊은 오지에서 사역하는 그녀를 떠올리면 나는 나의 베트남 사역에 더 박차를 가하지 않을 수 없다. 이처럼 나를 더 열심히 달려가게 만드는 많은 힘 중의 하나가 바로 그 구순열 자매다.

"나의 달려갈 길과 주 예수께 받은 사명
곧 하나님의 은혜의 복음 증거하는 일을 마치려 함에는
나의 생명을 조금도 귀한 것으로 여기지 아니하노라"(행 20:24)

3

선교 열매,
고난과 핍박을 먹고 자란다

사실 베트남이 자유경제가 도입되어 활기차고 빠르게 발전하는 것 같아 기독교 탄압이 과연 있을까 하고 의심하는 분들이 많다. 정말 현실을 모르는 소리다. 공산정부는 외국의 기독교가 자신들의 사상과 이념의 정신세계를 바꾸게 될 것을 염려해 그 유입과 선교를 철저히 막는다. 대신 후원과 지원은 받고 그 이상의 것은 하지 말라기에 한시도 긴장을 늦출 수 없다. 그러나 내 입장에서는 사실 복음 전파가 1순위이고 병원과 학교 설립, 구호 사업은 2순위이다.

21
공안의 핍박으로 3배 더 커진 바오록교회

　1994년 7월의 어느 날이었다. 휴양지로 유명한 달랏으로 가는 길에 산족 마을이 있다. 이 산족들이 사는 곳에 바오록교회가 폐쇄된 채로 버려져 있었다. 그나마 이 교회를 담임했던 S 목사가 이곳을 지키고 있다기에 그를 만나기 위해 방문했다.

　베트남은 시골이라고 안심하면 결코 안 된다. 나도 모르는 사이에 수상한 사람이 나타났다고 신고하면 순식간에 경찰이 들이닥치기 때문이다. S 목사님을 만나 잠시 이야기를 하는 중에 오토바이 소리가 나 창밖을 보니 경찰 여러 명이 교회를 향해 오고 있었다. 교회에 도착해 잠깐 물 한잔 마신 사이에 신고를 당하고 만 것이다. S 목사는 놀라서 일단 나를 밖에 있는 화장실 안으로 피신시켰다.

　이곳은 교회 건물 자체도 무너져서 폐허가 되다시피 했지만 화장실은 벽돌로 사람 허리 정도만 쌓은 것으로 문짝은 덜렁덜렁하고 지붕도 없는 상태였다. 비가 오면 비를 맞고 해가 내리쬐면 그 볕을 쬐며 볼일을 봐야 하는 특이한 구조의 화장실이었다. 바닥은 벽돌 2개로 간신히 발받침대를 만들어 놓았는데 재래식이라 파리가 말할 수 없이 많았다. 사방에서 윙윙거리는데 눈을 뜨기 힘들 정도였다. 변이 부패해 암모니아 냄새가 정신까지 아득하게 만들었다.

파리 떼가 나에게 달려들었지만 소리도 못 내고 숨죽여 있었다. 경찰이 가면 목사가 나를 데리러 올 텐데 오지 않으니 나갈 수도 없고 그저 숨죽여 있다 보니 무려 2시간여가 지나고 있었다. 그래도 경찰서에 끌려가 심문받고 구류를 사는 것보다는 이 고통을 참는 것이 나을 것이라 여기고 저려오는 다리를 부여잡고 계속 기다렸다. 그런데 인내의 한계에 다다르고 있었다.

"S 목사가 잡혀갔나 보다. 나를 보호하느라 놔두고 간 것 아닐까. 도저히 못 참겠다. 차라리 나가서 잡혀가더라도 나가자. 베트남에 선교하러 와서 순교까지 할 수 있다고 다짐했던 내가 아닌가. 숨어있는 비겁한 모습을 보이지 말고 당당하게 맞서보자."

이 생각을 하는 순간 공안이 S 목사와 화장실이 있는 뜰에 나와 두리번거리다 결국 나를 발견하고 말았다. 공안은 마치 기다렸다는 듯이 내 손에 수갑을 채웠다. '찰카닥' 하고 수갑 채우는 금속 소리가 내게는 아주 친숙한 소리로 들렸다. 이 소리는 이제 또 '고통의 시간'이 시작된다는 신호음이기도 하고 베트남 선교를 위해 내가 치러야 하는 연단의 시작음이기도 했다.

나는 이때 아내나 아이들이 같이 오지 않은 것에 감사했다. 나의 이런 모습을 보면 얼마나 상처를 받을지 상상할 수 있기 때문이다. 나는 여기서 또 4번째 옥고를 치르게 되었다. 산족 선교에 앞서 하나님은 내게 또 그 분량만큼의 희생과 고통의 대가를 요구하시는지도 몰랐다.

내가 붙잡힌 바오록 산족교회에서는 베트남인들 사이에서도 업신여김을 당하는 부족들이 모여 예배를 드린다. 사는 방식과 복장이 다른 산족들은 대대로 이어져오는 소수 민족 부락으로 그들만의 전통적인 삶을 이어오는데 참으로 가난하고 불쌍하다.

이런 그들에게 복음이 들어가면 하나님의 은혜와 긍휼이 차고 넘쳐 억눌리고 고통받던 삶에 비로소 미소가 보이고 감사를 표현하게 된다. 복음은 놀라운 역동성으로 그들의 마음을 사로잡으니 내가 경찰에 붙잡혀가고 아무리 고통을 받더라도 이들을 향한 선교를 멈출 수 없는 이유이기도 하다.

"하나님. 이 럼동성에 사는 부족들을 사랑해주심에 감사드립니다. 이 모든 산족들이 예수 믿고 구원받아 주님의 은혜 가운데 살게 해 주세요. 그러려면 이곳에 교회들이 잘 지어져 산족 성도들이 자부심을 갖고 신앙생활을 열심히 할 수 있도록 인도해 주세요."

몇 년 후 드디어 이곳에 산족교회를 개축하도록 정부의 허가가 나왔다. 나와의 인연도 있지만 산족들을 위해 허가 난 것보다 교회를 아주 크게 지어볼 계획을 세웠다. 하나님께서 허가가 나게 해 주셨으니 더 크게 지었다고 허물게 하지는 않을 것이란 믿음이 있었다.

사실 내가 이 교회 화장실에 숨었다가 결국 체포되어 대가를 치른 사건이 없었더라면 그냥 허가받은 대로 지었을 것이다. 그런데 이런 특별한 인연이 있다 보니 이 교회에 더 애착이 가서 욕심을 낸 것이 사실이다. 내가 잡혀간 것이 바오록교회 입장에서는 더 잘된 셈이라고 할 수 있다.

교회 건축 허가는 1층만 짓는 것으로 났지만 3층으로 건물을 올렸다. 그러다 보니 바오록교회는 크기도 허가받은 것보다 3배 이상 커졌다. 나보다 목사와 성도들의 눈이 더 휘둥그레졌다.

원래 설계보다 3배나 규모가 더 커진 바오록 교회. 입구가 2층이고 3층으로 지어졌다.

이곳 바오록교회는 낭떠러지 바위가 있는 반석 위에 아주 멋있게 잘 지어졌다. 기공 예배를 거창하게 잘 드렸고 이후 많은 베트남인들이 모여 예배를 드리는 은혜의 교회로 성장해 오늘에 이르고 있다. 많은 성도들이 교회에 대한 자부심을 가지고 신앙생활을 하는 것을 보며 좋으신 하나님을 찬양하지 않을 수 없다. 또 베트남을 방문하는 성도들에게 이곳 교회를 보여주고 사연을 이야기하면 모두 은혜를 받는 대표적인 교회가 되었다.

이 바오록교회가 신축될 때 부산 비라카미의 L 장로, T 장로, J 집사 세 분이 건축비의 30% 정도를 헌신했다. 그런데 이분들은 소속 교회 교단 선교사들로부터 베트남에 무슨 교회가 세워진다는 말이냐며 강하게 항의를 받고 속지 말라는 조언을 들어야 했다. 이것이 베트남 선교의 또 다른 실상이었다.

나는 이 교회를 방문할 때마다 화장실에서 3시간여 동안 쪼그려 앉아 고문당했던 일과 그럼에도 결국은 수갑을 차고 끌려갔던 내 모습이 오버랩되면서 다시 한번 베트남 선교의 사명을 다짐하게 된다.

22
남은 한쪽 눈마저 잃을 뻔하다

이 책에서 내가 여러 차례 강조한 베트남 사역의 철칙이 있다. 먼저 희생과 대가를 치르지 않으면 하나님의 역사가 크게 일어나지 않는다는 사실이다. 예수님께서 피 흘리심으로 우리의 죗값을 대신 치르셨고 구원의 역사를 이루셨다. 곧 성육신 선교다. 그래서 선교는 또 다른 의미의 순교다.

영적 전쟁의 최전방에 있는 선교사 역시 여차하면 죽겠다는 일사(一死) 각오의 정신과 의지 없이는 사역에 고난이 몰려올 때 하루아침에 무너지고 만다. 선교사가 자신에게 밀려오는 희생과 고난의 파도를 피하려 한다면 선교지의 수많은 영혼을 살리기 어렵다.

또한 선교사는 부자가 되면 안 된다. 예수를 따르는 길은 험난하고 고통이 뒤따르는데 자신의 욕구에 함몰되면 이 역시 실패로 가는 길이 되고 만다. 그러므로 선교사는 선교지의 영혼을 살리는 일에 자신의 모든 물질과 시간, 정력을 기꺼이 다 내어놓고 가족도 하나님께 맡길 수 있는 믿음의 결단이 있어야 한다.

이런 각오로 달려오다 보니 나에게는 전혀 쉼이란 것이 없었다. 교회와 병원을 짓는 일에 몰두하면 나를 돌아볼 겨를이 없었다. 휴가나 안식년은 내게 사치스러운 단어였다.

1999년 6월, 5번째 병원을 지을 때 일어난 사건이다. 대구 동산병원의 후원으로 병원을 짓는데 정말 어려운 일이 많이 생겼다. 허가가 났다가 취소가 됐다가 다시 허가가 나는 등 우여곡절이 계속됐다. 인내심을 가지지 않으면 견디기 힘들었다. 무료로 베트남인을 위해 병원을 지어준다는데 이렇게 사람을 힘들게 하니 모든 계획을 중단해 버리고 없었던 일로 하고 싶은 생각이 굴뚝같았다.

이렇게 매일매일 신경 쓸 일이 많다 보니 과로가 겹쳤던 모양이다. 어느 날 아침에 눈을 떴는데 앞이 하나도 안 보였다. 식물인간이 되었다 깨어났을 때 한쪽 눈이 찌그러져 시력이 아주 약하게 남아있는 눈 말고 다른 쪽도 뿌연 안개 같은 것이 낀 것 같았다. 건강한 사람도 피곤하면 눈이 먼저 충혈되는데 눈에 피로가 온 것이 분명했다. 잘 안 보여서 눈을 계속 껌뻑이며 시야를 확인하려고 하다가 갑자기 쓰러지고 말았다. 의식을 잃은 것이다.

건강하지도 못한 몸에 잘 먹지도 못하고 잘 자지도 않고 사역에만 몰두하니 육신이 완전히 지친 것 같았다. 낮에는 선교지를 돌며 병원과 교회를 방문하고 밤에는 교회 건축에 들어간 자재비를 계산하고 설계도면을 구상하는 일 등을 하느라 거의 잠을 자지 못했다. 그동안 하루 평균 수면 시간이 서너 시간 정도였고, 차량으로 이동하는 중에 10~20분씩 샛잠을 자기도 했다.

과로 바이러스라는 것이 있다고 한다. 몸이 피로해져서 과로 바이러스가 활동하면 자기 몸에서 가장 약한 부분으로 그 바이러스가 간다는 것이다. 나는 그 바이러스가 결국 눈으로 온 것 같았다. 처음에는 무슨 망 같은 검은 것이 끼어 잘 안 보이더니 아예 안 보이게 되었다.

의식을 잃은 나는 다시 정신이 돌아오게 되자 결국 호치민에서 큰 C병원에 입원했다. 그리고 안구 종합검사를 받아보았다. 안과 의사는 심각한 표정으로 아무래도 실명할 것 같다고 진단했다. 한쪽 눈도 이미 안 보이는데 남은 한쪽 눈마저 잃는다니 정말 막막했다. 하나님께 붙들려 하나님 일만 열심히 한다는 확신으로 달려왔는데 이런 상황이 되면 하나님의 영광을 가리는 일이라 여기지 않을 수 없었다.

"하나님. 도대체 제 고난의 끝은 어디입니까. 베트남에서 고난과 역경, 핍박이 어떻게 숨 쉴 틈 없이 저에게만 몰아치는지요. 이렇게 이제 제가 질병으로 눈까지 잃으면 베트남 선교지 탐방과 교회 건축은 어떻게 되는 건가요. 하나님 다른 몸은 몰라도 시력만큼은 살려 주셔야 합니다."

간절히 기도했다. 좌절과 낙심 속에서 몸부림쳤다. 차라리 내 손이나 다리를 잘라 가시지 하나밖에 없는 눈을 가져가시면 어떻게 하느냐며 떼쓰듯이 기도했다.

"주님. 지금 한국에서 대구 동산병원 관계자들이 선교차 와 있는데 내가 안내를 해주지 못하면 어떻게 합니까. 벌떡 일어나 예전처럼 사역하게 해 주세요. 그리고 하나님, 제가 하나님께 쓰임받는 것이 확실하다면 왜 저에게 이런 육체의 고통을 주시나요. 눈을 잃을 바엔 차라리 죽여주시면 더 낫겠습니다."

나는 과거 탕자로 살 때 그랬다면 모르지만 이제 선교사로 붙들림 받아 베트남에 온 이후에는 하나님께 순종하지 않은 적이 없다고 여겨졌다. 또 잘못한 일도 없는데 이게 웬일인지 몸부림치며 기도했다. 이런 내게 의사가 수면제를 놔준 것 같았다.

그런데 꿈속에서 또 하나님의 음성을 들었다. 여전히 크고 우렁찬 목소리였다.

"요나야! 일어나라! 너는 왜 나보다 앞서느냐. 너는 나를 믿고 따라라."

나는 놀라서 눈을 번쩍 떴다. 환상이었고 눈은 여전히 안 보이는 상태였다. 그런데 갑자기 성령이 내게 임하면서 3일 후에 눈이 떠진다는 확신이 들었다. 나도 모르게 웃음과 활기를 되찾았다.

나는 병실에 간호차 와 있는 선교센터 스태프들과 병원을 세우기 위해 마침 베트남을 찾은 대구동산병원 의료진들, 나를 회진하러 온 의사에게 동시에 선언했다. "내 눈은 3일 후 보이게 될 터이니 그때 퇴원하겠다."라고. 의사들은 이런 나를 이제는 정신까지 이상해진 사람으로 보았다. 의학적으로 실명할 사람이 눈이 나아진다고 하니 이해하지 못했다. 나를 간호하는 선교센터 선교사들까지 모두 '3일 후 눈 떠지는 믿음의 선언'이 맞을지 그날을 손꼽아 기다렸다.

하나님의 약속은 정확하게 지켜졌다. 마치 기적처럼 3일 후에 내 눈이 떠진 것이다. 소경 바디메오가 큰소리로 예수를 불러 도움을 요청했던 것처럼 하나님께 간절히 부르짖어 내 눈도 정상으로 돌아온 것이다. 이 사건은 금방 호치민병원에서 큰 뉴스거리가 되었다. 담당 의사와 동료 의사 등 의료진 6명이 이 기적의 현장을 보며 자신들도 예수를 믿겠다고 선언했다.

내가 눈 치료를 위해 사역을 중단하고 푹 쉰 기간이 무려 한 달 가까이 되었다. 눈이 안 보이니 아무것도 할 수 없었던 것이다. 그런데 돌이켜 보니 내가 몸을 혹사하며 일을 하니까 하나님께서 나를 꼼짝 못 하게 하고 몸을 회복할 시간을 강제로 주신 것이라는 생각이 들었다. 하나님의 이 놀라운 뜻을 알고 나니 더 힘이 솟았다. 내가 만약 다리가 아팠다면 기어 다니며 일을 했을 것이다.

그때 예수를 믿기로 한 안과의사들은 정말 하나님을 영접하고 신앙생활을 잘하고 있다. 지금은 나의 동역자가 되어 의료 사역에 함께 힘쓰고 있으니 얼마나 감사한지 모른다. 실명의 위기가 내 몸을 추스르고 6명의 의료진을 구원시키며 하나님의 살아계심을 온 병원에 증거하는 일거삼득의 귀한 열매를 맺은 것이다.

나는 좋으신 하나님을 마음껏 찬양했다. 나는 그때 병상에서 눈이 떠

진 후 너무나 감격에 겨워 시 한 편을 즉석에서 썼다. 그 시를 당시에 쓴
원문 그대로 옮겨 본다.

병상에서 느끼는 하나님의 숨결

나는 보았네.
절망 속에서 번쩍 스쳐간
찬란하고 광명한 그 빛

나는 보았네.
실명 상태에서 오랫동안 펼쳐진
새날들의 비전을

나는 들었네.
낙심 속에서 주사랑의 음성을
어둠에서 빛으로 넘어가는 시간에
절망에서 희망으로 옮겨가는 순간에
그 사이에 역동하는
너무나도 아름답고 찬란한 주 음성을

나는 듣고 보았네.
나는 느꼈네.

실명된 三日 三夜에
모든 것이 녹아지고 흡수되는
그 뜨거운 불길을 느꼈네
그것은 주님의 뜨거운 사랑
원초의 사랑과 지상의 사랑이 화합한 날

나는 느끼고 보았네.
나는 받았네.
사랑의 뜨거운 불길을
이 불길이 지나는 곳엔
절망과 낙심이 머물 수 없고
어둠과 낙심이 머물 수 없고
어둠과 불의도 자리 잡지 못한다네

이 사랑의 뜨거운 불
시온의 영광이 내 눈앞에
서서히 다가오고 있음을 나는 보았네.
-1999년 6월 13일 과로로 쓰러져 실명했다가 고침받고 쓴 시-

23
민원인 고발로 6번째 끌려간 구치소

베트남 선교 초창기에 경찰서에 끌려가고 며칠간 조사를 받고 추방되고 하는 일이 다반사였는데 6번째 끌려간 사건은 좀 특별했다.

2000년 1월 5일이었다. 한국의 유명한 장로합창단 150명이 베트남 선교차 와서 공연해준다고 해서 기쁘게 일정을 잡았다. 150여 명의 성가단이 베트남에 동시에 방문한 것은 사실 대단한 일이었다. 장로님들도 시간과 물질을 내어 이 선교 여행에 기꺼이 동참한 것이어서 감사했다.

나는 이 대규모 성가대가 이왕이면 새문안교회 S 장로님이 헌금해서 지은 떤협교회 주일예배에 참석해 예배를 드리고 찬양도 함께 하게 하고 싶었다. 그래서 베트남 교회 현지 성도들과 함께 주일예배를 드리는 것으로 계획을 세웠다.

그런데 사실 인원이 10명 이내면 슬쩍 주일예배에 다녀와도 잘 모르는데 150명 인원이면 대형버스 3대와 우리가 타고 가는 승합차 등 자동차 6~7대가 시골 마을에서 떠들썩하게 가야 하니 혹시 신고가 들어가지 않을까 예상해야 했다.

이 떤협교회를 지을 때 유달리 고생을 많이 한 탓에 나는 이 교회에 대한 애착이 남달랐다. 더구나 장로님이 헌신한 교회에 장로들 150명이 와서 찬양하는 모습은 장관일 것이고 이곳 성도들에게도 큰 도전이 되리라 여겨 주일예배에 참석하는 모험을 하기로 한 것이다.

베트남 종교법에 따르면 외국인은 베트남 교회에서 예배를 드리거나 선교를 해서는 안 된다. 당연히 교회도 지을 수 없고 교인과 접촉하거나 그들에게 전도를 해서도 안 된다. 꼭 하려면 종교성의 사전 승인을 받으라고 하는데 이것은 우리의 사역을 다 노출하는 것이라 결코 할 수 없는 일이었다.

그래서 배짱으로 150명을 데리고 떤협교회 주일예배에 참석했다. 내가 설교를 하고 장로님들은 성가 합창과 중창 등 다양한 프로그램을 보여주었다. 완벽한 화음에 은혜롭고 수준 높은 성가곡을 들려주어 감사했다.

그러나 마음 한편으론 속이 탔다. 가능한 빨리 끝나야 경찰이 들이닥치더라도 대처하고 또 빠져나갈 수 있기 때문이었다. 그런데 장로님들의 찬양은 옷을 세 번이나 바꾸어 입으며 긴 시간 이어졌다. 시골 베트남 성도들에게 성가단의 아름답고 좋은 모습을 보여주겠다는 취지는 좋은데 이런 산골에서 이렇게까지 하실 필요는 없는데 하면서 마음이 급했다.

장로님들의 찬양에 답하여 이곳 교회 어린이들도 찬양을 불렀다. 그런데 신발도 없이 땟물 흐르는 러닝셔츠를 입고 찬양하는 모습이 조금 전 빨간 조끼에 나비넥타이를 메고 턱시도를 입었던 장로님들과 너무나 대조되었다.

나는 그 순간 하나님께서 멋진 옷을 입고 멋진 하모니로 올려드린 장로님들의 찬양과 천진한 눈망울을 굴리며 고사리 같은 손을 모아서 드린 이곳 어린이들의 찬양 중에 어떤 찬양을 더 기뻐하시며 받으실까 생각했다. 장로님들 중에도 이런 내 생각에 동의하는 분들이 많았다. 오히려 자신들이 부끄럽다며 앞으로 하나님 앞에 더 겸손히 엎드리는 찬양을 하겠노라고 했다.

주일예배 시간을 너무 길게 끌었기 때문일까. 우려했던 예상이 현실로 다가오고 말았다. 예배를 마무리하려고 광고를 하는 중에 쪽번 선교사가 쓴 메모가 강대상 위로 올라왔다.

"장 선교사님. 큰일 났어요. 지금 경찰이 4명이나 와서 뒷좌석에 앉아 있어요. 정복 경찰이 아니고 사복 경찰이에요."

예배 설교와 함께 사회를 보느라 뒤를 자세히 보지 못했는데 정말 한눈에도 공안인 듯한 느낌의 건장한 남자 3명이 뒷좌석에 앉아 있고 1명은 서 있었다. 갑자기 식은땀이 흐르며 아찔해지고 다리도 후들후들 떨렸다. 혹시 이 장로들 150명을 종교법 위반으로 다 잡아가면 내일 아침에 신문에도 날 사건이었다. 설마 그러지는 않을 것이라 여기면서도 가슴이 타는 것은 어쩔 수 없었다.

"하나님 거룩한 주일입니다. 귀한 장로님들이 오셔서 은혜를 끼치고 가는데 이런 일로 시험 들지 않게 지켜주시고 보호해 주세요. 경찰이 교회 안에서 소란을 피우지 않게 해주세요."

다행히 예배가 끝나고 장로님들이 버스를 타고 돌아갈 때까지 공안은 아무런 액션을 취하지 않았다. 워낙 인원이 많으니 이들은 봐주기로 한 것 같았다.

그런데 경찰은 그들이 떠난 것을 확인하고 내게 다가오더니 종교법 위반으로 체포한다며 그 자리에서 수갑을 덜컥 채웠다. '철커덕' 하고 내는 이 수갑 소리는 '아픔'과 '소망'의 두 가지 느낌을 동시에 가져다주었다.

첫째는 경찰서에 잡혀가면 지루한 조사가 계속 이어지고 구류 처분을 받거나 추방을 당하거나 벌금을 내는 육체적인 고통이 생긴다. 여기에다 사역에 따른 일처리를 제때 하지 못해 선교가 더디어지는 큰 아픔이 있다. 둘째는 또 이렇게 고난의 터널을 통과하면 하나님께서 베트남 선교에 새로운 선물을 꼭 주시곤 하셨기에 여기에 거는 기대와 소망이었다.

수갑을 차고 잡혀가는 내 모습에 교회 성도들이 모두 울고불고 난리가 났지만 공안들은 이런 것에 조금도 연연해하지 않았다. 나 역시 이제 수갑을 자주 차다 보니 마음의 충격이 심하지 않았다.

나는 경찰서에서 간단한 조사를 받고 곧장 호치민에 있는 공안 본부

구치소로 이감됐다. 내가 구치소로 이감된 것은 이번엔 가볍게 나를 다루는 것이 아니라 제대로 본을 보여 혼을 내주겠다는 의도가 있는 것 같았다. 그동안 5번이나 수갑을 차고 붙잡히고 구류를 살고 추방을 당했는데도 여전히 원점인 이 남자를 도대체 어떻게 해서 확실히 정신 차리게 해줄까 이것이 고민인 것 같았다.

난 구치소에 계속 머무르며 무려 21일간 조사를 받았다. 그런데 그 사이 충격적인 사실을 알게 되었다. 나는 당연히 6번째 붙잡힌 이번 구속 사유가 한국인 장로 150명을 베트남 교회에 데려온 것을 주민이 신고한 것이라 여겼다. 그런데 그것이 아니었다. 경찰에 "장요나란 선교사가 불법으로 교회를 짓고 한국 사람들을 베트남 교회에 데려가 현지 성도들을 혼란스럽게 만들고 있으니 잘 조사해서 처리해 주면 좋겠다."라고 정식으로 민원이 들어왔다는 것이다. 그러면서 이번에 장로들을 데리고 떤협교회에 가는 일정까지 자세히 알려주었다고 한다.

가만히 생각해 보니 이 신고 민원은 베트남인이 아닌 한국인이 한 것이라는 것을 알고 너무나 놀랐다. 더구나 그 사람이 동료 선교사인 것으로 짐작되었다. 많은 장로님들이 와서 내 사역을 보고 연주도 하니 샘이 난 것 같았다. 내가 아무리 밉기로서니 같은 한국인끼리 경찰에 신고를 할 수 있는 것인지 도저히 믿기지 않아 한동안 멍하니 있었다.

종교성 경찰이 나와 마주앉아 본격적인 취조를 시작했다.

"먼저 금지된 외국인의 불법 종교 활동이 구속 사유다. 왜 법을 어기고 마음대로 교회를 짓고 다니는가."

"다 지역에 건축 허가를 내고 합법적으로 짓는 교회다. 허가 서류를 보면 알 것이다. 나는 법을 어긴 적이 없다."

"교회를 짓겠다고 하는 사이즈보다 항상 더 크게 지어서 문제다. 왜 허가받은 크기보다 더 크게 짓는가. 이것도 위법 사항이다."

"작게 지어야 문제지 큰 것은 좋은 것 아니냐. 성도들이 요구해 더 크게 짓곤 했지만 추가로 들어가는 건축비는 내가 개인적으로 다 부담했다."

나는 하나하나 질문에 다 대답하며 기가 죽지 않고 당당하게 맞섰다. 공안은 말이 궁색해지자 이번엔 공산주의 체제를 왜 비난하고 다녔느냐며 추궁했다. 여기에도 나는 내 지나온 간증을 하며 베트남에 오게 된 배경을 설명했다. 내가 은혜 받고 하나님 이야기하기도 바쁜데 왜 공산 체제를 비난하겠느냐며 오해라고 딱 잘라 선을 그었다.

종교성은 3주간이나 나를 붙잡고 고통스럽게 하더니 그동안 조사한 자료를 바탕으로 어떤 벌을 내릴지 심의한다고 했다. 결국 그들은 최종적으로 내게 다가와 미소를 지었다.

"그동안 고생시켜서 미안하다. 민원인 고발이 들어온 데다가 계속 우리의 권고와 조치를 무시해 이번에 단단히 처리할 심산이었다. 그런데 종교적인 위법 말고는 베트남을 위해 계속 도움을 주고 있으니 훈방을 하기로 결정했다. 대신 앞으로 교회를 세우려면 종교성에 건축비를 맡긴 후 협력해서 함께 짓도록 하자. 이것을 꼭 지켜주리라 믿고 여권을 돌려주겠다."

나는 고맙다고 인사를 하면서도 속으로는 "고양이에게 생선을 맡기지 종교성에 건축비를 맡긴단 말이냐"라고 속으로 코웃음 쳤다.

그동안 구치소에서 긴 시간 지내며 지친 몸을 선교센터에 와서 누이니 살 것 같았다. 그런데 갑자기 성령의 강한 바람이 나를 휘몰아치더니 종교성 고위 관리가 내게 한 마지막 말이 녹음되어 재생되듯 다시 큰 음성으로 내게 들려왔다. 그중에서도 "앞으로 교회를 세우려고 하면"이란 말이 고장 난 레코드판처럼 계속해서 내게 들리며 뇌리에 와서 박혔다.

그 상황에서 내가 의미 부여를 한 것은 바로 신학교였다. 내가 교회를 짓느라 생각조차 못 했던 신학교를 이번에 재판을 받고 조사를 받으면서 설립해야 한다는 영감을 받게 된 것이다. 종교성 관리가 교회 설립에 대해 언급해 준 것이 신학교 설립과도 연결된 것이다. 사실 베트남은 교회 건축과 재건도 시급하지만 목사나 전도사가 거의 없어 이들을 양성하는 일이 꼭 필요했다. 교회를 많이 세워도 성도들을 이끌 목회자가 없으면 버스에 승객은 많이 탔는데 운전기사가 없는 것과 같았다. 그런데도 이 신학교 설립 사역은 감히 엄두도 못 내고 있었는데 종교성 관리의 입을 통해 그 가능성과 필요성을 동시에 느끼도록 만들어 준 것이다.

나는 이번에 21일간 핍박받은 고통의 선물이 바로 '신학교 설립'이라는 점을 확인하고 하나님께 감사했다. 베트남에 신학교 설립의 소망을 얻게 된 것이다. 나는 밤새 '할렐루야'를 외치며 좋으신 하나님을 찬양했다. 그리고 신학교를 설립하기 위한 청사진이 벌써 마음속에 착착 그

려지고 있었다. 귀한 신학교 설립 사역의 아이디어를 준 재판장이 너무
나도 고마웠다.

"저희가 날마다 성전에 있든지 집에 있든지 예수는 그리스도라
가르치기와 전도하기를 쉬지 아니하니라"
(행 5:42)

24
현지 목회자를 양성하는
비라카미신학교의 탄생

　재판정에서 재판장이 교회를 세우려면 종교성에 돈을 맡겨 함께 짓자고 제안한 말에서 신학교 설립의 아이디어를 얻은 나는 곧장 신학교 설립에 착수했다.

　그 직전에 하나님께서는 내게 비라카미란 이름을 꿈속에서 보여주시고 비라카미 선교회도 창립하게 하셨다. 그 사연은 이렇다.

　1998년 신년 아침이었다. 어김없이 이날도 예배를 드리는데 예배가 끝날 무렵에 정신이 아득해지면서 갑작스럽게 혼수상태에 빠지게 됐다. 선교센터 식구들은 난리가 났다.

　내가 정신을 잃으며 몸에서 힘이 쭉 빠질 바로 그때 '비라카미, 비라카미, 비라카미 영혼을 구원하라!'는 주님의 우렁찬 음성이 들려왔다. 이와 동시에 베트남, 라오스, 캄보디아, 미얀마 지역의 열악한 환경 속에서 몸부림치는 사람들의 울부짖음이 환상으로 보였다.

　나는 한참 후 '비라카미 비라카미'라고 외치며 눈을 떴다. 이 비라카미
는 바로 베트남, 라오스, 캄보디아, 미얀마의 약어로 인도차이나반도 4
개국 이름 앞의 알파벳을 딴 의미였다.

　이 환상은 내가 식물인간으로 10개월 있다가 회복될 때 하나님이 들
려주신 음성이기도 했음이 그제야 다시 기억났다.

　"아, 하나님께서 내게 이 4개국의 영혼을 구하는 일에 매진하라고 음
성을 들려주시고 환상을 보여주신 것이구나. 주님 명령대로 수행하겠습
니다."

　나는 비라카미선교회를 설립하기 위해 금식기도에 들어갔다. 기도할
수록 이 사명을 잘 감당해야만 한다는 확신이 들었다. 하나님께서 주신
비전을 품고 기도하면 할수록 인도차이나 비라카미 지역 1억6000만 명
에게 복음을 전하고픈 뜨거운 사랑과 심장을 갖게 하셨다.

　그 결과 1998년 4월 26일 사랑의병원선교회의 동역자들을 중심으로
대구의 동촌교회 S 목사와 대구 노원교회 K 장로와 함께 비라카미선
교회를 정식으로 창립하게 되었다.

　비라카미선교회 목표를 '한 교회를 더 세우자', '한 병원을 더 세우자',
'한 목회자를 더 양성하자'로 삼았다. 그래서 비라카미 지역 구석구석 땅
끝까지 복음을 전파하는 것을 최종 목표로 삼았다.

　이런 상태에서 신학교 비전을 받게 되었으니 신학교 이름을 '비라카미

2012년, 제10기 비라카미신학교 졸업식을 마친 후 단체 사진을 찍고 있다.

신학교'로 짓기로 하고 본격적인 준비 작업에 들어갔다.

2000년 4월에 신학교 설립을 위한 첫 준비 모임을 교통이 좋은 서울역 그릴에서 가졌는데 이때 참석해준 분이 모두 10분이었다. 신창순, 박태동, 최요한, 신신묵, 류성훈 목사님과 김용곤 장로, 김혁동, 양재출 집사, 그리고 나였다. 그리고 6월에 신학교 설립 이사회 및 창립 예배를 대구동촌제일교회에서 드리게 되었다.

드디어 2000년 9월, 좀 더 효과적인 선교 사역을 위해 현지인 사역자를 양육하는 것을 목적으로 하는 비라카미신학교가 사단법인체로 창립되었다. 이곳에서 선교사와 목회자를 배출해 비라카미 지역에 파송하기로 한 것이다. 비라카미선교회는 창립과 함께 2명의 선교사를 파송해 주었다. 바로 최윤철, 정유미 선교사였다.

나는 베트남이 공산화되면서 신학교들이 모두 문을 닫게 된 이 동토

의 땅에 다시 신학교가 세워진다는 사실에 얼마나 감사하고 감격스러
운지 잠을 이루지 못했다.

베트남 공산화 이후 최초로 세워진 비라카미신학교는 3년 학제로 운
영키로 했다. 신학과, 성서학과, 종교음악과 세 과를 만들었다. 신학과
학생은 3학년을 마치고 졸업한 후 소속 노회의 목사 고시를 치르고 목
사 안수를 받고 교회에 봉사하게 된다. 성서학과 학생은 졸업 후 교회
와 선교 기관에서 전도사로 봉사가 가능하며 신학과로 편입도 가능하
게 했다.

2000년 9월 개교를 앞두고 7월과 8월 두 달간 신학생을 모집했는데
무려 225명이 공부하겠다고 전국에서 몰려왔다. 예상하지 못한 대인원
이었다. 그만큼 전국에서 지하교회가 움직이고 있다는 증거였다. 그러
나 우리가 수용하고 가르칠 수 있는 인원은 한계가 있어서 그중 62명
만 선발해 개교 예배를 드렸다.

이들은 자신이 하나님의 종으로 쓰임받겠다는 열정과 사명만으로 전
국에서 몰려온 이들이었다. 이들이 신학교에서 수업을 듣고 기도에만
전념하려면 최소한의 생활비는 지원해주어야 했다. 한국 돈으로 매월 5
만 원은 지급해야 했다. 그 돈도 학생 수가 늘어날수록 만만치 않았다.

그러나 하나님은 후원자들을 보내주셔서 신학생들을 돕는 손길이 늘
어나게 하셨다. 한국의 목사님들이 비라카미신학교 이사회를 구성해 매
년 후원금을 보내주셔서 크게 도움이 됐다.

강사는 베트남의 나이 든 목사님으로 실력과 영성을 겸비한 분으로
모셨다. 아울러 한국에서 선교차 방문하는 목사님과 신학교 교수님을

특강 강사로 세워 각자 전공을 가르치도록 했다. 특히 신학생들의 영성 훈련에 힘을 쏟았다. 지식적으로 배우는 성경은 선교 현장에서 지식적으로만 전달된다. 여기에 성령 충만이 덧입혀져야 말씀이 생명을 입고 사람들의 영혼을 움직이게 한다.

이후 비라카미신학교는 특히 베트남 목회자를 양성하는 산실이 되어 오늘에 이르고 있다. 캄보디아, 라오스, 미얀마에도 이곳 출신 목회자들이 선교사로 많이 나가 있다. 선교사가 세운 신학교에서 배출된 목회자가 선교사가 된 것이다.

비라카미신학교는 2019년에 16기생이 들어왔고, 지금까지 862명의 신학생이 졸업했다. 이곳 졸업생 중 내가 한국의 교회들에 부탁해 14명이 한국의 신학교로 유학한 뒤 한국과 베트남에서 멋지게 사역을 하고 있다. 베트남인 교수 16명이 학생들을 가르치고 있고 한국에서 온 목회자와 전문인들이 특강을 해주곤 하는데, 객원교수로 임명된 분이 158명이나 된다.

비라카미신학교 졸업생인 타오, 풍남, 쭉, 쭉뺑, 쑹타오, 칸화, 홍년 등 비라카미선교회에서 키운 제자들이 총신대학교와 장신대학교에서 박사학위 과정을 밟으면서 한국 교회에 파송돼서 베트남 근로자들을 상대로 목회를 하고 있는 것이 얼마나 자랑스러운지 모르겠다.

이렇듯 비라카미 지역을 향한 하나님의 섭리와 역사는 현재 진행형이다. 내 간증에서 하나의 큰 줄기로 연결되는 것이 있다. 독자들도 느끼겠지만 하나님께서는 어떠한 일을 이루려 하실 때 그냥 허락하시는 것이 거의 없다. 항상 대가를 지불하기 원하신다. 그리고 그 대가가 크면 클

수록 열매는 그 대가와 비례해 크거나 작다.

한번 사례를 들었지만 인류의 구원이 예수님 십자가 사건으로 완성된 것처럼 나를 찢고 나를 희생하고 나를 깨뜨려야 그곳에 하나님의 능력과 기적이 임한다. 금식기도를 하면 기도 응답이 빠른 것을 체험한 이들은 쉽게 이해될 부분이다. 금식이라는 과정을 통해 나를 희생하는 모습을 보임으로써 하나님의 보좌를 움직이는 것이라 생각된다. 나의 베트남 사역에서도 이 원리는 언제나 적용되곤 했다. 내 몸이 심하게 아프거나 큰 시련이 지나가고 나면 새로운 선교의 길이 열리고 열매도 맺혔기 때문이다.

앞서 밝힌 간증대로 내가 6번째 공안에 끌려가 2주간 고난과 핍박을 받고 풀려나면서 재판장이 해 준 말 한마디에 비라카미신학교가 설립돼 오늘날 비라카미 지역의 선교를 담당할 목회자의 산실이 되고 있다. 3주간의 고난 후에 얻어진 비라카미신학교의 놀라운 탄생은 누가 보아도 우리가 남는 장사를 한 것이라고 인정하지 않을 수 없을 것이다.

#25
강직성척추염을 통한
하나님의 뜻

나는 선교사는 적어도 한 해를 시작할 때 주님 앞에 바로 서서 올해도 선교 사명을 잘 감당하게 해 주시기를 금식하며 간구해야 한다고 여겼다. 나는 금식하며 하나님 앞에 엎드릴 때 영적으로 강건해지며 믿음도 재충전되는 것을 항상 느끼곤 했다. 그래서 선교 사역 중에 몸이 지치고 힘들면 오히려 금식하면서 기도했다. 그러면 역설적으로 더 힘이 났다. 식사를 못 하니 육체적으로 더 힘들어야 하는데 주님이 새 힘을 주시면 처졌던 몸이 오히려 소생했다.

2001년이었다. 새해를 맞아 금식을 하는 중에 베트남선교센터 스태프들과 함께 지체장애인들이 사는 합숙소와 고아원을 방문하게 되었다. 고아원에 가보니 어린아이들이 너무나 불쌍하고 안타까웠다. 피치 못할 사정으로 부모에게 버림받아 이곳에서 생활하는 아이들인데 하나

하나 얼마나 예쁘게 생겼는지 몰랐다. 정이 그리웠던 아이들이 천진난만한 눈망울을 굴리며 찾아온 우리에게 덥석 안기는데 나도 모르게 눈물이 흘러 나왔다.

갑자기 마음 깊은 곳에서 내가 생활하는 선교센터에도 이렇게 소외되고 고통받는 장애 어린이를 하나 데려다 키워야겠다는 성령의 감동이 있었다. 이 생각은 내 의지가 아닌 하나님이 주신 감동으로 이런 것은 그동안의 경험으로 빠르게 실천해야 했다. 우리 호치민 선교센터에는 정상인만 생활하고 있어서 정신지체나 소아마비에 걸린 아이를 데려와 함께 지내는 것도 필요하다는 생각을 한 것이다.

고아원 실무자에게 이곳 고아원생 중 정신지체나 소아마비 어린이를 데리고 가서 돌봐주고 싶다고 했다. 그러자 지금 연휴 기간이라 책임자가 없어 자신이 결정할 수 있는 일도 아니니 기다려 달라고 했다. 그와 동시에 외국인이 왜 힘들고 손이 많이 가는 장애 아동을 데려가려고 하는지 이해하지 못했다. 그러다 보니 이 생각은 흐지부지되었고 이후에도 주변에 장애 아동이 있으면 키우고 싶다고 했는데 너무 멀리 있어 가서 데려오지 못했다.

어느덧 1년이 흘러 다시 2002년도 새해가 되었다. 나는 지난해처럼 금식을 하면서 신년 금식기도를 또 시작했다. 3일째 금식을 해 몸에 기운이 하나도 없는 상태에서 성경을 읽고 있었다. 금식을 하면 힘이 나야 하는데 올해는 예전과 달리 힘이 솟지 않았다.

그런데 갑자기 이상한 현상이 내게 나타났다. 집이 빙글빙글 거꾸로 돌면서 바닥이 흔들리며 뒤집어지고 있었다. 그래서 나도 모르게 "누가

나 좀 잡아줘요."라고 소리치는데, 순간 뇌가 어떻게 되는 것 같았다. 머리에 격한 통증이 오는데 어떻게 말로 할 수 없는 느낌이었다.

선교센터에서 함께 거주하는 정유미 선교사가 달려와 붙잡아 주었지만 내 몸이 점점 굳어가는 것 같았다. 상태가 정말 심상치 않았다. 센터 내 여러 명이 달려들어 마사지를 해도 소용없었다. 결국 병원으로 가 엑스레이를 찍으려고 기다리는데 서서히 팔다리가 움직이지 않았다. 결국 마비가 오더니 몸에 힘이 쭉 빠져 아무것도 할 수 없었다.

주변에서 심각한 질병 같으니 못 미더운 베트남 병원보다 한국에 가서 치료를 받는 것이 낫겠다는 의견을 냈다. 마침 한국에 며칠 후 들어갈 계획이 있었기에 좀 빠르게 간다는 생각으로 부축을 받아가며 한국행 비행기를 탔다. 여전히 머리가 아프고 뼈마디가 굉장히 쑤셨다.

한국에 도착해 선교사나 목회자들을 우대해준다는 영등포 당산동 L병원에 가서 종합검진을 받았다. 숙소로 돌아왔지만 뼈가 너무 아파 인근 병원에 다시 찾아가 진통제를 맞았지만 잘 듣지 않았다. 뼈로 온 고통은 더욱더 심해졌고 몸에서 저절로 신음소리가 터져 나왔다.

이런 상황에서도 도착한 다음 날이 주일이라 대전의 유일성결교회에서 오후 예배 설교를 잡았다. 나는 기회만 되면 교회를 찾아 집회를 열고 한 교회라도 더 지을 수 있는 후원자를 찾아야 했던 것이다.

계속되는 고통 때문에 차 뒷자리에 누워 대전으로 내려갔다. 내가 간 교회는 마침 새 성전을 신축하는 중이어서 공사하는 옆에 비닐하우스로 임시 교회를 지어 예배를 드리고 있었다.

고통은 신기하게 강단에 서면 사라졌다. 2시간 동안 힘껏 간증 섞인 설교를 했다. 그런데 비닐하우스라 그런지 실내가 아주 더워서 땀을 엄청나게 흘렸다. 강단에서 내려와 쉬지 못하고 다시 대구로 이동해야 했다. 다음 날 대구서 비라카미선교회 선교 보고회 일정을 미리 잡아 놓았기 때문이다. 병을 고치러 한국에 오면서도 이런 일정을 잡아버린 나를 보며 동행한 선교사가 '정말 못 말리는 사역 중독'이라고 안타까워했다.

당시 L 장로님은 비라카미선교회 2대 이사장님으로 80세가 다 되어가는 분이셨다. 함께 열심히 내 사역을 지원하는 C 장로님은 L 장로님과 동서지간으로 베트남 선교에 관심을 보이며 여러 가지 지원을 많이 해주시는 분이셨다.

간신히 대전에서 대구로 실려와 기진맥진한 내 상태를 두 분이 보시고는 C 장로님의 아들이 운영하는 대구 D정형외과로 나를 데리고 가셨다. 이 정형외과는 개인 병원이지만 꽤 규모가 컸다. 병원에 도착해서 진통제를 맞으러 가는데 마침 내가 종합건강검진을 받은 서울 L병원에서 전화 연락이 왔다.

"목사님, 목사님 병명이 나왔습니다. 강직성척추염이라고 목사님의 경우는 아주 희귀한 상태로 위중합니다. 그대로 방치하면 큰일 나는 무서운 병이니 당장 종합병원에 가셔서 입원하시고 치료를 받으셔야 합니다."

강직성척추염이란 척추에 염증이 생기고 움직임이 둔해지는 병으로 방치하면 척추가 대나무처럼 연결되어 굳는다고 했다. 척추 운동이 어려워지는 아주 무서운 병이 확실했다.

"저는 지금 서울로 갈 수 없습니다. 지금 대구인데 마침 진통제를 맞으러 정형외과에 와 있습니다. 내일 회의도 있고요."

그러자 그렇다면 이 병원에 입원해 치료를 받으라고 했다. 시간이 급하니 가장 빠른 시간에 입원하라고 했다. D정형외과에서는 이 진단 결과에 따라 즉시 나를 특실에 입원시키고 재검사를 시작했다.

검사 결과 이곳에서도 중한 상태의 강직성척추염이라는 진단이 나왔다. 할 수 없이 의사가 시키는 대로 바로 입원해 꼼짝없이 치료를 받게 되었다. 베트남에서 선교 사역으로 바쁘게 뛰다가 갑자기 갇힌 병원 생활을 하려니 너무나 힘들었다. 주변에서는 이번 기회에 푹 쉬고 몸을 잘 추스르라고 권했지만 나는 오히려 하루하루 더 힘든 시간을 보냈다.

병원에 입원해 있으면서도 병이 낫지 않았다. 통증은 더 심해졌다. 진통제를 맞아도 안 듣고 너무나 고통스러워 침대에 누워 거의 꼼짝도 할 수 없었다.

나와 함께 온 정유미 선교사가 인터넷에서 검색해 강직성척추염에 좋을 것들을 찾아보았다. 논에서 사는 굶은 거머리가 피를 빨아먹으면 좋다고 해 그걸 어디서 구해와 내 척추에 올려놓은 적도 있었다. 매일 기도하며 지긋지긋한 강직성척추염이 사라지길 기도했지만 낫지 않았다.

얼마 후 정 선교사는 일정상 베트남으로 돌아가고 쭉뺀 선교사와 L과 C 두 장로님이 나를 돌봐주셨다. 두 분이 날마다 내 발목을 붙잡고 얼마나 간절히 기도해 주시던지 그 모습이 지금도 생생하다. 당시 내가 입원한 정형외과 C 원장은 대구신광교회 안수집사로 내가 없을 때 두 분 장로님에게 이렇게 말했다고 한다.

"장 선교사님의 강직성척추염은 상태가 아주 중증입니다. 이 정도면 현대의학으로는 고치기 힘들다고 보아야 합니다. 여기서 좀 더 악화되면 생명도 위험합니다. 좀 더 두고 봐야 하겠지만 최종적인 부분까지 염두에 두어야 한다고 봅니다."

결국 이 사실을 알게 된 나는 정신이 번쩍 들었다. 침대에 누워서 든 생각이 어차피 죽는다면 베트남 땅에 가서 하나님 일을 하다가 죽어야 한다는 것이었다. 처음부터 베트남에 가면서 그곳에 뼈를 묻겠다고 소원한 나였다. 그래서 나무 관을 짜서 그 위에서 생활하며 매일매일 죽으면 죽으리라고 다짐했던 내가 아닌가. 그러니 초라하게 병실에서 투병하다 죽을 수는 없었다.

나는 두 장로님에게 베트남으로 돌아가겠노라고 선언했다. 그러나 두 장로님은 절대 다 낫기 전에는 갈 수 없다고 붙잡았다. 나는 이제 하나님 앞에 다시 생명을 건 기도를 할 때가 되었다고 판단되었다.

"하나님 그동안 베트남서 10여 년간 열심히 사역 잘 해왔지 않았습니까. 왜 또 제게 이런 병마를 주셔서 사역을 멈추게 하시는 것인지요. 하나님. 한번만 더 치료해 주세요, 그래서 베트남으로 가게 해주세요. 거기서 마음껏 선교하고 기도하면서 복음을 증거하다 주님이 부르시면 언제든지 가겠습니다."

나는 정말 간절히 기도했다. 병상에서 새벽 2시쯤 혼자 기도를 하고 있었다. 그때 나는 혼자 움직이기 힘들 정도로 중증이라 부축을 받지 못하면 뼈끼리 서로 부딪치면서 얼마나 아픈지 몰랐다. 혼자 앉거나 일어서기도 힘들었다. 누워서 눈 감고 기도할 수밖에 없었다.

"하나님. 그러면 저 베트남 가도록 딱 하루만 걸을 수 있게 해주세요. 그래야 공항에 가서 수속을 하고 베트남 갈 수 있습니다. 더 이상 이곳에 있지 못하겠습니다. 베트남에 가게 도와주세요."

기도를 하고 비몽사몽 잠이 들었는데 갑자기 "요나야" 하는 아주 큰 소리가 들렸다. 식물인간이었을 때 나를 살리신 하나님의 바로 그 음성이었다.

그 소리를 듣고 나는 마치 심장소생술을 하면 사람이 튀어 오르듯 30cm 정도는 침대에서 붕 뜬 것 같았다. 그리고 붕 뜬 내 몸 위로 뜨거운 것이 확 지나가고 있었다. 이후 내 몸에는 정말 이상한 일이 일어났다. 일자로 침대에 누워서 꼼작도 못 하던 내가 신기하게 일어나서 화장실도 가고 걸어 다닐 수도 있게 된 것이다.

"하나님 감사합니다. 감사합니다."

치료가 되었을 것으로 확신한 나는 다음 날 아침 일찍 쭉번이 혼자 병실을 들어오자마자 얼른 택시를 부르라고 했다. 그리고 빠르게 환자복을 벗고 일상복으로 갈아입었다. 가방도 챙겼다.

얼떨떨해하는 쭉번과 나는 바로 택시를 타고 대구 비라카미선교회 사무실로 갔다. 사무실 문을 열고 들어가니 두 장로님이 일을 하고 있다가 나를 보고 얼마나 놀라 하는지 몰랐다.

"장 선교사님 이거 어떻게 된 겁니까? 꿈입니까 생시입니까? 어제만해도 움직이지도 못하셨잖아요. 병원에 계셔야 할 분이 어떻게 이렇게 갑자기 걸어서 나타나시다니요."

"나 정말 괜찮아요. 하나님이 고쳐 주셨습니다. 그런데 저는 베트남으로 빨리 가야겠습니다. 저를 기다리는 센터 식구들도 있지만 교회 짓기에 처리해야 할 업무가 너무너무 많습니다."

서울에서 나를 싣고 갈 봉고차를 최요한 목사님이 보내주셨다. 뒷자리를 침대로 개조해 나를 꽁꽁 묶었다. 나는 그렇게 서울로 올라왔다.

막상 서울로 올라오니 낫긴 했는데 통증이 남아 조금씩 아프기 시작했다. 그래서 한의사인 C 장로님을 찾아가 며칠간 휴식을 취한 뒤 베트남으로 들어왔다.

그런데 하나님이 기도로 고쳐주신 것이라 믿었는데 내가 기도한 대로 그것은 일시적인 치유였다. 베트남에 들어와 고통이 멈추지 않고 점점 심해졌다. 도저히 아파서 움직일 수가 없는데도 12인승 낡은 봉고차를 타고 교회 짓는 현장을 돌아다녔다. 그때 교회가 한창 여기저기에 세워지고 있었기 때문에 손을 놓고 있을 수 없었다.

내 증세는 점점 심해지는데 사역은 열심히 다니니 내 몰골이 말이 아니었다. 누가 보아도 중환자인데 사역을 하고 있으니 오기를 부리는 것처럼 보였는지 제발 몸부터 추스르라고 권유하는 이들이 많았다.

그런 가운데 벌써 신년 초가 되었다. 나는 매년 그래왔던 것처럼 또다시 신년 금식을 시작했다. 모두들 뼈만 남았다고 말렸지만 연례행사를 아프다고 중단할 수는 없었다.

며칠째 금식하며 밤에 기도를 하는데 또 한 번 하나님의 음성이 들려왔다. 정말 언제나 같은 톤의 음성이었다.

"요나야 일어나라. 고아들을 향한 너의 약속을 이제 실행할 때다."

불현듯 지난해 연초에 금식기도를 할 때 고아를 돌보겠다고 한 기억이 났다. 하나님께 정신지체나 소아마비에 걸린 아이들을 데리고 와 보살피겠다고 서원했었던 것이다. 그런데 나는 그 사실을 까마득하게 잊고 있었다. 1년 뒤에야 그것도 하나님이 깨닫게 해 주신 것에 너무나 죄송했다.

"하나님. 지난해 지켜주셨고 올해는 더 많은 사역들이 기다리고 있습니다. 그런데 이 강직성척추염을 가지곤 일을 못합니다. 대구에서 일으켜 베트남에 오게 하셨는데 병을 털고 일어나게 해 주세요. 고아원을 돌보고 소외된 불구자들을 위한 사역에도 열심을 내겠습니다."

그 순간 장작불 같은 거세고 붉은 불이 온몸을 감싸는 듯했다. 그리고 내 몸이 마치 용수철처럼 벌떡 일어나졌다. 방금 전만 해도 전혀 움직일 수 없을 만큼 통증이 심했는데 센터 식구들은 내가 걷는 걸 보고 감동하면서 하나둘 울기 시작했다. 나는 또 한 번 기적을 체험했다. 우리는 좋으신 하나님을 찬양하며 하나님께 영광을 올려드렸다.

그때 갑자기 본매뚝에 있는 푹안교회에서 연락 온 것이 기억났다. 산속에 사는 한 집에 장애 꼬마아이가 있는데 우리가 그런 아이가 있으면 키우겠다고 하니 와서 데려갔으면 좋겠다는 것이었다. 당시 난 연락을 받았지만 바로 갈 수 없었다. 호치민에서 먼 북쪽에 있고 시간을 지체하는 사이 강직성척추염으로 움직일 수 없게 됐기 때문이다.

나는 다음 날 푹안교회에서 소개해준 꼬마아이를 바로 선교센터로 데리고 왔다. 내가 이름을 '겟손'이라고 붙여주었다. 겟손은 뇌성마비 장애를 가졌는데 바짝 마른 몸으로 왔다가 선교센터 모든 식구들의 사랑을 받고 또 식사도 잘하면서 무럭무럭 건강하게 자랐다. 그리고 선교센터에 오는 모든 이들에게 우리가 몸이 정상인 것이 얼마나 감사한 일인지, 몸은 정상인데 '겟손'처럼 밝고 투명한 영혼을 가지지 못한 것이 얼마나 부끄러운 것인지를 동시에 일깨워 주었다. 겟손은 우리 선교센터 식구들의 사랑을 온몸에 받으며 오랫동안 잘 지내다가 고향으로 돌아갔다.

하나님께서는 강직성척추염으로 나의 선교 사명을 다시 한번 되새기게 하고 겟손을 선교센터에 오게 함으로써 많은 이들을 영적으로 세우는 계기를 만들어 주셨다. 그리고 보너스도 얻게 하셨는데, 그것은 바로 나를 간호했던 대구의 두 분 장로님을 통해서였다.

"바울이 그 환상을 보았을 때 우리가 곧 마게도냐로 떠나기를
힘쓰니 이는 하나님이 저 사람들에게 복음을 전하라고
우리를 부르신 줄로 인정함이러라"

(행 16:10)

26
장로님 두 분이 세운 병원 두 곳

꿍꿍꿍꿍

2003년 강직성척추염을 완전히 고침받아 건강한 몸이 되었다. 병상에 있다가 의사의 불치 사형선고까지 받았던 내가 다시 걸어서 움직이니 모두들 하나님이 살아계셔서 역사해 주신 것을 믿지 않을 수 없었다.

한국에서 공부한 다오 선교사가 총신대학교를 졸업해 축하도 해주어야 하고 TV 선교 방송 프로그램에 출연도 해야 해서 거의 3주 정도를 한국에 들어와 머무르게 되었다.

대구에서 간증 집회가 있었는데 머물 곳이 마땅치 않아 다시 내가 입원했던 D정형외과 병실을 일주일 정도 빌렸다. 몸이 회복되긴 했지만 100% 완전히 정상으로 돌아온 것이 아니었기 때문에 호텔보다는 병원이 나을 것 같아서였다.

C 원장이 인사하러 왔다가 나를 보고 깜짝 놀라는 표정을 보였다.

"장 선교사님, 몸은 괜찮으세요?"

"멀쩡합니다. 아직 조금은 걷기 힘들지만 이 정도면 감사하죠. 하나님이 아직 할 일이 많다고 나를 고쳐주신 것 같습니다."

본인이 불치병이라고 진단했는데 이렇게 멀쩡하게 되어 돌아왔으니 매우 놀라는 눈치였다. 다음 날 점심 식사를 대접하고 싶다고 해서 L, C 장로와 4명이 함께 식사했다.

식사기도를 마친 후 C 원장이 계속 눈물을 흘리고 있었다.

"왜 그러세요, 원장님. 식사하시죠?"

"장 선교사님 제가 잘못했습니다. 하나님이 쓰시는 종을 제 의술로 판단으로 진단했습니다. 제가 목사님을 오늘 뵈면서 정말 살아 역사하시는 하나님을 체험했습니다. 제가 안수집사라는 것이 부끄럽습니다. 하나님을 믿지 못하고 제가 제 의술로만 판단한 사실 말입니다."

그는 부친과 상의해서 자신이 살아계신 하나님을 만나 믿음이 다시 회복된 것에 감사해 헌금을 하겠다고 작정했다. 나는 하나님을 찬양하며 그 돈으로는 마침 요청이 들어온, 탄화성에 있는 응웬빈에 사랑의 병원을 짓기로 했다. 그래서 이들 부자의 이름으로 베트남에 7번째 사랑의 병원이 세워지게 되었다. 탄화성 응웬빈은 가장 가난한 사람들이 많이 거주하는 지역이다. 그런 곳에 병원이 세워졌으니 얼마나 감사한 일인지 몰랐다.

2011년 13번째 사랑의 병원 기공식서 현지 관계자들과 장요나 선교사(오른쪽 4번째)가
첫 삽을 뜨고 있다.

이처럼 내가 걸려서 고생한 강직성척추염으로 맺어진 고난의 열매는
놀라웠다. 그런데 고난의 열매는 여기서 끝나지 않았다. C 장로와 아들
인 병원장 부자의 아름다운 모습을 보고 이모부였던 L 장로가 첫째 아
들이자 벤처기업으로 성공한 L 회장에게 전화를 했다고 한다.

그 결과 이들 부자도 후원금을 마련했고 이때 지은 것이 바로 8번째
병원인 푸잉성 화미동 사랑의 병원이었다. 화미동 사랑의 병원 역시 오
지에 세워진 곳이다. 논밖에 없는 농촌에 병원이 지어진다고 하니 마을
주민들이 손수 길을 냈다. 또 사람들이 병원 주변에 집을 짓게 되자 상
점이 들어서고 마을도 발전하게 되었다.

이 두 병원의 준공식 때 주변 학교에서 학생들이 나와 손뼉 치며 기뻐
하며 행진을 하는데 아주 감동적이었다. 결국 돌이키면 강직성척추염으

로 말미암아 병원이 두 곳이나 세워지게 된 것이다.

하나님은 우리에게 대가를 원하신다는 점을 느낀다. 하나님의 일에는 헌신과 희생, 고통이 따른다. 그러나 그 뒤에는 반드시 하나님이 주시는 놀라운 선물이 있다. 그것을 알기에 고난을 이기고 질병을 참으며 하나님께 절체절명의 기도를 드리는 것이다.

이 두 병원뿐 아니라 강직성척추염이 나은 이후 교회 건축은 더욱 불붙어 계속 지어졌다. 하나님이 나를 회복시켜 더 많은 곳에서 일하게 만드셨다.

이 무렵 초기에 나를 선교사로 파송하고 도움을 준 한강중앙교회에 출석하는 B 권사라는 분이 계셨다. 일찍 남편과 사별하고 파출부로 일하면서 딸 하나를 키웠다. 딸은 성장해 미국에 가 있고 혼자 셋방살이를 하며 가구도 없이 박스에 옷가지를 정리해놓고 지내시는 분이셨다.

어느 날, 그분에게서 홀로 된 후 간병인과 파출부로 일하면서 모은 돈으로 베트남에 교회를 짓기로 결심하셨다는 연락이 왔다. B 권사님께서는 푸럼교회를 후원하셨는데 기공식 예배 때 직접 오셔서 이런 간증을 하셨다.

"안녕하세요. 저는 오늘 이 같은 감격적인 기공 예배가 있기 2년 전에 이미 베트남에 교회를 짓기로 작정했었습니다. 그래서 이 사실을 알리기 위해 담임 목사님을 찾아갔는데 마침 목사님께서 중풍으로 쓰러지셔서 얘기를 하지 못하고 기다려야 했습니다. 드디어 담임 목사님께서 건강을 회복하셔서 얘기를 했더니 이번에는 장요나 선교사님이 강직성척추염으로 쓰러졌다는 얘길 들었습니다. 저는 너무나 슬펐습니다. 두 분이 안 계시면 제가 작정한 교회를 못 세우게 된다는 사실이 너무 걱정되었던 것입니다. 그런데 이제 두 분이 다 건강해지셔서 이렇게 교회를 세우게 되었으니 얼마나 기쁘고 감사한지 모릅니다. 하나님께 영광을 올려 드리고 목사님과 선교사님께 감사드립니다."

B 권사님의 간증은 기공 예배 때 모인 베트남 사람들을 감동시켰다. 그렇게 힘들게 모은 돈으로 베트남 사람들을 위해 교회를 짓는 데 후원한 사실에 놀란 것이다. B 권사가 믿는 하나님이 도대체 어떤 분이길래 이런 귀한 일을 할 수 있는지 궁금해했고 이것이 전도의 문을 열어 주었다. 무엇보다 교회가 돈으로만 지어지는 것이 아니라는 점을 간증한 것이 사람들 마음에 크게 마음에 와 닿았을 것이라 생각된다.

베트남에서 지어지는 병원과 교회의 모든 역사 뒤에는 이처럼 놀랍고 은혜로운, 기적의 간증들이 다 숨어 있다.

27
베트남인보다 베트남을
더 사랑해 주시는군요

2008년 5월 24일, 베트남에서 교회를 건축하거나 재건해 온 순서로 100번째의 의미 있는 교회가 '충희유대석교회'란 이름으로 준공 예배를 드렸다.

호치민에서 자동차로 2시간 걸리는 동나이성 딘꽌군 충희유 지역은 이날 마을 전체가 축제 분위기였다. 베트남 67개 소수 민족 중의 하나인 카호족이 밀집해 사는 이곳에 600여 명이 들어갈 수 있는 멋진 예배당이 건축돼 헌당 예배를 드렸기 때문이다. 100번째 건축하는 교회란 점에서 일반 교회보다 그 규모를 더 크게 하여 지은 곳이기도 했다.

충희유대석교회란 이름을 붙인 것은 교회 건축 헌금을 감당한 곳이 서울 시흥동 대석교회였기 때문이다. 이 교회는 창립 30주년 기념 교회로 헌당했다는 점과 담임 목사의 딸 정유미 선교사를 11년 전인 1997

년에 이곳에 파송하여 나와 함께 사역하도록 돕고 있다는 점에서 더욱 특별한 준공 예배였다.

전통 의상을 입은 산족들의 찬양 속에 시작된 헌당 예배에서는 한국 교회에서 보낸 선물을 성도들에게 전달하고 그리스도의 사랑을 나누는 흐뭇한 시간을 보냈다.

이날 충희유대석교회 응웬 롱 집사는 인사말에서 "베트남에서도 멸시받는 산족의 작은 마을에 멋진 교회를 건축해준 장 선교사님과 대석교회에 깊이 감사한다"며 "이제 성도가 배 이상 늘 것으로 기대하며 한국 교회와 목사님들을 위해 기도하겠다"라고 말해 큰 박수를 받았다.

이날 설교한 대석교회 담임 목사는 "세워지는 모든 교회가 전액 지원을 받아 건립되는 것이 아니라 현지 성도들도 10~50% 건축 헌금을 내 자부심을 갖도록 하는 바람에 건축 기간이 길어졌다"며 "이곳에서 신학생도 많이 배출돼 베트남 선교의 귀한 역할을 감당해주길 기대한다"라고 밝혔다.

특히 이날 준공 예배는 부산 할렐루야 치과 의료 선교팀이 방문하는 중에 자리를 함께해 더욱 의미가 있었다.

기쁨과 감격 속에 기공 예배를 마치고 호치민 선교센터에 도착하니 센터 분위기가 이상하게 침울했다. 확인을 해보니 경찰(공안)이 또 찾아와 내게 소환장을 놓고 갔다는 것이다. 소환장을 보니 당장 내일인 25일에 출입국관리소로 출두하라고 하였다. 하지만 부산 할렐루야 치과 선교팀이 내일까지 일정을 잡아두었기에 28일에 방문하겠다고 출두를 미루고 이를 위한 기도에 들어갔다. 출입국관리소라면 나의 사역 행적

선교지 교회를 찾아와 복음을 영접한 승려를 위해 간절하게 기도해 주는 장요나 선교사.

을 문제 삼아 비자 기간을 만료하겠다는 통보를 할 것으로 내 나름대로 예상했다.

치과 의료팀을 한국으로 잘 보내고 유사시에 대비해 베트남 사역에 대한 여러 가지 지시를 스태프들에게 잘 설명해 놓은 뒤 28일 출입국관리소로 향했다. 정확한 통역을 위해 쭉번 선교사를 데리고 사무실에 들어가니 담당 공안 7명이 나와 있었다. 통역 공안, 종교성 공안, 출입국관리소 공안들이었다.

먼저 출입국관리소 공안이 엄숙한 표정을 지으며 나의 입국 목적, 활동 내용, 위법 여부를 조사하겠다며 심문을 시작했다. 처음부터 비자문제를 걸고넘어지는 공안의 태도는 아주 거칠고 위협적이었다. 내가 비자를 받은 목적과 다르게 행동하고 있는 것이 자세히 보인다며 몰아세웠다.

이들이 내게 질문을 하나하나 하는데 7명의 공안이 진술서를 똑같이 적어 내려가고 있었다. 그러다 보니 본의 아니게 내가 간증을 들려주게 되었다. 무엇 때문에 베트남에 와서 무슨 일을 어떻게 하느냐는 질문에 식물인간이 되었던 내용부터 풀어갔다. 그리고 미리 준비해온 병원 사역 사진 자료를 하나하나 그들에게 보여주었다. 나의 생애 마지막 사역으로 호치민시에 병원을, 하노이 쪽에 대학을 세우고자 한다는 자료와 이미 받은 대학 부지 사용 허가서, 얼마 전 작성한 호치민 병원 설립 당국자와 맺은 계약 서류 등을 모두 보여주었다. 그리고 교회를 짓는 데 도움을 달라는 요청을 받으면 그들에게 교회를 지어주는 일도 하고 있다며 솔직히 다 이야기했다. 그들이 이런 내용을 다 알고 있는 마당에 숨길 이유가 없었다.

옆에 있는 베트남인 쪽번 선교사까지 옹짱이 지금 건강도 좋지 않은데 베트남을 위해 온몸으로 헌신하고 계신다며 나를 거들었다. 그러자 공안 모두가 나의 헌신적인 사역에 엄청나게 감동하는 눈치였다. 눈물까지 글썽거렸다. 베트남인보다 베트남을 더 사랑하는 내 모습을 그대로 인정하는 것 같았다.

공안이 몇 장의 중요한 서류와 내 여권을 가지고 나가 상부에 보고하는 눈치였다. 중간에 앉은 공안은 종교성 공안이었다. 끝에 앉은 통역 공안이 내게 한국어로 진짜 훌륭하고 감사한 분이라고 깍듯이 인사했다. 한국에서 몇 년을 유학하며 공부했는지 몰라도 베트남인치고 한국어 발음이 아주 정확했다.

"옹짱이 베트남을 위해 헌신하는 모습에 큰 감동을 받았습니다. 베트남을 대신해 감사를 전합니다. 아직 베트남이 경제적으로 많이 어렵습니다. 계획하시는 사업들이 잘되도록 힘써 주십시오. 정말 감사합니다."

상부에 보고하고 온 출입국관리 공안은 여권과 서류를 돌려주며 돌아가도 된다며 수고하셨다고 말했다. 확인해 보니 내가 불려온 이유는 예상대로 지나친 기독교 선교 활동 때문이었다. 감사하게도 한국어를 통역하는 공안이 우리 입장을 유리하게 잘 전달해 주었고 진술서를 작성하는 데도 많은 도움을 주었다.

조사는 4시간 넘게 걸려 끝났지만 공안들은 우리를 보내며 건강하셔야 베트남에서 더 좋은 일을 많이 한다며 염려까지 해주었다. 그리고 모두가 베트남을 사랑해 주어 감사하다는 인사를 덧붙였다.

공안은 나의 종교 활동을 빌미로 비자를 만료시켜 추방할 계획이었으나 오히려 간증에 감동받고 계속 어려움 없이 활동할 수 있도록 편의를 봐주게 된 것이다. 고난을 당한 것이 오히려 유익이 되었다. 내 정체를 이제 공안에 있는 그대로 다 알려줄 수 있어 흐뭇한 마음이 들었다.

이렇게 내 예상과 전혀 다르게 일이 잘 처리되어 하나님께 감사 기도를 드렸다. 늘 공안에 불려 가면 고생하는 것이 다반사이고 걸핏하면 구류를 살고 벌금을 내었는데 이처럼 예상과 다른 경우도 생겨 뿌듯한 보람을 맛보았다.

많은 분들이 잠시 베트남에 왔다가 선교지를 둘러보고 호텔에 머물다 돌아가니 베트남이 얼마나 치열한 영적 전쟁터인지를 잘 모른다. 안 보이는 부분을 보지 못한 채 돌아가기 때문이다.

사실 베트남이 자유경제가 도입되어 활기차고 빠르게 발전하는 것 같아 기독교 탄압이 과연 있을까 하고 의심하는 분들이 많다. 정말 현실을 모르는 소리다. 공산정부는 외국의 기독교가 자신들의 사상과 이념의 정신세계를 바꾸게 될 것을 염려해 그 유입과 선교를 철저히 막는다. 대신 후원과 지원은 받고 그 이상의 것은 하지 말라기에 한시도 긴장을 늦출 수 없다. 그러나 내 입장에서는 사실 복음 전파가 1순위이고 병원과 학교 설립, 구호 사업은 2순위이다.

이 갈등을 잘 조정하고 틈을 메우는 것이 선교사의 기술이요 능력이다. 이를 위해서는 하나님이 주시는 지혜가 절실하다. 오늘도 하나님께 이 지혜를 구하며 베트남 전국 곳곳을 향한 교회 건축 설계도를 펼친다.

병원, 학교, 고아원을 세우는 일을 하면서 빠콤에서 관리하는 NGO 3년 비자로 체류 허가를 받아왔다. 그동안 교회 세우기에 더 열중해 왔고 이와 함께 NGO 활동도 열심히 병행했다. 그 결과 NGO 활동으로 병원이 16개소, 초등학교가 2개소, 고아원과 유치원이 각 1곳 세워졌다. 여기에 편승해 교회는 300곳이 훌쩍 넘게 건축되었다.

이 모든 것을 내 뜻과 의지로 하면 실패할 확률이 높다. 성령께 의지하며 뜨겁고 간절하게 기도해야 사탄의 공격을 막으며 전쟁에서 승리할 수 있다. 이곳 베트남은 여전히 영적 전쟁터이다.

#28
평화수교훈장으로 넘긴 위기

사람들마다 생각이 다르겠지만 나는 선교에 대한 공로로 상을 받거나 높임을 받는 것을 좋아하지 않는다. 예수 믿는 사람들은 물론 특히 선교사들은 하늘나라 일꾼들이다. 하나님이 명하신 복음 전파, 예수님이 명령하신 땅 끝까지 복음을 전하는 일에 부름받은 사명자들이다.

성경에서는 "기뻐하고 즐거워하라 하늘에서 너희의 상이 큼이라 너희 전에 있던 선지자들을 이같이 핍박하였느니라"(마5:12)라고 말씀한다. 우리의 삶에서 복음을 전하다가 핍박을 받고 고통을 받을수록 하늘나라 상급이 크다는 말씀이다.

그런데 사역을 잘했다고 상 받는 것은 내 경우엔 체질에 맞지 않았다. 이것은 내 생각이고 상을 주는 자체가 나쁘다고는 생각하지 않는다. 잘한 일을 격려하고 또 칭찬함으로써 더 잘할 수 있다면 그것도 선교와 전도를 더 잘하게 하는 데 동기유발이 될 수 있다고 본다. 그러나 선교사로서 당연히 해야 할 일, 반드시 해야 할 일을 하는데 이 세상에서 높임받고 상을 받으면 하늘나라에서 받을 상이 없다는 생각을 개인적으론 늘 하곤 했다.

연세대학교는 선교사이며 교육자인 언더우드 박사가 세웠다. 그래서 언더우드 선교·교육·의료 및 봉사 정신을 기리고 계승하기 위하여 세워진 언더우드기념사업회가 있다. 이 사업회에서는 언더우드선교상을 제정하였다. 이 상은 해외 선교 현장에서 복음을 전파하는 선교사를 대상으로 선교 활동이 어려운 지역에서 15년 이상 목회, 교육, 봉사, 의료 등의 분야에 헌신적으로 활동하는 분에게 주어진다. 즉, 언더우드 박사의 정신을 이어 가는 선교사에게 시상하는 것으로 2019년에 벌써 19회째에 이른 것으로 안다.

이 시상 제도가 2000년 맨 처음 제정되었을 때 '언더우드선교상' 제1회 수상자로 나를 추천한다고 연세대학교에서 연락이 왔다. 그러나 나는 이를 거부했다. 고맙기는 하지만 나는 선교 일로 바쁘니 다른 분에게 드리면 좋겠다고 사양했다. 2기, 3기 때도 계속 연락이 왔지만 결국 사양했다. 당시 상금이 1000만 원으로 매우 컸기에 그 돈으로 교회를 지으면 되지 않느냐고 스태프들이 말했지만 끝까지 마다하고 받지 않았다. 지금은 상금이 3000만 원이라고 들었다. 선교사들에겐 가장 명예롭다는 상이지만 나는 끝까지 신청서를 내지 않았다. 더 귀한 분이 있을 것이라며 그분들에게 돌아가는 것이 좋겠다고 했다.

이 밖에도 국내의 많은 선교단체에서도 베트남 선교 사역 공로를 인

베트남 부총리로부터 평화수교훈장을
받는 장요나 선교사

정해 상을 주겠다고 했지만 모두 사양했다. 내 신앙은 앞에서도 밝혔지
만 이 땅에서 받는 상이나 명예, 높임은 무익하다고 여기는 주의다. 어
느 단체에서는 내 의사와 상관없이 상장이나 상패를 보내오기도 했다.
시상식이 있으니 오라고 해도 가지 않았다.

내가 선교 현장에서 벌인 사역들은 내가 한 것이 아니다. 하나님께서
하신 일인데 그 심부름을 한 내가 왜 상을 받는가. 나는 사실 선교사가
되기 전에 국가에서 주는 훈장 3개와 대통령상 등 굵직한 상을 받아 보
았다. 그러나 이런 것이 하나님 일을 하는 내게 아무런 소용이 없다고
여겨 베트남에 오면서 모두 버렸다.

그런데 나도 모르게 받은 훈장 하나가 우리 일행을 위기에서 구한 적
이 있다. 이것도 하나님의 섭리라 인정하여 그 사연을 소개하고자 한다.

2008년 고난 주간에 일어났던 일이다. 라오스 봉코목양교회 헌당 예배와 솜타본비라카미교회 기공 예배, 쨍영락교회 기공 예배를 위해 3박 4일 일정으로 선교사 11명과 함께 호치민을 출발했다. 드디어 라오스 소수 민족들이 사는 동네에 교회 하나가 준공되고 이어 두 곳을 더 짓는 공사를 시작하기로 했다.

국내선을 타고 베트남 중부 지방의 후에 공항에 도착하여 케산부전교회를 담임하는 득 목사님의 영접을 받았다. 덜컹거리는 버스를 타고 3시간 30분 걸려 케산의 끝에 도착해 하룻밤을 지냈다.

다음 날 아침 8시에 라오스 국경으로 출발했다. 베트남에서 비행기로 가는 것이 아니라 육로로 국경을 넘기로 한 것이다. 이 편이 경비도 그렇고 이동이 더 낫다고 판단한 것이다. 사실 다른 교통편도 마땅치 않았다.

무사히 라오스 국경까지 도착해 베트남 이미그레이션에서 여권과 비자 검사를 받았다. 내 순서가 되어 여권을 내놓으니 베트남 공안이 여권을 유심히 살펴보았다. 그러더니 갑자기 엄숙한 말로 내게 소리를 질렀다.

"당신이 베트남에서 75일간 불법 체류한 것을 확인하고 이 자리에서 체포합니다."

공안의 말에 나를 비롯해 같이 간 선교사들이 모두 깜짝 놀랐다. 나는 이 무렵 닥람성 공안을 만날 때마다 마음에 걸리는 것이 하나 있었다. 2004년, 베트남 본메툭에서 부활절 예배를 드리던 소수 부족 450

명을 베트남 공안들이 무차별 총살한 순교 사건이 있었다. 이 사건을 내가 설교에 자주 거론한 사실을 베트남 정부가 알고 있다는 정보가 그 것이었다. 그래서 베트남 경찰의 비인권적인 소식을 전하고 있는 장요나 선교사를 잡거나 제거하라는 지시가 내려졌다고 한다. 그런데 갑자기 이곳에서 그 작전을 수행하는 것이 아닌가 하는 느낌에 갑자기 불안감이 엄습했다.

이 한적한 국경 지역에서 내가 붙잡혀 사라져도 항의할 수 있는 상황이 전혀 아니었다. 이제 이 케산에서 죽임을 당할지도 모른다는 위험을 느끼는 순간이었다. 그래도 두 눈을 부릅뜨고 강하게 항의 표시를 했다.

"내가 무슨 불법 체류 75일을 했느냐"고 했더니 공안이 내 여권에 베트남 비자가 없다고 했다. 순간 내가 베트남 한국영사관에서 새 여권으로 바꾸면서 구여권에 있는 비자를 옮겨놓지 않은 것이 생각났다. 그러면 구여권이라도 갖고 있어야 하는데 가져오지 않아 그마저도 없었다. 새 여권 발급 일자에서 75일이 지났으니 벌금을 내고 조사를 받으라고 했다. 벌금도 하루에 5불씩 375불이나 되었다.

그럼 내가 라오스에 안 가겠다고 했더니 그래도 불법 체류가 확인된 만큼 안 된다며 내게 덜컥 수갑을 채우더니 어디론가 데리고 가는 것이었다. 동행한 선교사들 모두가 어찌할 줄 몰라 떨었고 한쪽에서는 기도를 시작했다.

"먼저들 가세요. 가서 기공식과 준공식에 참석해 예배를 드리세요."
"선교사님이 안 가시는데 저희만 어떻게 가나요. 안 됩니다."

다들 나와 같이 있겠다고 했다. 순간 우리 팀 정유미 선교사가 가방에서 뭔가를 꺼내 공안에게 내밀었다. 그러자 그들이 멈칫하며 몹시 놀라는 눈치였다. 알고 보니 내가 2007년에 베트남 정부로부터 받은 평화수교훈장의 복사본이었다.

2007년에 베트남 정부로부터 갑자기 연락이 왔다. 오후 3시까지 총리실로 오라는 것이었다. 도대체 무슨 일일까, 또 나를 잡아갈 것인가 등등 온갖 생각이 다 들었다. 그러나 경찰이 아니고 총리실이라니 궁금해졌다. 마침 부산 할렐루야치과에서 의료 사역을 하러 왔던 타라 최강덕 치과원장을 비롯한 몇 분과 정유미 선교사가 동행해 총리실을 찾아갔다. 그런데 그날 부총리가 나오더니 나에게 직접 평화수교훈장을 주는 것이었다.

평화수교훈장은 베트남에 기여한 바가 큰 외국인에게 주는 최고의 훈장으로 보통 대사나 공적이 많은 유명 외국 인사들이 받는 것이라 했다. 그동안 병원을 세우고 고아원을 돕고 베트남의 소수 부족을 위해 헌신한 것을 인정해 주는 것이라고 했다.

그동안 이런 일을 했다고 여러 차례 수갑을 찼고 추방도 당하고 구치소에서 많은 시간을 보내기도 했는데 이제 와서 평화수교훈장을 주는 그들이 참으로 이상하면서도 이해가 안 되었다. 우리 스태프들은 내가 상을 받는다고 하면 안 갈 것 같으니 연락을 받고도 이 사실을 숨긴 것 같았다.

이 훈장은 베트남 정부에서도 이런 나의 노력들을 인정해준 것으로 이해되었다. 자신들보다 잘사는 한국인이 베트남에 와서 하지 않아도 될 고생을 하며 고통받고 가난한 사람들을 위해 헌신하니 결국 감동을 받은 것이라 여겨졌다.

훈장 전달식은 거창하게 했지만 그것을 마치고 나와 집에 와서는 훈장증과 훈장을 쓰레기통에 넣어 버렸다. 그런데 정유미 선교사가 이 훈장증만 따로 챙겨서 복사해서 갖고 다니다가 라오스 국경에서 내놓게 된 것이다.

국경 경찰들은 내 훈장 복사본이 진짜 내 것인지 확인하기 위해 어디인가로 전화를 하며 부산을 떨었다. 그러더니 접시에 커피와 과자를 들고 와서는 "몰라 뵈서 죄송합니다!"라고 말했다.

평화수교훈장이 외국인에게 주는 최고의 명예였던 만큼 이로써 라오스 선교가 어려움에 처할 위기를 넘길 수 있었다. 무사히 라오스로 건너가 모든 일정을 은혜롭게 잘 마칠 수 있었다. 평화수교훈장 덕을 제대로 한번 본 셈이다.

#29
5년간 베트남 입국 금지로 추방당하다

2014년 8월 5일, 나는 한국으로 출국하기 위해 하노이 도이바이 공항으로 향하고 있었다. 내가 선교센터가 있는 호치민이 아니라 하노이에 간 것은 당시 베트남에서 크게 기업을 경영하고 있던 박연차 회장을 만나 베트남에서 설립을 추진하고 있는 종합대학교에 관해 협의하기 위해서였다. 또 하노이 대우호텔에서 김우중 회장을 만나려는 계획도 있었기에 그곳으로 간 것이었다.

그런데 하노이에 가니 막상 박연차 회장과 김우중 회장 모두 출판기념회 때문에 한국으로 전날 떠났다고 해 만날 수 없었다. 나 역시 한국에 가려고 했던 터라 바로 비행기 편을 예약했다. 이번 한국행은 비자가 만기에 이른 베트남의 NGO 비자를 한국의 베트남대사관에서 갱신해야 하는 이유도 있었다.

그 무렵 나는 베트남 선교에서 갇혀있던 물고기가 물을 만난 듯 교회 건축과 신학교 운영에 정신없이 바빴다. 교회 기공식과 준공식에 참석하는 목회자와 성도 등 방문 팀이 한 주도 거르지 않고 오가고 있었다. 당시 15곳의 교회가 동시에 공사를 하고 있어 이를 관리하는 일에도 매우 벅찼다.

나는 보통 공항에서 출국 수속을 마치면 공항 라운지에서 잠시 쉬곤 했다. 아시아나 항공 마일리지가 150만 마일이 넘다 보니 항공사에서는 자리만 있으면 이코노미에서 비즈니스로 좌석 승급을 해주고 라운지는 언제든 이용할 수 있는 특혜를 주었다.

그날도 여권을 내밀어 수속을 밟는데 무엇인가 심상찮은 분위기가 느껴졌다. 공항 경찰 4명이 잠깐 기다리라고 하더니 갑자기 나를 에워싸서 취조실로 데려갔다. 무슨 일이냐고 내가 몇 번 캐물었지만 전혀 대답해주지 않았다. 이렇게 30여 분 이상 나를 붙잡아 두고 여러 곳에 전화를 하더니 최종적으로 책임자가 내게 와서 여권과 비행기표를 돌려주며 이렇게 말했다.

"장 선생의 베트남 비자는 오늘부로 종료됩니다. 그리고 앞으로 5년간 베트남 입국이 거절됩니다. 들어올 수 없다는 뜻입니다. 그 이유는 장 선생이 베트남의 종교법을 계속 어겨왔기 때문입니다. 그렇게 아시고 한국으로 가시면 됩니다."

너무나 충격적이었다. 망치로 한 대 얻어맞은 것처럼 정신이 멍했다.

내겐 이제 베트남이 고국 한국보다 더 친근감이 있는 나라가 됐는데 다시는 들어올 수 없다니, 도무지 믿기지 않았다.

"저는 베트남에서 25년째 머물며 NGO 활동을 해 온 사람입니다. 베트남은 제게 제2의 조국입니다. 이곳 베트남으로 다시는 못 돌아온다니요. 다시 못 온다면 저는 한국으로 아예 가지 않겠습니다."

내가 실랑이를 벌이자 공항 공안들은 비행기 출발 시간이 급하다며 나를 곧바로 게이트 앞으로 끌어가다시피 했다. 안 가면 안 된다고 했다. 나는 결국 한국행 비행기를 타게 되었다.

좌석에 앉으니 눈앞이 캄캄해지며 서서히 눈물이 쏟아지기 시작했다. 지난해부터 베트남 종교성은 나의 행적을 문제 삼아 계속 경고를 했는데 내가 이를 무시하고 사역을 강행한 것이 결국 이런 결과로 나타난 것으로 여겨졌다.

생각해 보니 2003년 9월, 럼동성 소수 부족 교회 까람남대문교회에서 공안들이 교인들 속에 숨어 있다가 우리를 체포했었다. 주일 설교를 하고 새 신자 소개를 마칠 때 한국에서 온 13명의 방문 일행 모두가 여권을 압수당하고 인근 경찰서로 이동해 조사를 받았다. 우리 스태프들이 그동안 NGO 활동 등을 열거하며 선처를 요구했지만 그들은 '종교성과 NGO는 별개'라며 냉정하게 선을 그었다. 나중에는 나만 따로 부르더니 이렇게 말했다.

"장주석 선생. 당신은 종교성 블랙리스트에 올라 있습니다. 당신이 특히 렴동성 소수 민족에게 자주 접근한 것을 잘 압니다. 그 때문에 계속 정부가 예의 주시해 왔고, 또 예민한 사항인데도 이 경고를 무시해 왔습니다. 그래서 사실 이미 수배가 내려진 상태입니다. 그러나 오늘은 한국에서 온 일행도 많고 해서 일단 풀어주지만 끝난 것은 아니고 사건을 호치민 종교성 본부로 이첩하겠습니다. 그곳에서 소환하면 나가서 꼭 조사를 받길 바랍니다."

그날 이후 나는 호치민에 돌아와 나름대로 조심도 하고 신경을 썼고, 소환 조사 명령이 오지 않아 다행이라 여기고 있었다. 그런데 지금 생각해 보니 종교성에서 나를 소환해 조사하고 문제를 삼는 것보다 내년에 3년씩 주는 NGO 비자가 만료되니 그때 이를 종료시켜 버리는 식으로 일 처리를 하려 한 것 같았다.

비행기 안에서 눈도 붙이지 못하고 꼬박 내가 못 들어갈 것에 대비하여 해야 할 업무들을 메모했다. 인천공항에 내려 일산선교센터에 도착했지만 추방이나 마찬가지인 5년 입국 거부의 충격에서 헤어 나오지 못했다. 도저히 일이 손에 잡히지 않았다.

나는 한국에 가나 베트남에 가나 큰 가방에 일거리를 산더미처럼 들고 다니는 일벌레인데 이제 베트남에 들어가지 못하면 중단될 사역이 너무나 많았다. 무엇보다 교회 기공 예배와 준공 예배가 이어지는데 여기에 내가 빠지면 건축 헌금을 한 분들이 너무나 서운해할 것이고 앞으로 지어지는 교회의 관리와 신학교 운영, 선교센터 관리 등 신경 써야 할 일이 많아 문제가 불거져 나올 것이 분명했다.

그날 저녁 호치민 선교센터에 남아 있는 쭉번 선교사에게 전화로 기본적인 업무를 지시하는데 울컥하면서 울음이 또 나왔다. 내가 베트남에 못 들어가게 된 사실이 이토록 나를 슬프게 하는지 나 자신도 모를 지경이었다. 내가 26년간 베트남에서 살면서 이미 뼛속 깊이 베트남인이 되어버린 것 같았다. 비행기에서도 못 잤는데 이날 밤도 잠이 오지 않아 하나님 앞에 엎드려 기도하며 눈물로 날을 샜다.

"하나님. 저 열심히 최선을 다해 하나님 나라 확장을 위해 베트남 전역을 누비며 많은 교회를 세우고 보수하지 않았습니까. 병원, 고아원, 학교를 세우고 수많은 환자를 치료하고 신학교를 통해 주의 종을 배출하지 않았습니까. 사역 중에 제가 당하는 육체적 고통이나 핍박은 참을 수 있습니다. 그러나 입국 금지는 아니지요. 사역을 못 하게 하는 것인데 제겐 이것이 가장 큰 아픔입니다. 방법을 찾아 다시 입국할 수 있도록 주님이 길을 열어 주세요. 가서 할 일이 태산처럼 많습니다. 아직 베트남을 위해 할 일이 너무나 많습니다."

마치 떼를 쓰듯 항의성 기도를 하나님께 쏟아 놓았다. 얼마를 기도했을까. 성령이 주시는 감동이 나를 강하게 스치고 지나가는 것이 있었다.

"요나야. 나는 너에게 비라카미 4개국 사역을 맡겼다. 그런데 왜 베트남에서만 선교하고 더 힘든 미얀마는 외면하느냐."

마치 강하고 급한 바람 소리처럼 내게 들린 이 음성은 나를 충격에 빠뜨렸다. 난 그동안 베트남과 붙어 있는 나라인 캄보디아와 라오스에서는 비교적 쉽게 선교 활동을 병행했다. 그런데 지역적으로 좀 떨어진 미얀마는 5~6회 정도만 다녀왔고 따라서 사역이 아주 미진한 편이었다.

생각해 보니 맞았다. 내게 비라카미 전 지역을 사명으로 주셨는데 사역이 잘 펼쳐지는 베트남에만 집중한 것이 사실이었다. 돌이켜 보니 비라카미 4개국 중에 가장 선교를 못 한 곳이 미얀마였다. 이곳도 사역이 녹록지 않은 지역이었다.

나는 베트남에서 추방되어 온 다음 날 바로 미얀마행 비행기표를 예약했다. 그리고 한국에 있는 동역자 및 후원자들로 15명의 미얀마 사역팀을 꾸렸다. 하나님의 명령으로 느껴지면 뒤도 안 돌아보고 바로 실천하는 것이 몸에 배어버린 나였다. 이것은 오랜 기간 사역을 하며 얻은 내 선교 방식이기도 했다.

그동안 미얀마 양곤에서는 신우영 선교사가 나와 파트너로 교류했기에 그곳으로 연락해 나의 방문 소식을 알렸다. 그리고 수도 양곤에서 순회 사역을 하고 있는 그리스도대학교 교수인 정원 장로가 소식을 듣고 찾아왔다.

"장 선교사님. 베트남 선교에 가히 전설적인 장 선교사님이 미얀마 사역을 준비하신다고 들어 너무나 기뻐 뛰어 왔습니다. 우선 제가 양곤에서 사역 중인 작은 교회가 하나 있습니다. 땅은 1000평 정도 되는데 사역을 맡겨드리고 싶습니다."

나는 동역을 하자고 제의했다. 정원 장로는 우리 팀에 합류했다.

다음 날로 미얀마에 들어간 우리 선교 팀은 현지 선교사들과 협력관계를 맺고 베트남에서 하던 방식대로 우선 당국의 협조를 얻어 병원 건축을 시작했다. 또 메콩강 의료 사역을 위한 병원선을 건조하기 위해 탐사도 시작했다.

미얀마의 기독교 핍박은 사실 베트남보다 더 심하고 경제도 더 낙후돼 사역이 쉽지 않은 편이다. 미얀마 기독교 역사를 약간 짚어 보고자한다.

우리나라는 1885년 아펜젤러 언더우드가 공식적인 선교사로 한국 땅을 밟았지만 버마(미얀마의 이전 이름)는 1813년 아도니람 선교사가 도착해 우리보다 훨씬 일찍 복음이 심어졌다. 이후 6년 만인 1819년에 첫 번째 기독교 침례교인이 나왔다고 보고되었다. 다시 버마침례교회는 50년 후인 1863년에 10,500명, 100주년이 되는 1913년에 65,612명, 150주년이 되는 1963년에 216,601명의 교인이 등록되었다고 보고되었다. 매년 5~6% 성장을 일군 미얀마 기독교는 2017년 현재 약 200만 명 이상의 침례받은 교인들이 있다고 보고되고 있다.

미얀마의 인종별 기독교 분포도를 보면 전체 인구의 10% 미만인 까친족, 꺼인족(카렌족), 친족이 미얀마 전체 기독교 인구수의 90% 이상을 차지한다. 특히 전체 인구의 2.2%에 해당하는 친족은 90% 이상이 복음화되었다. 그렇지만 친족이 다른 종족에게 복음을 전하는 영향력은 극히 미미하다. 버마족을 포함한 다수 종족에게 복음 전파는 강력

212

한 저항을 받고 있고, 종교적으로는 대다수의 불교도들에게 복음이 들어가지 못하고 정령숭배권에 집중되었다는 결과를 확인하게 된다.

현재 미얀마 인구는 5800만 명이므로 기독교 복음화율은 5%가 안 되지만 이들이 인구 90%를 차지하는 불교도들로부터 받는 핍박과 고통은 엄청나다. 자료에 의하면 2005년까지 800여 명의 미국 선교사들을 포함하여 수많은 선교사들이 순교의 피를 뿌리며 미얀마 복음화를 위해 헌신해왔다.

한국은 1995년부터 미얀마에 선교사가 가기 시작했고 지금은 제법 많은 선교사들이 활동하고 있는 것으로 알고 있다. 짧은 기간이지만 빠르게 뿌리를 내려가고 있다. 앞으로 우리 비라카미 사랑의선교회도 미얀마 선교에 그 역량을 집중할 계획을 세웠다.

베트남에서 벌인 선교 열정을 일단 미얀마 선교로 돌리는 첫 순간에 사탄은 또 나의 기를 꺾으려는 듯 바로 공격을 시작했다. 이 역시 내 몸을 공격하는 것으로 미얀마 선교를 포기시키려 했다. 나는 어디를 가든지 아침저녁으로 호텔에서 일행과 예배를 드렸다. 도착 예배를 드리고 의자에 앉으려는 순간이었다. 의자가 천으로 되었는데 내가 몸을 기대는 순간 천이 가운데로 쭉 찢어지면서 내 몸이 뒤로 벌렁 나가떨어져 버렸다. 그때 쇠로 된 기둥 모서리 부분에 머리가 받히면서 기절해버리고 말았다.

잠시 의식을 잃었다 깨어났는데 여성도들의 우는 소리가 들리고 내 머리에서 피가 흐르고 있었다. 나는 미얀마 선교를 시작하려니 사탄이 공격을 시작한 것으로 판단되었다.

나는 식물인간에서 회복된 이후에는 어떤 질병이 생겨도 가능한 의사나 약사에게 의지하지 않는다. 오직 하나님의 말씀에만 의지하려고 노력한다. 그것은 하나님을 향한 또 다른 믿음의 표현이라고 여기고 있다. 기절하고 피까지 난 나를 선교팀원들이 빨리 병원으로 모시고 가자고 아우성을 쳤으나 나는 단호하게 말했다.

"여러분. 이것 보십시오. 벌써 미얀마를 선교하려는 저희를 알고 사탄이 공격하는 것입니다. 여기에 약해져서 넘어지면 안 됩니다. 저 병원에 안 갑니다. 손수건으로 지혈하고 주님의 이름으로 기도하면 됩니다. 자, 이제 신우영 선교사님의 미얀마 사역 오리엔테이션을 듣도록 합시다."

사탄도 내가 우두머리인 줄 알고 공격했지만 나는 조금도 요동치 않고 더 기도하며 미얀마 선교에 나서기로 했다.

이후 우리는 미얀마뿐 아니라 캄보디아와 라오스 지역도 선교 상황을 점검하고 본격적인 활동을 하기 위한 준비에 들어갔다. 캄보디아 선교에도 열심을 내어 프놈펜에 기독교 방송국을 설립하는 문제를 논의하고 교회도 3개소를 건축했다.

하나님께서 내가 베트남에 들어가는 것을 막은 것이 나머지 3국 선교에 더 집중하라는 뜻이라고 해석한 이상 그 사명을 잘 감당해야 한다고 확신했다. 베트남에 쏟던 열정이 3개국 선교로 바뀌어 여전히 나는 바빴다. 어디를 가나 일을 몰고 다니는 것은 타고난 것이니, 하나님은 나의 이런 달란트를 사용하시기 위해 부르신 것 같았다.

나는 베트남 추방 기간에 시간이 많이 났지만 서울에 있는 집에 가지 않았다. 내 자아가 식물인간의 고난을 통해 주님 안에서 완전히 깨어졌고 부르심을 받은 복음의 일꾼으로 선 이상 혹시 그 사명감이 무디어질 수도 있다고 본 것이다. 단호하게 가서는 안 된다고 생각했다.

나는 일산 선교센터에 머무르며 미얀마, 라오스, 캄보디아 선교에 열심을 내면서 늘 내가 좋아하는 성경 말씀을 기억하고 또 상기했다.

"예수께서 제자들에게 이르시되 누구든지 나를 따라오려거든 자기를 부인하고 자기 십자가를 지고 나를 따를 것이니라"(마16:24)

"열두 제자를 부르사 둘씩 둘씩 보내시며 더러운 귀신을 제어하는 권능을 주시고 명하시되 여행을 위하여 지팡이 외에는 양식이나 배낭이나 전대의 돈이나 아무것도 가지지 말며 신만 신고 두 벌 옷도 입지 말라 하시고 또 이르시되 어디서든지 누구의 집에 들어가거든 그곳을 떠나기까지 거기 유하라 어느 곳에서든지 너희를 영접하지 아니하고 너희 말을 듣지도 아니하거든 거기서 나갈 때에 발아래 먼지를 떨어버려 그들에게 증거를 삼으라 하시니"(막6:7~11)

이 두 말씀에 철저히 순종하고 복종할 수 있는 자가 선교사가 될 수 있다고 나는 믿는다. 나는 그동안 이 부분에서 합격점을 받으려고 부단히 노력하며 지금까지 달려왔다. 과거의 구습이나 욕심을 버리지 않으면 하나님은 쓰시지 않으신다.

이렇듯 베트남에서 추방된 사건은 나의 선교 방향을 다시 한번 전환하는 동기를 부여했다. 이것은 하나님의 또 다른 명령이자 섭리였다. 베트남에 집중된 선교가 미얀마 등 3개국으로 방향을 트는 계기가 만들어졌기 때문이다.

"지혜 있는 자는 궁창의 빛과 같이 빛날 것이요
많은 사람을 옳은 데로 돌아오게 한 자는
별과 같이 영원토록 빛나리라" (단 12:3)

30
화재를 통해 사명을 재확인하고
멀티비자를 받다

⟶⟵

하나님의 일에는 반드시 악한 영의 공격과 방해가 따른다. 하나님의 능력이 크게 나타나 복음이 더 많은 곳에 전파되는 상황이 되지 않도록 사탄들이 펼치는 공격은 필사적이다. 그래서 하나님의 은혜가 큰 곳에는 사탄의 공격도 그만큼 크다는 사실을 늘 기억하며 영적으로 대비해야 한다.

나는 베트남의 교회 건축 현장을 방문하는 목회자나 성도들에게 첫 만남부터 이곳은 '영적 전쟁터의 최전방'이라고 말하며 바짝 긴장하게 하고 아침저녁으로 예배를 드리며 악한 영들이 공격할 틈을 주지 않으려고 한다.

사탄의 공격 대상 1호는 바로 나다. 나를 대상으로 공격하는 경우가 아주 많다. 내가 사라져.없어진다면 베트남에 많은 교회와 병원, 학교와 고아원이 건축되지 못할 것이므로 그 공격의 강도는 매우 크고 강력하다. 자칫 방심하면 어이없이 당하기에 늘 긴장하며 깨어 기도해야 한다. 이 책에도 서술했지만 그동안 내가 죽을 뻔한 위기와 숱한 질병에 맞닥뜨리고, 수도 없이 베트남 공안에게 잡혀가고 투옥되면서 베트남 사역이 위기를 맞은 적이 한두 번이 아니었다. 이 모든 것은 뒤집어 보면 결국 영적 공격이요 사탄의 방해라고 할 수 있다.

그러한 공격은 여기서 끝나지 않는다. 나와 선교회, 후원자들이 펼쳐 놓은 선교의 열매들을 배 아파하며 이를 깎아내리는 안티 세력도 참 많다. 중상모략과 네거티브한 공격이 어이가 없을 정도로 이뤄진다.

이런 상황에서 나는 상대의 공격을 철저히 무시해 버린다. 공격하는 내용이 사실이면 무엇인가 끄트머리가 되어 공격의 당위성을 갖게 하는데 실체가 없으니 주장만 하다가 결국 소리 없이 사라져 버린다. 나는 이렇게 늘 사탄의 공격과 주변의 참소, 핍박을 받으며 배짱을 키워왔기에 웬만한 일에는 놀라지도 않는다. 그리고 사탄의 공격이나 주변의 시샘, 공격이 없으면 오히려 이상하다는 느낌이 들 정도다.

2014년 11월 30일이었다. 그 무렵은 베트남에서 추방된 기간이었으므로 미얀마와 라오스 사역에 집중하고 있었다. 앞에서도 밝혔듯이 내가 베트남에만 너무 집중해오다가 하나님께서 다른 3국도 선교하도록 깨닫게 하셨기에 베트남 사역은 스태프들을 보내 지시하고 나는 열심히 이 3개국을 드나들고 있었다.

그날도 미얀마 사역을 마치고 새벽에 도착했다. 사실 미얀마에 더 있으며 일을 보아야 하는데 11월 30일에 급하게 한국에 들어온 것에는 이

화재 사고 후 한 달 비자를 받아 베트남에 들어간 뒤 빠콤의 초청으로 유명 식당에서 식사한 뒤 주방장들과 사진을 찍었다. 오른쪽 두 번째가 장요나 선교사, 왼쪽이 오랜 기간 베트남선교에 동역해 준 김 다니엘 목사

유가 있었다. 미얀마에 도착했을 때 갑자기 내게 NGO 비자를 내주던 베트남 빠콤 실무자에게 연락이 왔다. 그들은 베트남 종교성에서 나를 블랙리스트에 올리고 베트남에 5년간 들어오지 못하도록 비자를 취소한 사실을 알고 무척이나 미안해했다. 자신들이 그 사실을 미리 알았으면 종교성에 잘 이야기를 했을 텐데 미처 몰랐다는 것이다.

그러면서 이번에 빠콤 담당 장관이 새로 바뀌어 한국 외교통상부 초청으로 한국을 가는데 그때 나와 잠시 만났으면 좋겠다고 말했다. 나는 지난 8월 5일에 추방됐는데 4개월이 채 못 된 시점에서 나를 먼저 보자는 말에 왠지 예감이 좋았다. 나쁜 소식이라면 한국에서 나를 만나자고 할 이유가 없었다. 그래서 12월 1일에 만나기로 했고 그 전날 한국으로 들어온 것이다.

11월 30일이 주일이라 오후 2시와 저녁 예배를 교회 두 곳에서 드리며 설교하고 일산 사무실로 돌아왔다. 업무가 많이 밀려 있어서 한참 업무를 보다가 저녁 무렵에 깜빡 잠이 들었다.

그런데 갑자기 메케한 냄새가 나는 것 같아 눈을 떴다. 누군가 "불이야! 불이야!" 하며 외치는 소리에 벌떡 일어나 보니 숙소는 이미 정전되었고 창밖을 내다보니 수십 대의 소방차들이 모여 우리 건물에 물을 뿌리고 있었다. 나는 처음에는 이것이 꿈인가 하고 생각했다가 현실인 것을 알고 부랴부랴 일어났지만 어두워서 방 안이 잘 보이지 않았다.

갑자기 다리가 후들후들 떨리고 앞이 캄캄한 가운데 의자에 걸려 넘어지면서 출입문을 찾았지만 이미 복도에는 검은 연기가 가득해 다시 닫을 수밖에 없었다. 숙소 안으로 연기가 들어와 서서히 차오르고 있었다. 하나님께 부르짖었다.

"하나님. 저 여기서 천국 가면 안 됩니다. 지금까지 벌여놓은 일이 얼마나 많은데요. 가더라도 다 정리하고 매듭지은 후 가게 해 주세요. 하나님 일을 하던 선교사가 불에 타서 사망했다면 이 얼마나 창피한 일입니까."

이렇게 기도하면서 일단 출입구 틈을 젖은 수건으로 막았다. 좁은 창문을 열었지만 연기가 빠져나가기엔 창문이 너무 작았다. 그리고 내가 탈출하기에도 문이 작았다. 당시 내가 할 수 있는 방법이 없었다.

더 이상 나갈 수 있는 방법이 없었고 이대로 질식사할 것이라고 생각하니 사실 기가 막혔다. 그러나 방법이 없다고 생각하니 조금 전 살려 달라는 기도와 또 다른 기도가 나왔다. 지금의 상황을 받아들이고 좀 더 초연한 마음을 가지기로 한 것이다.

"하나님 아버지! 감사합니다. 제가 30여 년 전 식물인간으로 사형선고를 받고 죽어 있을 때도 저를 살리셨고 베트남 선교 사역 26년 동안에도 2번의 죽음의 문턱에서 살려주신 하나님 감사합니다. 베트남에서 종교 활동으로 6번 감옥에 갔고, 수없이 경찰에 붙들려 핍박과 고난을 받았을 때도 저를 지켜 주신 주님의 은혜에 감사합니다. 죽음에서 건져 주신 연장된 생명으로 오직 베트남, 라오스, 캄보디아, 미얀마에서 영혼을 구원하느라 내 집도 내 가족도 다 잊어버리고 선교만 해온 것을 주님은 아시죠? 그래서 제 이름을 요나로 정해주셨고 니느웨로 보내셨습니다. 요나가 불순종해서 배에 풍랑이 일어나서 다 죽게 되었을 때 요나가 회개함으로 그 배에 탄 모든 사람들이 살아난 것처럼 제 잘못이 있어 이 건물에 불이 났다면 저를 깨닫게 해서 회개하게 해주시고 이 숙소에 있는 모든 사람들 중 한 사람도 죽지 않게 해 주세요. 이제 평안함으로 주님 곁으로 가게 해 주세요."

이렇게 마지막으로 결단의 기도를 드렸다. 기도하는 중에 갑자기 몸에 힘이 생기는 것 같았다. 온 힘을 다해 의자를 들어 창문의 강화 유리를 깨려고 했다. 유리가 깨지면 거기로 내가 탈출할 수 있을 것 같았다. 서너 번 있는 힘을 다해 의자로 유리창을 내려쳤지만 유리는 깨지지 않고 그 충격으로 몸이 튕겨 붕 하고 나가떨어졌다. 다시 의자를 들어 창문을 내리쳤는데 이번엔 창문의 유리가 깨어져 나갔다. 순간 얼굴과 코에서 피가 주르륵 나는 것 같더니 의식을 잠시 잃었다. 나는 이 두 번의 행동으로 경추 5번과 6번이 부러지고 골반뼈도 금이 가는 큰 중상을 입었다.

나중에 소방관은 그 강화 유리는 아무리 힘센 성년 남자라도 도저히 깨기 힘든데 그것이 깨졌다고 신기해했다.

나중에는 연기로 호흡이 막 가빠오고 정신을 차리려고 안간힘을 쓰는데 결국 방독면을 쓰고 내 방 출입구를 찾아온 소방관에 의해 극적으로 구조되었다. 이날 일어난 대화재로 다행히 사망자는 없고 50여 명이 부상을 입었는데 내가 가장 많이 다친 중환자였다.

산소마스크를 쓰고 앰뷸런스에 실려 병원으로 직행한 나는 뼈가 부러졌지만 하나님께서 나를 죽음 직전에서 또 한 번 살려주신 것이라 무한히 감사했다. 나는 하나님의 은혜를 또다시 체험했다. 하나님은 내가 죽음의 강을 또 한 번 넘도록 해 주셨다. 내 몸은 한 번 더 제련되었다.

나는 아직 이 땅에서 주님을 위해 해야 할 일이 남아있기에 살려 주셨음을 깨닫고 더 충성된 하나님의 종이 되리라고 다짐했다. 그리고 호시탐탐 나의 패망과 죽음을 노리는 악한 권세에 더욱 강한 기도로 맞서며 주위 분들에게 더 많은 중보기도를 부탁드렸다.

빠콤 장관을 만나기로 한 날이 다음 날인데 전날 밤에 화재로 큰 사고가 나 병원에 입원한 나는 몸과 어깨 등에 깁스를 여러 군데 했지만 약속대로 빠콤 장관이 묵고 있는 그랜드앰배서더호텔로 가려고 했다.

의사가 반대했지만 가다가 쓰러져 죽는 한이 있더라도 가야 한다고 생각했다. 그 이유는 베트남에 내가 반드시 다시 입국해야 했기 때문이었다. 그동안 스태프들에게 일을 맡겼지만 잘되지 않아 속이 많이 썩는 중이었다.

나는 의사에게 상황을 잘 설명하고 외출 때문에 일어나는 문제는 내가 책임진다고 단단히 약속한 뒤에 온몸에 붕대를 칭칭 감고 휠체어를 탄 채로 호텔로 향했다.

장관은 나를 처음 보았지만 함께 온 실무진은 익히 아는 이들이라 반갑게 인사를 했다. 그들은 내 몸을 보고 깜짝 놀랐다. 내가 상황을 잘 설명하자 자신들이 병원으로 가면 될 터인데 내가 여기까지 온 것을 미안해했다.

"안녕하세요, 주석 옹짱. 새로 취임한 빠콤 장관입니다. 주석 옹짱 존함과 NGO 활동은 직원들에게 잘 들었습니다. 베트남을 위해 많은 병원과 학교, 고아원을 짓고 지원해 주신 것을 감사드립니다. 직원이 말씀드렸지만 저희의 실수로 비자가 거절된 것을 매우 유감으로 여기고 미안하게 생각합니다."

장관은 내게 '주석 옹짱'이란 경칭을 사용했다. 베트남에서는 지위가 높거나 존경할 만한 분, 나이 든 분에게 '옹'이란 경칭을 쓰는데 내 이름까지 앞에 붙이는 것에서 진정 이들이 나에게 미안해한다는 것을 느낄 수 있었다.

"아 그래요. 처음 뵙겠습니다."라고 내가 짧게 대답하자 장관은 바로 말을 받아 이어갔다.

"베트남 사람이 옹짱을 모르면 베트남 사람이 아니지요. 베트남 사람보다 베트남을 더 사랑하시는 분이 옹짱 아니신가요. 저희는 잘 알고 있습니다."

정말 미안한 기색을 하며 말을 하던 장관은 잠시 물을 한 잔 마시더니 이렇게 이야기했다.

"저희는 주석 옹짱이 입국이 안 되는 상황에서도 이미 약속했던 15번째 응에안성 탄하사랑의병원 기공식을 열어 공사를 시작하셨다는 데 큰 감동을 받았습니다. 저희는 당연히 입국 거절로 인해 열심히 해오시던 NGO 사업을 중단할 것이라 여겼는데 못 오셔도 직원들을 시켜 약속을 지키시는 것을 보고 감동받았고 놀랐습니다. 그래서 저희가 다시 베트남에 입국할 수 있는 길을 찾아드리려고 뵙자고 한 것입니다."

맞다. 나는 내가 비록 추방되었더라도 약속은 지켜야 한다고 생각했다. 이것은 하나님이 시켜서 하는 사역이었기에 그들과의 약속이기도 하지만 먼저 하나님과의 약속이기도 했다. 그래서 예정된 15번째 병원 기공식을 선교회 임원들을 보내 차질 없이 진행하도록 한 것이다. 내가 없어도 사역을 계속 추진한 것에 베트남 정부가 큰 감동을 받고 오히려 더 당황한 것 같았다. 그러자 빠콤에서 "베트남을 사랑하며 도움을 준 분에 대한 조치가 부적절하다"며 정부 측에 재심의를 제의했고 긍정적인 답변을 얻은 뒤 나를 만나자고 한 것이다.

빠콤 장관은 아울러 종교성이 선교 활동에 문제를 삼으니 그 부분은 좀 자제해 달라고 당부했다. 그리고 돌아가 재입국이 가능해지도록 길을 잘 찾겠다고 했다. 일단 한 달 단기 비자를 드릴 테니 잠시 베트남을 방문해 주시면 비자 문제를 논의하겠다고 했다. 이 소식에 함께 호텔로 간 우리 국제사랑의선교회 임원진들의 표정이 환하게 퍼졌다. 난 준비해간 선물을 전달하며 감사를 표하고 서로 협력해 베트남을 위해 일하자고 악수한 뒤 헤어졌다.

장관이 약속한 대로 정말로 한 달 체류 비자가 나왔고 부상을 입은 나는 휠체어를 타고 목에 보호대를 한 채 베트남을 방문했다. 그런데 그들이 나를 잠시 초청한 이유는 따로 있었다. 빠콤이 의료 시설이 아주 낙후된 탄화성 하선 지역에 16번째 병원 건립을 해달라고 또 요청한 것이다. 그곳에 병원이 없다 보니 병원이 있는 타 지역까지 오토바이를 타고 나가다가 치료 타임을 놓쳐 목숨을 잃는 사례가 많다고 했다. 그러면서 내게 이제 자유롭게 다닐 수 있는 비자를 다시 주겠다고 했다. 그 대신 NGO 활동만 하고 선교 활동을 하지 않겠다고 다짐을 내게 받으려고 했다. 그러나 그렇게 약속하면 또 빌미를 줄 것이라 여겨 나는 담대하게 이야기를 해버렸다.

"저는 당신들을 구원하기 위해서 병원도 짓고 학교도 짓고 고아도 돕는 것입니다. 이것은 또 제가 믿는 그리스도의 명령이자 그분이 행하라고 한 사랑 때문입니다. 그렇기에 제가 교회를 짓고 신학교를 운영하는 것은 계속할 것입니다. 다만 베트남 정부가 예민하게 생각하는 부분에 대해서는 좀 고려해보겠습니다."

그들에게도 여지는 남겨 주어야 했다. 강하게만 나가 자존심을 상하게 할 필요는 없었다. 사실 나는 이미 숱한 죽음의 고비와 영적 전투를 치른 뒤라 어떠한 것도 전혀 두렵지 않았다.

그들이 요청한 16번째 탄화성 하선 병원의 문제는 건축비였다. 병원은 교회와 비교되지 못할 정도로 건축비가 많이 든다. 13번째 병원까지는 후원자가 있어 차질 없이 지을 수 있었다. 그러나 14~16번째 병원은 후원자가 아직 없었다. 내가 미국에서 부흥회를 하며 얻은 돈으로 조금씩 충당하는데 너무나 많이 부족해서 여전히 기도하고 있다. 이 간증집을 읽는 분 중에서 귀한 헌신자가 나왔으면 하고 간절히 기도한다.

베트남 정부는 결국 비자 취소란 명목으로 나를 추방한 지 10개월 만에 언제든지 자유롭게 오갈 수 있는 멀티비자를 내주었다. 베트남에서 추방된 후 내가 다시는 들어올 수 없을 것이라고 모두 예상했으나 빠콤에서 내가 다시 들어와 활동할 수 있도록 길을 열어 도움을 준 것이다. 지금까지 종교 문제로 추방되었다가 재입국이 허용된 사람은 내가 처음이라고 했다.

돌이키면 사탄은 내가 다시 베트남으로 들어가 선교 사역을 전방위로 펼칠 수 있는 길이 열리자 아예 정말로 나를 죽이기로 공격한 것이 아닌가 싶었다. 이 엄청난 사건을 통해 죽음의 강을 또 한 번 넘은 나는 생명에 연연해하지 않고 더 한층 '죽으면 죽으리라' 선교를 할 수 있게 되었다.

"몸은 죽여도 영혼은 능히 죽이지 못하는 자들을 두려워하지 말고 오직
몸과 영혼을 능히 지옥에 멸하실 수 있는 이를 두려워하라"

(마 10:28)

4

비라카미 기적행전,
아직도 진행 중이다

우리는 현재 프놈펜에 3곳, 시엠립에 15곳 등 캄보디아에 교회 18곳을 설립했다. 베트남과 인접한 나라여서 비라카미신학교 졸업생 23명이 파송되어 사역하고 있다. 아울러 우리는 프놈펜에 기독교방송국을 설립할 계획도 모두 마쳤다. 베트남에 먼저 뿌려진 복음의 씨앗이 인근 나라 캄보디아로 퍼져 나갔고, 계속해서 인도차이나 전 지역에서 복음의 나팔 소리가 울려 퍼지리라 믿어 의심치 않는다.

#31
라오스 선교 현장에서

 라오스는 1353년에 건국된 국가다. 1893년에 프랑스 식민지가 되었으나 제2차 세계대전 중 일본의 패전으로 독립의 분위기가 조성된 후 1953년 프랑스 식민지로부터 해방되었다.

 라오스는 1975년에 공산국가가 되었다. 불교를 국교로 삼아 왕정정치를 하는 라오스 공산정권은 1955년에 창당되어 라오스 인민 민주주의공화국이란 이름으로 10여 년 동안 300만여 명의 라오스인을 처형하거나 국외로 추방했다. 완전한 공산주의 국가 건설에 실패한 뒤 1989년에 새로운 시장 자유개방정책을 발표하여 사유재산의 인정과 함께 경제를 개방하기에 이르렀다. 그러나 여전히 전 세계 빈민 국가 중의 하나로 헌법상으로는 종교의 자유가 있다고 하지만 실제적으로는 거의 없다.

 라오스에서 기독교는 1872년 미국 장로교의 다니엘맥 길버리 선교사가 태국 치앙마이를 넘어와 전한 것이 처음이다. 이후 1902년에 스위스 형제교단의 가브리엘 콘테스 선교사 등 여러 선교사가 라오스에 복음을 전했고, 1950년에 에드워드 로페 선교사가 신구약을 출판하여 지금까지 사용하고 있다.

공산당이 창당된 후 신학교가 폐쇄되고 외국 선교사들이 추방당해 국외로 떠났다. 라오스의 교회들은 정부의 감시를 피해 스스로 교회를 지켜오며 서로 협력하다가 1989년 4월에 약 100여 명의 대표를 구성하여 라오스복음교회라는 교단을 창립하였다. 핍박과 고난 가운데에서도 20여 년 동안 140여 개의 작은 교회에 1만5천여 명의 성도로 성장했다.

내가 라오스를 처음 방문한 1989년 당시만 해도 여러 교회가 교회 건물도 없이 가정 교회 형식으로 예배를 드렸다. 라오스 교회의 가장 큰 문제는 훈련받고 경험 있는 목회자 및 평신도 지도자가 없다는 점이다.

라오스 정부는 지금도 기독교를 핍박하고 있으며 예배, 교육, 기도회 등 모임이 허락되지 않고 일부 지역에서는 기독교인들에게 신앙을 포기하는 각서에 서명하도록 요구하기도 한다. 라오스 성도들은 공산화로 말미암아 가해진 핍박과 압력 등 모든 것으로부터 자유로워지기를 갈망하고 있다. 핍박 가운데서도 은혜를 사모해 예배를 드리면 그 어느 곳보다 성령이 충만하고 뜨겁다.

베트남은 라오스의 교회 탄압에 비하면 아무것도 아니다. 그래서 라오스에서 선교 사역을 할 때는 항상 긴장되고 언제 어디서 어떤 어려움이 닥쳐올지 몰라 기도로 철저히 대비하고 또 조심한다.

지금도 생생하게 기억나는 사건이 있다. 베트남 중부 지역 꽝찌성 케산군은 라오스 접경에 있다. 나는 라오스의 남동쪽 지역을 선교지로 삼고 케산부전교회에서 양육된 제자들을 통해 라오스 산지 부족들에게 복음을 전하고 교회를 세우는 전략을 짜서 실행하고 있었다.

라오스는 국경을 넘는 순간 베트남과 분위기가 사뭇 다르다. 바로 으스스한 분위기가 있다. 영적 기운이 확실히 다르다. 라오스에 교회를 짓기 시작한 초창기에는 나 혼자 다녔다.

베트남 국경과 인접한 케산과 라오바오에 갔을 때였다. 홀로 라오스 국경을 넘어가면 라오스 교회의 득 목사님과 교회 성도 한 분이 나를 마중 나오곤 했다. 바짝 긴장을 하고 라오스 국경을 넘어 득 목사를 만난 후에야 안도의 한숨이 나왔다. 만약 득 목사를 못 만나거나 하면 나는 깊은 산속에서 오갈 데가 없어지기 때문이다. 득 목사가 오토바이를 타고 먼저 출발하고 나는 교회 성도의 오토바이 뒷자리에 타고 따라가곤 했다.

한번은 나를 태운 오토바이의 운전수가 인상이 좀 험상궂었다. 처음에는 득 목사를 천천히 따라가더니 오토바이와 거리가 점점 멀어졌다. 그러더니 내가 탄 오토바이가 득 목사가 가는 쪽이 아니라 옆으로 꺾여 다른 쪽으로 가고 있었다. 겁이 덜컥 났다. 내 가방에 교회 건축비며 많은 돈이 있는 것을 알고 계획적으로 납치하는 것이 아닌가 의심하지 않을 수 없었다. 지금 어디로 가느냐고 베트남어로 말했지만 말도 통하지 않으니 더욱 불안했다. 마음속으로 하나님께 이 위기를 잘 이겨내도록 지혜를 주십사 기도하며 마음을 담대하게 먹었다. 정신을 바짝 차리기로 했다.

작은 길을 달리던 오토바이가 갑자기 한 움막 앞에 딱 멈추었다. 저 움막으로 나를 데려가 가방을 뺏으려는 심산이라 여겨 여차하면 대응할 마음의 준비를 갖추었다. 그런데 오토바이를 멈춘 운전수는 내게 내리라고 하지 않고 움막으로 쑥 들어가더니 잠시 후 노란색 액체가 담긴 2리터짜리 페트병을 하나 들고 나왔다. 알고 보니 이곳은 휘발유를 파는 곳이었다. 기름이 떨어진 운전수가 기름을 넣기 위해 이곳에 온 것이었다. 나는 안도의 한숨과 함께 득 목사 교인이라는 오토바이 기사를 믿지 않고 의심한 것이 미안했다.

하지만 라오스를 다닐 때는 한시도 긴장을 멈춰서는 안 된다. 한번은 랑구 소망교회 헌당 예배를 드리러 올라가는 길이었다. 라오스 국경을 지나 라오스 소수 부족이 사는 마을로 올라가야 했다. 길이 없어 우리가 걷는 길이 바로 길이었다. 길 곳곳에는 소똥이 깔려있어 잠시 한눈을 팔면 그 똥에 몸이 미끄러져 낭패를 당하게 되니 조심조심 걸어야 했다. 어렵게 산길을 지나 교회에 도착해 기공 예배를 드리게 됐다. 벌써 어둑어둑해져서 창고 같은 곳에서 전등불 하나만 켜놓고 기공 예배를 드렸다. 한국에서 온 목사님이 설교를 하는데 전기가 나갔다 들어왔다 말썽이었다.

마지막 순서가 다가오고 있는데 갑자기 우리 스태프 중 한 사람이 "경찰이에요, 경찰이 왔어요!" 하는 것이었다. 순간 긴장감이 감돌면서 이내 아수라장이 되었다. 그런데 갑자기 이에 맞추어 오락가락하던 전기가 아주 나가버렸다. 캄캄해서 아무것도 보이지 않았다. 이럴 때는 오히려 전기가 나간 것이 감사했다.

캄캄한 틈을 타 우리 일행은 피신하기 시작했다. 가장 먼저 득 목사가 달려가면서 나보고도 얼른 도망가라고 했다. 나는 이곳 산족교회 전도사의 오토바이에 탔는데 산의 비탈길을 날아가듯 달리는 것이 마치 곡예사 같았다. 그 산길을 어떻게 그렇게 빨리 달릴 수가 있을까 싶을 정도였다.

다행히 나머지 일행들도 현장을 잘 피신해 문제는 생기지 않았다. 아마 외국인으로 보이는 우리가 몰려서 산 쪽으로 가니까 누가 신고를 한 것 같았다. 만약 이때 전깃불이 나가지 않아 모두 붙잡혀 갔다면 그 이후 어떻게 되었을지는 아무도 모르는 일이었다. 이렇게 라오스 선교도 늘 긴장의 연속이었다.

라오스 선교에서는 또 이런 일도 있었다. 라오스에서 사끼 지구촌교회 헌당 예배를 드리고 다시 라오스 국경을 넘어올 때의 일이었다. 국경 사무실에서 조사를 받는 데만 3시간 정도가 걸려 진을 뺐다. 비행기를 타지 않고 국경을 이용한 것이 후회스러울 정도였다. 조사를 다 받고 나오는데 밤이 되어 캄캄했고 비가 억수같이 내리고 있었다. 마치 공포영화처럼 스산함이 느껴지는 분위기였다.

우리 일행이 출발했는데 갑자기 뒤에서 경찰차 2대가 우리를 쫓아오는 것이 아닌가. 뭔가 심상치 않은 느낌이 들었는데 예상이 맞았다. 확성기로 "거기 서라!"라고 했다. 결국 경찰차 한 대가 우리가 탄 승합차를 가로막았다. 뒤 경찰차는 우리가 서자 뒤쪽에 바짝 붙어 포위하더니 무섭게도 공안들이 내려 총까지 겨누었다.

또 무슨 일인지 사실 겁이 덜컥 났다. 우리는 얼른 갖고 있던 성경책을 의자 밑으로 숨기고 선교 관련 물건도 치웠다. 함께 탔던 일행들은 3시간이나 국경에서 기다리느라 지친 상태인데 또 무슨 트집을 잡을까 걱정이 태산이었다.

경찰은 내부를 그냥 쑥 훑어보더니 기사에게 트렁크를 열라고 지시했다. 그리고 트렁크에 있는 우리 가방 몇 개를 꺼내 조사했다. 제발 아무것도 발각되지 않기를 우리 모두 차 안에서 숨죽여 기도했다.

잠시 후 운전사가 가방들을 다시 트렁크에 싣고 들어왔다. 경찰에 따르면 마약을 실은 차가 국경을 넘었다는 신고가 있어 우리를 조사한 것이라고 했다. 당연히 마약이 없으니 혐의를 벗은 것이다. 우리는 선교 활동에 따른 조사인지 알고 마음을 졸인 것인데 참으로 다행이었다. 우리를 단순한 라오스 여행객으로 봐준 것이다.

이렇게 라오스 국경을 넘을 때마다 늘 긴장의 연속이었다. 방심은 금물이다. 하나님의 일은 힘들다고 주저하면 안 된다. 비라카미 지역은 선교에 늘 어려움이 따랐다. 공산권이기 때문이다. 그러나 선교 활동에 담대히 나가면 하나님께서 눈동자같이 우리를 지켜주시곤 했다.

하나님께 모든 걸 의지하고 강하게 나갔을 때 결과는 언제나 승리였다. 고난과 고통은 따라도 결국에는 승리할 것을 믿기에 모든 것을 능히 이겨낼 수 있었다.

#32
킬링필드 캄보디아를 향한 선교 열정

비라카미 4개국 중의 하나가 캄보디아다. 캄보디아는 4개국 중 가장 선교문이 열려있는 국가라고 할 수 있다. 선교사 활동이 비교적 자유로우니 수많은 선교사들이 들어가 많은 사역을 펼치고 있다. 일설에 의하면 캄보디아에서 선교사라고 말하며 활동하는 이가 2300명이나 된다고 하고 한국인은 2000명이 넘는다는데 확인된 사실은 아니다.

사실 한국인 선교사 중에는 하나님으로부터 사명을 받거나 복음 전파의 열정이 타올라 선교사로 온 것이 아니라 피치 못해 또는 목회가 힘들어 떠밀리듯 온 선교사도 있고, 선교보다 비즈니스에 더 관심이 많은 이들도 있다. 어찌되었든 선교사가 많은 것은 좋은 것이라 여기고 긍정적으로 보려고 한다.

캄보디아는 수천 년 동안 외세의 침략을 받았을 뿐 아니라 20세기

캄보디아 시엠립 톤레사프 호수에 선상교회를 개척해 기공 예배를 드리는 모습

에 들어와서도 내전으로 수십 년 동안 총소리와 포탄의 세례 속에 살다
가 크메르 루주군이 1975년 집권했다. 이 정권은 1979년까지 폴포트
가 극단적인 공산주의 실현을 위해 자행한 대학살 킬링 필드(Killing
Field)로 더 유명하다. 이들은 캄보디아 전 인구의 25%인 250만 명을
살해한 정권이었고 그 유골로 탑을 쌓은 기념관에 가보면 인간이 얼마
나 잔학해질 수 있는가를 깨달아 몸서리치게 된다. 공산주의를 실현하
기 위하여 지식인, 자본가, 공무원을 대상으로 대학살을 저지른 것이다.
여기에 수많은 기독교인도 포함됐다.

　이 사건은 가난한 자가 있는 자를 대상으로 자행한 철저한 보복이었
다고 할 수 있다. 대학의 문을 닫고 토지대장을 태우고 책을 불태웠다.
그 결과 캄보디아의 인재가 다 사라져서 선생이 없고 나라를 이끌 지도
자가 없으며 결국 세계의 최빈국 중의 하나가 되었다.

지금은 입헌군주제로 전환하여 왕은 국가의 상징이고 총리가 나라의 행정을 총 책임지고 나라를 이끌고 있지만 아직도 세계 각국으로부터 차관이나 무상 원조를 받고 있다.

캄보디아의 개신교 선교 역사는 1923년에 미국 선교사 아서 해먼드(Arthur Hammond) 목사 부부가 프놈펜에 도착하여 성경 번역 작업을 시작한 것으로 비롯되었다. 같은 해 데이비드 엘리슨 목사 부부가 처음에는 바탐방에서 목회자 양성을 위해 성서학교를 열었다가 후에 프놈펜으로 옮기게 되었다. 이 두 선교사가 1965년까지 캄보디아 인구 2000여 명을 기독교인으로 만드는 데 기여한 것으로 알려져 있다.

1953년에 프랑스로부터 독립한 후 시아누크왕과 기독교는 좋은 관계였으나 공식적으로 인정은 받지 못했다. 결국 크메르 루주 정권의 몰락으로 숨어 있던 기독교가 부활하고 외국 선교 단체들의 선교가 재개됨으로써 선교가 크게 활성화되었다. 그러나 여전히 불교가 82%를 차지하고 이슬람교가 4%, 기독교인이 2.5%에 불과해 지속적인 선교가 요구된다.

2003년에 비라카미신학교 1회 졸업생 5명을 데리고 캄보디아 시엠립(시엠레아프)을 방문했다. 이제는 베트남 신학생들도 인근 국가인 캄보디아의 영혼 구원에 대해 안타까움을 느끼고 이를 위해 기도하며 선교해야 한다는 것을 가르치기 위한 여행이었다. 일종의 땅 밟기 선교였던 것이다.

이때도 캄보디아는 베트남에 비해 훨씬 더 못살았다. 신발을 신은 아이들을 찾아보기 힘들었고 어디를 가나 손을 내미는 거지들 때문에 길을 다니기 힘들 정도였다.

공항 입국 세관도 얼마나 허술한지 한국의 시골 버스 대합실 같았다. 비자 발급비를 20불씩 받았는데 5불만 더 내면 VIP로 대우해 바로 통과시켜 주었고, 일반 입국 수속을 밟을 때도 1불을 줄 때까지 직원이 여권을 잡고 꼼지락거렸다. 아예 정부에서 돈을 받을 수 있게 허락해주는 것 같았다.

베트남의 신학교 졸업생들과 하루 6불짜리 게스트 하우스에 들어가 짐을 풀고 식사는 직접 해서 먹었다. 인원이 많아 매끼 식사를 사먹을 수 없었기 때문이다. 아침을 해서 먹고 시엠립 시내로 나가 땅 밟기를 하며 기도했다. 점심 무렵에 다시 게스트 하우스로 들어와 점심을 해 먹고 다시 오후에 시내로 가서 땅 밟기를 하는 일정이었다. 나는 졸업생들에게 이것이 바로 '여리고성 작전'이라고 기도 내용도 알려 주었다. 여러분은 지금 불교 우상으로 가득 찬 캄보디아가 복음을 받아들여 하나님을 믿는 기독교 국가가 되도록 기도하라고 했다.

"하나님, 저희가 복음을 모르는 캄보디아에 왔습니다. 베트남과 이웃하며 엄청난 시련과 고통을 겪은 캄보디아의 영혼들입니다. 이들을 불쌍히 여겨주시고 우상을 믿는 것에서 벗어나 하나님을 뜨겁게 만나게 해 주시옵소서. 그리하여 앙코르와트의 신이 무너지게 하시고 그리스도의 복음이 편만하게 퍼져 이 땅을 구원하여 주시옵소서."

그러다가 길거리 노점에서 빵을 파는 베트남 말을 하는 남자를 만났다. 베트남이 캄보디아를 점령했을 때 이곳으로 이주해온 베트남 사람이 많았던 이유이기도 했는데, '소판'이란 이름의 이 40대 초반의 남자에게는 특별한 사연이 있었다.

"저는 크메르군과 전투할 때 베트남 군인으로 참전했다가 캄보디아 처녀를 만나 사랑에 빠졌답니다. 사랑하는 여자를 두고 베트남으로 돌아갈 수 없어 여기에 그냥 남았지요. 탈영병이 되어 고국에 가면 처벌을 받을 테니 가지 못하고 아내와 살다 보니 자녀를 7명이나 낳았습니다. 그런데 제가 연고가 없다 보니 빵을 만들어 팔지만 너무 가난해 아이들과 아내에게 늘 미안하네요."

소판은 월세 15불을 내고 셋방살이를 하는데 그곳은 원두막처럼 허름했다. 기둥만 세우고 지붕만 두른 형태였다. 주방도 없어 돌 세 개를 놓고 불을 때서 요리를 하는데 요리한 냄비째로 온 가족이 둘러 앉아 식사를 했다. 베트남어가 통하는 소판을 놓고 1기 졸업생들은 돌아가며 예수님을 전하고 구원의 중요성을 설명했다. 동족인 베트남인들이 하는 말에 소판은 점점 귀를 기울이더니 결국 예수를 영접했고 이에 모두 환호성을 질렀다.

그런데 소판은 일반적인 베트남 사람들에 비해 유난히 얼굴이 검은 편이었다. 알고 보니 그는 비단을 팔던 중국계 베트남 아버지와 베트남에 여행 온 파키스탄 어머니가 만나 자신을 낳았다고 했다. 우리는 소판이 캄보디아어와 베트남어를 자유자재로 구사하니 그를 잘 훈련시키면 현지 선교에 유용할 것이라 보고 베트남에 건너와 비라카미신학교에 입학하도록 권유했다. 대신 가족의 생활비는 아주 최소한으로 지원해 주겠다고 약속했다.

결국 소판은 비라카미신학교 기숙사에 머무르며 공부를 마쳤다. 그 사이 가족이 보고 싶어 안 되겠다며 몇 번 돌아간 것을 다시 설득해 데려오기도 했고 신학 공부를 중단하겠다는 것을 간신히 막았다.

우리는 신학 공부를 마친 소판을 캄보디아 선교사로 파송키로 하고 교회를 지었다. 2층이 교회이고 1층은 소판이 살도록 살림집으로 꾸며 주었다. 비라카미신학교 7기로 졸업한 소판은 사역을 잘하고 있는 것으로 안다. 하나님은 또 나를 캄보디아에 강제적으로 가도록 해 교회가 필요한 지역에 놀랍고도 빠르게 교회를 세우게 하셨다. 참 기적적인 일이 많이 생겨나곤 했다.

2004년에 부산 영락교회에서 온 선교팀 22명의 비전 트립을 잘 안내해 공항 배웅까지 마치고 선교센터에 오니 밤 11시가 넘었다. 그런데 대문 밖에 설치한 카메라 영상에 경찰 10여 명이 와서 서성이고 있었다. 그 정도 인원이면 단순히 동네 파출소에서 온 것이 아니었다. 그들은 문을 열고 내 방까지 순식간에 들어오더니 신발을 신은 채로 이곳저곳을 둘러보며 실내를 살폈다. 나는 화를 벌컥 냈다.

"여기는 집 안이오. 어디서 신발을 신은 채로 다니는 것이오. 당장 신을 벗으시오. 당신들은 집 안에서 신발을 신고 다니시오?"

서슬 퍼런 나의 목소리에 그들도 기가 죽는 것 같았다. 그날 온 공안은 13명이나 되었다. 그때 나는 신학대학교 졸업 사진을 정리하고 있었는데 공안이 들이닥친 것이다. 그 사진을 보면 내가 교회를 세우고 신학교를 운영하는 것이 바로 들통 나며 증거물까지 주는 셈이 되니 아찔했다. 그 사진을 그들이 보면 내가 또 잡혀가는 것은 물론 어떤 처벌이 떨어질지 몰랐다. 정말 피가 바짝바짝 말랐다. 일단 옆에 있는 신문지로 사진을 가리자마자 공안들이 방을 수색하면서 내게 나가 있으라고 하는데 이제 끝장이다 싶었다. 문밖에서 얼마나 간절하게 기도했는지 모른다.

그런데 참으로 놀라운 일이 일어났다. 하나님께서 저들의 눈을 가려주신 것이 분명했다. 한참을 이것저것 뒤졌는데도 방바닥에 있던 사진도 보지 못하고 여러 중요한 서류들도 보지 못한 채 그냥 나가버렸기 때문이다.

이렇게 신고가 들어올 때마다 가택 수색을 자주 하던 그들에게 불같이 화를 냈다. 공안들을 자주 만나다 보니 두려운 마음이 사라지고 오히려 담대해졌기 때문이다.

"여보세요. 당신들은 밤에 잠도 자지 않나요. 이렇게 늦은 시간에 불쑥 오면 큰 실례 아닌가요. 우리는 당신네 베트남인들이 병원이 없어 고통받는 것을 알고 의료 지원을 해주고 있는 사람들입니다. 신고가 들어온다고 아무 때나 이렇게 불쑥불쑥 찾아오는 것은 아니지요. 찾아오는 것은 좋은데 낮에 오세요. 그리고 누가 왜 신고했는지도 알려주세요.

자꾸 이러면 베트남 정부에 정식으로 항의하겠습니다."

나의 강력한 항의가 먹힌 것 같았다. 그날 이후 수색과 취조가 거의 사라지고, 오더라도 미안해하는 기색이 역력했다. 이 일을 계기로 나는 하나님의 일을 하면서 필요에 따라 담대하게 나가야 한다는 것을 배우게 되었다.

이후에는 저들이 조심스레 찾아와 상부의 지시로 어쩔 수 없이 온 것이라고 말하기도 했다. 지금 생각하면 내가 강한 영권으로 그들을 제압했기에 고분고분해진 것이 아닌가 생각되기도 한다.

한번은 또 공안이 들이닥쳐 떵빈경찰서로 이송되었고 이틀간이나 심문을 받았다. 늘 같은 내용의 질문이었다. 왜 베트남에 와서 종교법을 위반하고 교회를 세우고 복음을 전하느냐는 것이었다. 기독교를 모르는 저들이 내 대답을 이해하지 못하는 것은 당연했다. 그런데 분위기가 안 좋았고, 돌아가 있다가 부르면 다시 오라고 하며 일단 풀어 주었다.

그런데 모두들 경찰의 2차 심문이 있기 전에 가까운 캄보디아에 있다가 좀 잠잠해지면 돌아오는 게 좋겠다고 말했다. 소나기가 올 때는 일단 피하는 것이 상책이라는 것이다. 나도 그 말에는 순응하기로 해 캄보디아로 건너갔다. 그리고 계속 센터와 연락하며 잠잠해지기를 기다린 기간이 3개월이었다. 이때 하나님께서는 캄보디아에 무려 9개의 교회가 세워지게 섭리하셨다. 놀라운 기적이었다.

나는 캄보디아에 온 뒤 호텔에만 있지 않고 캄퐁톰 지역을 여행하다가 한 지하교회 집회에 참석하게 되었다. 이 집회는 캄보디아 기독교 박해 가운데서도 신앙을 지킨 쏭쌩 목사가 주최한 것이었다. 그는 움막집을 예배당으로 만들어 순회 예배를 드리고 있었다. 이곳이야말로 모두 교회 설립이 필요한 곳이라는 감동이 왔고 크게 짓지 않아도 돼 건축비도 작아서 이 세 곳에 모두 교회를 지어주기로 했다. 쏭쌩 목사는 너무나 감격해하며 말을 잇지 못했다. 그 결과 후원하는 교회들의 이름과 지역명을 연결한 따뿌락지구촌교회, 폼레우동막교회, 서스다이동막교회가 탄생했다.

그러나 이 교회만으로 주님은 만족하지 않으셨다. 이미 건립되어 소판이 목회하는 시엠립비라카미교회를 비롯하여 쿡누눌안디옥교회, 스락스랑교회, 폼피엣나눔의교회, 칠곡선상교회, 시엠립중앙교회도 차례로 세우게 되었다. 놀라운 하나님의 섭리였다.

아울러 캄보디아 시엠립 톤레사프 호수에 4개월간의 공사 끝에 지은 선상 교회도 잊을 수가 없다. 톤레사프 호수에서 선상 생활을 하는 20만여 가구 가운데 90%가 베트남 보트피플이었다. 베트남 비라카미신학교 1기 졸업생인 흐뚜이 전도사가 파송되어 헌신적인 목회를 함으로서 톤레사프 호수 선상 주민들이 복음을 받아들고 이곳에 감격적인 선상 교회가 설립돼 준공 예배를 드린 것이다. 이 선상 교회가 세워짐으로 40여 년 동안 호수 위의 낡은 배에서 생활해온 가난한 영혼들도 주일이면 이 교회배로 몰려와 함께 예배드리고 찬양하며 하나님을 높여드릴 수 있게 되었다.

우리는 현재 프놈펜에 3곳, 시엠립에 15곳 등 캄보디아에 교회 18곳을 설립했다. 베트남과 인접한 나라여서 비라카미신학교 졸업생 23명이 파송되어 사역하고 있다. 아울러 우리는 프놈펜에 기독교방송국을 설립할 계획도 모두 마쳤다. 베트남에 먼저 뿌려진 복음의 씨앗이 인근 나라 캄보디아로 퍼져 나갔고, 계속해서 인도차이나 전 지역에서 복음의 나팔 소리가 울려 퍼지리라 믿어 의심치 않는다.

이후 우리의 활동을 본 캄보디아 훈센 총리가 150만 평의 땅을 기증해 주었다. 이곳에 우리는 큰 그림을 그리고 있다. 국제학교, 양로원, 병원, 보육원 등을 이곳에 설립해 대규모 복지 타운을 설립하는 꿈이다. 그래서 이곳이 베트남, 라오스, 미얀마까지 복음의 실크로드를 연결하는 장소로 쓰임받게 되리라고 믿는다.

누군가 이 이야기를 들으면 허황되다고 할지 모른다. 그러나 하나님이 하시면 된다. 하나님이 이루시면 된다. 하나님이 역사하시면 기적이 일어난다. 그 기적의 이야기가 바로 지금, 캄보디아에서도 써 내려져 가고 있다.

33
나환자촌에 세워진 나뜨랑 누이쌍교회

1969년에 내가 베트남에 십자성부대 소속으로 파병되어 근무할 때 민사(民事)작전이라는 것을 전개했다. 이것은 우리 한국군이 어렵게 지내는 베트남의 주민들에게 구호품을 지급함으로써 한국군과 우호적인 관계를 맺도록 만드는 작업이다.

당시 한국군은 베트콩에 포섭된 주민들의 공작에 말려 공격당하고 목숨을 잃는 사례가 많았다. 따라서 현지인들에게 좋은 한국군의 이미지를 심어주는 것이 꼭 필요했다. 민사작전은 주로 군인들이 먹는 미제 시레이션 박스와 쌀 등을 나누어 주거나 다 쓰러져 가는 집을 공병대가 나서서 지어주는 것 등으로 진행되었다.

우리 십자성부대가 있던 근처에 한센병 환자들이 모여 사는 마을이 있었다. 베트남 정부가 나환자들을 격리시키기 위해 마련한 집단 거주지로 치료를 위한 병원도 있었다. 당시 부대원들은 이곳에 민사작전을 나가는 것을 꺼렸다. 나환자와 접촉하는 것을 좋아하는 사람은 없겠지만 나는 이곳도 도움이 필요할 것이라 여겼다. 그래서 이 마을을 자주 찾아가게 되었다.

나는 그 나환자촌 병원에서 냐짱신학교를 졸업하고 나환자들을 위해 봉사하는 한 처녀를 만나게 되었다. 레오라는 이름의 그녀는 신학교를 다닐 때 이곳에 우연히 봉사를 하러 왔다가 흉측해진 몸으로 어렵게 살아가는 나환자들을 보고 이들을 위해 일생을 바칠 것을 서원했다고 했다.

당시 나는 그녀가 나환자들을 위해 천사처럼 헌신하는 것을 보며 큰 감명을 받았다. 나라면 도저히 할 수 없을 사랑을 그녀는 환자들에게 조건 없이 베풀고 있었다. 나는 이곳에 민사작전을 나오면 특별히 그녀가 하는 일을 적극 돕고 지원 물품도 더 챙겨주곤 했다.

이런 기억이 아직 생생해 베트남 선교사로 온 지 3년이 지난 1993년 봄에 이곳 나트랑신학교 터를 방문했다가 이 마을도 들러보게 되었다. 25년 만에 찾은 한센마을은 예나 지금이나 여전히 가난하게 사는 것 같았다. 아니 더 열악했다. 주변 환경도 달라지긴 했지만 몰라볼 정도는 아니었다.

여전히 몸이 성치 않아 흉하게 보이는 나환자들이 이곳저곳에서 농사일을 하고 있었다. 옛날 민사작전을 하던 생각을 하며 주위를 살피는데 어느 한 허름한 민가에서 찬송가가 들려왔다. 그곳으로 발걸음을 옮겨가 보니 찬송을 틀어놓고 여인 몇 명이 애절하게 기도하는 모습이 보였다.

기도가 끝나기를 조용히 기다렸다가 문을 두드려 인기척을 냈다. 함께 있던 몇몇이 나를 경계하는 눈빛이 역력했다. 나는 이들이 기독교인인 것을 확신하고 마음을 놓도록 대화를 시작했다.

"안녕하세요. 저는 예수 믿는 따이한입니다. 예전 전쟁할 때 제가 이곳에 왔던 곳이라 한번 들러 보았습니다."

그러자 한 여인이 벌떡 일어나 나를 쳐다보더니 내 눈과 딱 마주쳤다. 그 여인은 바로 레오였다. 그 당시 레오는 신학생이었다. 25년 전의 그녀는 앳되고 아리따운 처녀였는데 지금은 중후한 중년여성이 되어 있었다. 그래도 곱게 늙었다는 생각이 들었다.

"25년 전 십자성부대에서 이곳으로 봉사 나왔던 장주석 병장입니다. 당신은 저를 기억하시는지요."

내가 그녀의 이름까지 정확히 말하며 반가워하자 그녀도 두 팔을 벌려 내 손을 잡았다. 이제야 기억하는 것 같았다. 바로 눈가가 붉어지면서 촉촉해졌다.

"기억납니다. 주말에 오셔서 늘 도와주던 군인이시죠. 정말 반갑습니다. 어떻게 이렇게 오랜만에 오셨는지요."

그녀는 이제 나이가 53세라고 했다. 그러나 여전히 결혼을 하지 않고 혼자의 몸으로 이곳에서 사역을 하고 있었다. 내가 예전에 보았을 때는 마냥 어리게 보였던 그녀였는데 나보다 10살이나 위였던 것을 이제야 알게 되었다.

그녀는 그 사이 마을에 많은 변화가 있었다고 했다. 예전에는 교회도 있고 예배도 드렸으나 공산화된 이후 교회가 폐쇄되고 기독교인은 숙청되었다고 한다. 예배도 눈치를 보며 드려왔다고 했다.

이제는 어느 정도 자체 예배를 드리는 것은 허용되는 것 같은데 교회가 없어 집에서만 예배를 드리고 있다고 했다. 예배드릴 성전이 생길 수 있길 계속 기도하고 있다고 했다. 나는 순간 하나님이 내 발걸음을 왜 이곳으로 인도하셨는지를 깨달았다. 이곳에 하나님의 전, 교회가 들어서야 했던 것이다.

한센병이라는 고통스러운 질병으로 격리되어 살아가는 이들에게 복음은 희망이고 빛이며 세속의 아픔을 넘어서게 만드는 해방구일 수 있다. 그러므로 이들에게 마음껏 찬양하고 주님을 경배할 수 있는 교회는 정말 꼭 필요한 선물이 아닐 수 없었다.

"레오 전도사님. 저는 주님의 명령을 받고 베트남에 선교사로 파송되어 왔습니다. 저와 손잡고 기도하면서 이 마을에 교회가 지어질 수 있도록 함께 노력해 봅시다. 하나님은 부자이시니 우리가 기도하면 응답해 주실 것입니다."

그리고 이곳 교회에 얼마 지나지 않아 하나님이 후원자를 보내 주셨다. 대구의 반야월중앙교회가 내 집회 설교를 통해 은혜를 받고 자원해 교회를 짓겠다고 나서 주었다. 그 교회의 N 목사님은 자신이 갖고 있던 적금과 보험까지 다 헐어 4만 불을 내게 헌금해 주었다. 나는 이 돈에 맞추어 교회를 지을 수도 있고 그것으로도 충분했지만 사람들이 업신여기며 외면하는 한센병 마을에 보란 듯이 건축비를 보태 더 큰 교회를 지어주고 싶었다. 큰 교회를 통해 이들에게 자부심을 심어주고 복음이 더 많이 확산될 수 있도록 입을 크게 열었다. 마을 전체 주민이 다 들어와도 될 정도의 큰 규모로 교회를 짓기로 했다. 따라서 예상 건축비도 8만 불이나 들었다.

내가 부족한 교회 건축비를 이리저리 모금해 와서 짓느라 교회 완공 시점은 2년이 훌쩍 넘어 3년 가까이 되고 말았다. 그러나 교회가 완공됐을 때 300여 명의 마을 주민과 이곳 성도들은 입을 떡 벌리며 감격과 감사의 눈물을 하염없이 흘렸다. 지금은 600여 명의 신자가 예배를 드리고 있다.

인건비가 부족할 때 한센병 환자들이 불편한 몸으로 벽돌도 나르고 돌도 깨며 교회 건축에 혼신을 다해 도왔다. 이렇게 한센촌 주민들의 열정과 힘이 보태어져 드디어 교회 준공 마무리를 하고 예배를 드릴 수 있었다.

지금 이 교회는 내가 지은 그 어떤 교회보다도 아름답고 멋있다. 이곳 주민들이 교회를 마치 자기 집처럼 여겨 정원을 가꾸고 보살필 뿐 아니라 한순간도 기도가 끊이지 않는 은혜의 장소로 사용하기 때문이다.

나는 요즘도 이곳 교회를 찾으면 울컥 하는 감동과 함께 감사 기도가 저절로 나온다. 이 아름다운 교회가 있기까지 전 재산을 아낌없이 내놓은 N 목사님과 불편한 몸을 이끌고 교회 건축에 나선 한센병 마을 주민들의 열정이 함께 오버랩되기 때문이다. 그리고 평생을 몸 바쳐 나환자 복음화에 앞장선 레오 전도사의 얼굴도 겹쳐진다.

이제는 나환자 마을의 큰 자랑이 된 이 교회를 통해 나는 이곳의 복음화가 머지않아 완전히 이뤄질 것이라 믿으며 이곳 교회를 위한 기도의 끈을 놓지 않고 있다.

34
럼동성에 세워진 아가페기도원

    베트남 럼동성 달랏(dalat)은 휴양 도시다. 프랑스 식민지 시절, 베트남에 온 프랑스인들이 휴양지로 개발한 지역이다. 그래서 일부 건물이 아기자기한 프랑스풍으로 지어져 유럽 분위기가 물씬 난다.

    프랑스인들이 이곳을 휴양지로 개발한 가장 큰 이유는 이곳이 해발 1500m의 고산지대라 날씨가 연중 시원하고 아름다운 자연경관을 보존하고 있기 때문이다. 현재는 베트남인들의 신혼여행지로 각광받고 있다. 그래서인지 베트남 바오다이 왕의 별장도 있고, 티우 대통령 별장도 있었다. 군 고위 장성들의 별장도 이곳에 지어져 무더위가 가장 기승을 부리는 4~5월이 되면 이곳으로 피서를 와 지내곤 했던 것 같다. 요즘은 달랏이 한국인들도 많이 찾는 여행지가 되고 있다.

    나는 이곳 럼동성을 베트남에 사역하러 온 초기부터 자주 오게 되었

아가페 기도원의 내부 전경. 베트남 지도 형태의 인공연못과 정원, 기도굴의 모습이다. 이 곳이 베트남 성령 운동의 본거지가 되길 뜨겁게 기도하고 있다.

다. 그 이유는 이곳에 사는 소수 부족 전도를 위해서였다. 소수 부족은 국적도 없이 베트남 사람들에게도 무시당하며 원시적인 삶을 살고 있어서 내가 더 신경을 쓰며 선교를 했던 것 같다. 소수 부족인 이들은 생김새가 키도 작고 얼굴도 검은 편인데다 사교성도 부족해 더 무시를 당하는 측면도 있었다.

나는 이곳을 선교하러 다니면서 이곳에 교회도 세우고 자주 오가는 중에 베트남에서 자신도 선교 사역을 하다가 일생을 마치고 싶다는 70대의 한 어르신을 밀양기도원 부흥 집회를 통해 만나게 되었다. 그분은 자신도 월남전에 참전해 5년간 고문관으로 일했다고 하였다. 나는 그분의 순수한 열정을 뿌리치기 힘들어 베트남으로 오시게 했고 호치민 센터에서 2년간 양육을 한 뒤 날씨가 좋은 이 달랏산족교회에 머무르며 선교를 하시도록 했다.

그런데 그분이 이곳에 살면서 당시 고등학교 3학년생이던 껌벙을 전도하기 위해 영어를 가르쳐준다는 명목으로 계속 만났다. 그런데 껌벙 아버지로부터 혹시 자기 딸에게 흑심을 품고 그분이 그러한지 의심을 사게 되었다. 그래서 어르신을 죽이겠다고 흉기를 들고 교회를 찾아온 웃지 못할 사건이 있었다.

이에 내가 중간에 나서서 호치민대학에 입학하고 싶어 하는 껌벙에게 내가 장학금을 주고 생활비와 월급은 물론 한국에 유학까지 보내주겠다고 제안했다. 나는 이 껌벙을 앞으로 내 사역에 큰 도움을 줄 인재로 보았기 때문이다. 그 대신 껌벙 부모에게 예수를 믿어야 한다고 조건을 달았다. 자신들의 형편으로 대학 학비를 댈 수 없다는 사실을 너무나 잘 아는 껨벙 부모는 결국 이를 승낙해 주었다. 그 결과 껨벙 아버지는 자신이 가져온 낫을 내려놓고 엎드려 기도를 받았다.

예수를 믿게 된 껨벙은 우리 센터의 지원으로 호치민대학 경제학과를 졸업한 뒤 비라카미신학교를 5기로 졸업했다. 또 연세대학교에서 한국어를 공부했고 이어 총신대 신학대학원을 마친 뒤 숭실대학교 사회복지학과 석사과정도 마쳤으며 지금 나와 선교사로 열심히 동역하고 있다. 내가 본 대로 명석해 공부를 아주 잘했다. 하나님께서 껨벙 자매를 통해 베트남에서 갖가지 일을 잘 처리하게 하며 도움을 주니 얼마나 감사한지 모른다. 그녀는 선교사로 한국과 베트남을 오가며 나를 도와 여전히 열심히 사역 중이다.

껨벙 아버지의 직업은 베트남 장성이 소유한 별장을 지키는 별장지기였다. 2헥타르, 약 6600평이나 되는 별장 땅에는 커피밭이 있고 각종 나무가 심겨 있으며 목조건물로 별장도 잘 지어져 있지만 오래되어 보수가 필요했다. 이곳은 고랭지라 커피나무가 잘 자라 질 좋은 커피가 많이 생산되는 곳이었다.

나는 그곳에 우연히 가 보았다가 그곳이야말로 기도원으로 최적의 장소라는 느낌이 확 다가왔다. 모든 조건이 다 완벽했기에 나는 바로 기도에 들어갔고 결국 껨벙 아버지가 별장지기였기에 좋은 조건으로 2012년에 이곳 땅을 매입할 수 있었다.

나는 이곳을 기도원으로 잘 꾸미는 데 최선을 다했다. 내부 조경을 잘하고 숙소도 따로 추가로 지었다. 베트남 지도 모양의 연못도 만들고 성전과 기도실도 들였다. 그러나 이곳은 산족이 사는 지역이라 종교적인 활동을 하면 안 되는 곳이기에 농장으로 사용한다고 신고했다.

많은 선교사님들과 선교차 베트남에 온 선교팀과 자원봉사자들의 손길이 이곳에 투입되었다. 그리고 드디어 아가페기도원이란 이름으로 2013년에 기도원 개원 감사 예배를 드렸다. 베트남 정부로부터 공식적으로 기도원 설립 허가를 받을 수 없는 상황에서 영적으로 황폐하고 우상이 점령한 이 땅에 하나님의 거룩한 기도처가 처음으로 생긴 것은 역사적으로 의미가 크다.

나는 개원 예배에 모인 사람들 앞에서 "아가페기도원은 베트남 선교를 위한 중보기도를 모으는 영적 전진 기지가 될 것"이라며 "선교사들이 영적으로 고갈되면 이곳에 와서 기도해 재충전받고 또 훈련 장소로 사용할 것이며 베트남 기독교인들도 사용할 수 있도록 하겠다."라고 말했다. 또 "커피 농사를 비롯한 각종 농업으로 생계를 이어가는 가난한 소수 부족들을 복음화할 수 있는 귀한 농업 선교지"라고 소개했다. 나는 이곳을 사역지로 발전시켜 나가면서 유명한 가나안농군학교의 운동도 여기에 접목하고 있다.

동나이성 지역 기독교 총책임자인 떤 목사도 이날 기도원 개원 예배에 참석해 주었다. 그는 축사를 하면서 "베트남 사람들도 접근하기 힘든 소수 부족 마을에 한국인 선교사가 들어와 교회를 건축하고 산지에 기도원까지 세운 것은 참으로 놀랍고 감사한 일"이라며 "앞으로 이곳을 모델로 베트남에도 계속 기도원이 세워져 기도의 불길이 일어나길 소망한다"라고 말했다.

아가페기도원은 베트남 교회 목회자들을 위한 영성 수련회 및 세미나 등을 개최하고 평신도들도 수시로 찾아와 기도할 수 있는 처소로 개방한다는 계획을 세우고 있다.

이후 아가페기도원은 지역적 특성 때문인지 개원 후부터 경찰로부터 여러 차례 내부 조사를 받았다. 이곳을 관리하는 껨벙 부모와 한국 선교사님들이 경찰로 붙잡혀가서 조사를 받고 풀려나기도 했다.

나도 어느 주일날 아침 예배를 드리려고 기도원 인근 까람남대문교회 주일예배에 참석해 설교하고 성찬식까지 하고 나오다가 경찰에게 붙잡혀 하루 종일 조사를 받고 풀려난 적도 있었다. 체포된 이유가 이 아가페기도원 운영에 대한 조사였는데 하나님께서 지혜를 주셔서 잘 대답을 해 구속은 당하지 않았다. 그러나 요주의 인물로 찍혀 있어 늘 관리 대상인 것은 알고 있다.

나는 경찰에게 조사를 받을 때 아가페기도원은 농장으로 신고 허가가 났기에 이곳에서 소수 부족들을 데려다 일당을 주고 일을 시킨다고 대답한다. 실제 소수 부족들을 데려와 일을 자주 하기도 한다. 나는 소수 부족이 이곳에 일하러 올 때 아이들을 데려오라고 한다. 기도원에 아이들이 좋아할 만한 동물 모형과 원숭이 등 동물도 있어 재미있게 놀수 있도록 준비해 놓았기 때문이다. 이들이 우리와 친숙하게 지내고 우호적인 관계가 형성되는 것이 선교와 전도의 지름길이다.

그래도 이곳은 종교법이 강하게 적용되는 지역이라 스태프들이 늘 긴장하며 더 많이 기도하는 장소이다.

한국에서 온 선교팀들이 이 아가페기도원에 들르면 세 번 놀란다. 먼저 쾌적한 기후에 놀라고, 이런 산속에 이렇듯 큰 규모의 기도원이 있는 것에 놀라고, 마지막으로 이곳에서 아침저녁으로 드려지는 뜨겁고 성령 충만한 예배에 놀란다.

기도원 끝자락에는 베트남에서 선교 사역을 열심히 하다가 숨진 선교 사들의 순교자 묘역도 조성되어 있다. 현재 박지선 선교사와 박승철 선교사가 안장되어 있지만 결국 나도 이곳에 묻힐 것이다.

그리고 이곳에 한국인 선교사 세 분도 머물며 귀한 기도원 사역에 동참하고 계신다. 바로 이정현 선교사, 서정민 선교사, 하경순 선교사다. 나이가 있는데도 넓은 기도원을 위해 몸으로, 기도로 헌신하고 있어 감사하다.

한 가지 더 감사한 것은 자기 딸의 사상이 변질되도록 했다며 죽이겠다고 달려온 껌벙의 아버지와 어머니가 이제 이 기도원지기가 되어 손에서 성경책이 떠나지 않는다는 점이다. 그리고 온 맘을 다해 주인의식을 갖고 이곳 기도원을 얼마나 정성껏 관리하는지 모른다.

껌벙과 껌벙 부모를 통해 하나님께서 연결하시는 만남이 얼마나 소중한 것인지 절감한다. 베트남 달랏에 오신 성도님이 있다면 인근의 우리 기도원을 꼭 한 번 방문해서 기도하고 가시길 권해 드린다.

이 아가페기도원이 진정 베트남 선교를 위한 기도의 전진 기지로 계속 발전해 나가길 바라는 마음 간절하다.

#35
수많은 사연과 간증이 담긴 교회들

내가 친구가 만들어준 르까프 지사장 명함으로 1990년에 수교도 안 된 베트남을 맨 처음 갈 수 있었던 이야기를 초반부에 했다.

연세대학교 동창인 이 친구는 신앙생활을 착실히 하면서 일산 단독주택에서 아내와 부요하게 살고 있었다. 그는 여의도침례교회에서 신앙생활을 하며 현대건설과 화승 등의 사장을 역임하고 은퇴한 후 여가를 즐기며 살았다. 아내와 얼마나 금슬이 좋은지 늘 같이 다니며 취미 생활을 했고 은퇴 후 일산으로 주거지를 옮겨 새로 개척된 일산지구촌교회를 섬겼다. 서울대학교 음대 출신인 아내는 이 교회에서 반주자로 봉사했고 친구는 장로로 임직을 받았다.

친구는 내가 베트남에서 사역하던 초기부터 선교비를 매달 적지 않게 보내주었다. 공산권에 보내던 선교비인데 베트남도 공산권이니 내게 보낸다고 했다. 친구는 그 헌금을 제발 선교에만 쓰지 말고 맛있는 음식을 사 먹고 옷을 사 입는 데도 쓰라고 권했다.

내가 초기 선교사 시절을 보내던 때 친구가 베트남에 출장을 왔다가 내가 사는 숙소에 들른 적이 있었다. 친구는 작은 도마뱀이 천장에 붙어 있는 구차한 게스트하우스에 살면서 남루한 옷을 입고 음식도 바케트에 쌀국수로 때우며 사는 내 모습을 보더니 당장 보따리 싸서 한국으로 같이 들어가자고 했다. 친구는 타지에서 외롭게 고생하는 내 모습을 보고 눈물을 글썽이며 못 참아 할 정도로 정이 많았다.

나는 그때 친구에게 "하나님께서 이미 나를 붙잡아 끌고 가기에 꼼짝없이 따라가야만 한다."라고 말했다. 그러자 친구는 한숨을 쉬면서 지갑을 다 털어 가지고 있던 돈을 다 쥐어주고 돌아갔다. 이후 내가 한국에 가서 가끔 그 친구를 만나면 어떻게든 맛있는 것을 먹이고 뭐든지 도움을 주려고 했다.

그런데 이 친구가 60대 초반의 나이에 밤사이 조용히 하늘나라로 갔다. 심장마비를 일으켜 가족과 인사도 없이 하룻밤 사이에 생과 사를 가른 것이다. 나는 베트남에 있어서 그 소식을 알지도 못하고 있다가 한국에 들어와 그냥 이 친구를 만나러 스스럼없이 집을 방문했다가 그 소식을 듣고 소스라치게 놀랐다. 장례를 치른 지 일주일이 지난 후였다. 나는 아직 안방에 남아있는 친구의 영정 앞에서 그냥 목 놓아 엉엉 울고 말았다.

나는 친구가 보내준 선교비를 차곡차곡 모았다. 여기에 친구가 남긴 돈과 전 가족의 헌금까지 보태어 호치민 고법양문교회를 아주 크게 지

대학 친구가 지은 고법양문교회
사진

었다. 이후 가족들이 또 헌금을 해줘서 빈푹성에 빈푹용일교회를 하나
더 지었다. 고법양문교회는 지금 주일에 6부 예배까지 드리고 성도도
2000명이 넘는 자립 교회로 베트남 대표 교회로 자리 잡고 있다. 친구
의 헌신과 헌금이 수많은 베트남인을 살리는 교회가 되어 베트남 복음
화의 중추 역할을 하고 있는 것이다. 그는 떠났지만 그의 믿음은 자손
들이 이어가고 있다.

또 다른 사례가 있다. 부산에서 D건업이란 공장을 운영하는 S 집사
님은 위를 3번이나 잘라 내는 큰 수술을 받은 분이었다. 이분은 하나님
을 기업의 주인으로 모셔서 매사를 하나님을 기쁘게 하는 데 역점을 두
었다. 이분의 헌신으로 롱칸동우교회가 헌당되었다.

이 교회는 처음에 지으려고 했던 규모보다 무려 3배가 더 커졌다. 이유는 교회를 짓는 동안 꾸준히 성도가 늘어나 규모를 키우지 않을 수 없어서였다. 그렇다고 처음에 한 설계를 다시 할 수는 없어서 극장식으로 2층을 H빔으로 올려 멋진 2층 교회가 탄생됐다. 이런 증축 사례가 이후에도 많아 우리는 이것을 요나 공법이라고 부르고 있다.

바오록 둘이정교회도 당초 설계보다 3배나 더 커진 교회로, 앞에서 보면 1층이고 옆에서 보면 3층이 되는 특이한 설계로 되어 있다. 절벽을 이용해 지었기 때문이다.

S 집사님은 위 절제 수술을 받으며 죽음의 문턱까지 다녀와서였을까. 롱칸동우교회 건립에 만족하지 않고 이후 교회 4곳과 선교병원 1곳을 짓는 데 아낌없이 공헌하셨다.

S 집사님은 해운대에 있는 편안한 고급 아파트를 놓아두고 녹단공단에 있는 회사 사무실에서 먹고 자며 기도하는 가운데 사업에 열정을 쏟으셨다. 이런 사업의 열정이 교회 짓기에도 파급돼 이 운동이 뻗어나가는 데 큰 힘이 되어주었다.

베트남 교회에서는 전에 교회가 있었다가 무너진 제단을 찾아 새로 세우기도 하지만 선교센터에서 훈련받은 사역자들이 처소 교회를 세워 예배를 드리다가 교회를 신축해 주는 사역도 한다.

안양해성교회가 교회 건립 30주년을 기념해 세운 힙푸해성교회는 지상 5층으로 아주 웅장하게 지어졌다. 이때 한 권사님이 헌당 예배에 참석해 은혜를 받으셔서 자신의 7남매가 20년간 틈틈이 용돈으로 준 6000만 원을 내놓아 소수 부족들이 사는 럼동성 버리엥 마을에 버리엥복음교회가 세워지는 일도 있었다. 이곳은 결혼도 하지 않은 여자 전도사님이 평생을 바쳐 사역하며 기도해온 곳으로, 350여 명의 성도들이 매우 기뻐하며 춤추던 모습이 눈에 선하다.

이처럼 귀한 헌신자들, 하나님의 사랑을 입은 자들의 헌금으로 세워지는 교회들은 그 모두가 하나님께 큰 영광이 된다.

비라카미선교회 소속 선교사들 중에 노년을 주님께 헌신하겠다며 와서 사역하는 분들이 많다. 참 아름다운 모습이다. 이제 뒷방 노인으로 손주나 보며 한가롭게 지내는 것을 거부하고 나이는 들었지만 하나님 앞에 쓰임받기로 헌신하고 일을 하고 있는 것이다.

이렇게 노년에 선교사로 부름받아 호치민 선교센터로 온 세 분의 여자 선교사님이 계셨다. 모두 홀로 되어 계셔서 내가 재미 삼아 '세 과부 선교사'라고 부르며 한 방에 함께 기거하게 했다. 이분들은 셋이서 한 방을 쓰다 보니 서로 친해졌고, 개인적으로 교회를 세우기는 벅차서 함께 힘을 모아 교회를 하나 건축하자는 데 의견이 모아진 것 같았다.

마침 동나이성에 한 교회가 세워져야 하는데 이 세 분이 교회 건축에 헌신하기로 해서 일사천리로 공사가 진행되었다. 로이오 세과부교회라고 이름을 붙여 현판식을 했다. 적지 않은 나이에 베트남까지 와서 사역을 하면서 헌신한 분들에게 정말 고마움을 갖지 않을 수 없었다. 이분들은 이후에도 2곳 이상의 교회를 함께 세웠고, 그중 한 분인 S 권사님은 무려 8곳의 교회를 세웠다.

로이오교회 담임목사는 나트랑신학교를 수료했는데 종교 핍박 때 감옥에도 다녀오고 그곳에서 모진 고문도 당했다고 한다. 그분의 하나님 사랑이 귀한 열매가 되어 교회가 멋있게 건립돼 이곳 복음화의 중심 역할을 하고 있다.

이처럼 베트남을 비롯한 비라카미 곳곳의 교회에는 다 남다른 사연과 헌신한 성도들의 간증이 품어져 있다. 그 귀한 스토리를 풀어놓으려면 책 몇 권의 분량은 되리라 본다.

계속 써 내려가고 있는 현재진행형 비라카미 교회 건축으로 앞으로 얼마나 더 많은 교회들이 지어질지 모르지만, 이 가운데 하나님의 은혜와 사랑, 역사하심이 항상 넘치리라 믿어 의심치 않는다.

36
늘 긴장감이 떠나지 않는
호치민 선교센터

베트남의 호치민에서는 어느 동네나 여섯 가정 중 한 가정은 감시 가정으로 수시로 주민의 동태를 보고하도록 체계화되어 있다. 이를 6호 담당제라고 한다. 이 제도는 공산권 사회에서 흔히 쓰는 감시 체제로, 경찰[公安]이 가만히 앉아 있어도 주민들의 동태를 한눈에 알 수 있도록 만든 시스템이다. 이 감시 가정에서 공안에게 각 가정의 움직임을 보고하므로 낯선 사람이나 단체로 누군가가 집에 가면 곧장 보곤 한다. 따라서 우리 선교센터는 늘 감시의 표적이 될 수밖에 없었다.

베트남에는 한국의 파출소와 같은 초대소가 있으며, 월요일마다 반상회처럼 모여 조사 보고를 하곤 했다. 우리 선교센터에도 보고를 한다며 담당이 찾아와 늘 비슷한 질문을 했다.

베트남 사람들은 나를 옹짱이라고 불렀다. 항상 찾아와서 "너희 집에 무슨 일 있냐? 사람이 많이 오던데 누구냐? 지금 옹짱 뭐하냐?"라고 질문했다. 그때마다 선교센터 공동체 스태프로 함께 지내는 베트남인 껌벙은 한결같은 대답을 했다.

"우리는 한국인이 세운 NGO 단체다. 주로 오지에 병원을 세워서 무료 진료를 해주고 있다. 사람이 많이 오가는 것은 한국에서 온 의사와 의료인들이며 옹짱은 주로 환자를 치료하는 병원에 가서 통역을 해주니 거의 그곳에 자주 가고 이곳엔 잘 없다. 우리는 베트남을 돕고 있는 좋은 단체다."

이렇게 이야기를 해도 경찰은 우리에게 무엇인가 있다고 생각했는지 의심의 눈초리를 거두지 않았다. 가끔 만만한 리더나 운전사를 데려다 이것저것 물으며 취조했다. 또 내가 없는 사이에 함께 생활하는 소수부족 아이를 불러 6시간씩 조사하기도 했다. 뭔가 꼬투리를 잡고 싶은데 마땅치 않아 벼르는 눈치가 보였다. 거기다 내 차를 운전하는 운전사도 데리고 가서 어디어디를 다니느냐고 물으며 시달리게 했다.

나는 이 경우를 대비해 어떤 말만 해야 하는지를 잘 교육해 놓았기에 큰 문제에 부닥치지는 않았다. 거짓말을 가르칠 수는 없어서 성령께 지혜를 간구하곤 했는데 신기하게 그때그때 잘 풀려나왔다. 베트남인의 특징 중의 하나가 99번 잘하다가도 한번 잘못하면 확 돌아서는 것이므로 잘 관리를 해야 했다.

나중에는 선교센터 주변 사람들과 잘 사귀어 좋은 관계를 유지해 신

호치민 선교센터 내에 함께 거주하는 스태프와 산족 유학생, 신학생들이 모여 예배를 드리고 있다.

고가 들어가는 일이 거의 없었다. 그렇지만 동내 초대소가 아니라 종교성이나 감찰반 등 상위 부서가 갑자기 들이닥칠 경우도 있기에 긴장을 늦추어서는 안 되었다.

사실 선교센터 초창기에는 베트남인이 우리 사역을 모르는 잘 상태라 이곳저곳에서 이상하다고 신고를 많이 해 참 여러 번 경찰서에 잡혀가 취조를 받았다. 집 안을 수색하고 나를 끌어가기도 했는데 그 때문에 중요한 문서나 사역이 알려질 만한 서류들은 모두 잘 숨겨 찾지 못하도록 했다.

그중에 참 재미있는 사건이 있다. 어느 날 밤 경찰이 선교센터의 벨을 세게 누르는 모습이 CCTV에 나타났다. 늘 보는 인근 초대소 경찰이 아니고 다른 곳에서 나온 경찰 같았다. 나는 오늘은 또 무엇인가, 한숨을 쉬면서 재빨리 관 침대 위에 올라가 기도부터 드렸다.

"하나님. 또 공안입니다. 이번엔 또 무엇인지 모르겠습니다. 주님이 제가 필요하시면 보호해 주시고 아니면 그대로 붙잡혀 가겠습니다. 주님의 뜻대로 맡깁니다."

예상대로 공안은 "장요나 어딨나? 여기 있는 거 맞나?"라며 나를 큰 소리로 찾았다. 그러더니 내게 다가와 아래위를 훑어보더니 여권을 보여 달라고 했다.

"아 그래, 이제 또 잡혀가는구나. 오 주님, 또 다녀와야 할 것 같습니다."

그런데 놀라운 반전이 있었다. 공안이 내 여권을 보더니 "장요나, 이놈을 어디서 찾지."라고 하면서 내게 여권을 돌려주는 것이었다. 당시 내 여권에는 본명인 장주석으로 돼 있었기 때문에 그들이 나를 알아보지 못한 것이다. 하나님이 함께하시니 공안들이 나를 바로 앞에 두고도 보지 못하도록 눈을 막아 주신 것이 분명했다.

한번은 한국에서 J 목사가 잠시 동역을 하기 위해 선교센터에 머물렀다. 그런데 때마침 공안이 밤에 갑자기 들이닥쳐 가택수색을 하겠다고 했다. 새로운 인물이 들어왔는데 신고를 하지 않아서 찾아 나선 것 같았다. 새로운 J 목사가 선교센터에서 왔다 갔다 하는 것이 목격됐는데 신고를 안 하니 찾아온 것이 분명했다. 공안은 결국 팬티 바람으로 자던 J 목사를 데리고 내려왔다.

이야기를 들어보니 J 목사는 3층 방에서 컨퍼런스를 위해 사진 작업을 하고 있다가 공안이 온 느낌이 들어 대충 정리하고 팬티 바람으로 침대에 누웠다고 한다. 그래도 너무 불안해 다시 화장실로 피신했다고 한다. 그런데 급한 나머지 화장실에서 불을 끄고 앉아 있다가 이를 공안이 이상하게 여기고 데리고 내려온 것이다. 화장실에서 불을 켜고 일을 보아야 하는데 켜지 않은 것이 오히려 더 의심을 사 결국 초대소로 가야 했다. 벌금이 600불이나 나온 것을 간신히 부탁해 반으로 깎았다.

이렇듯 선교센터는 늘 긴장감이 떠나지 않는 곳이다. 이곳은 시골에서 올라와 갈 곳 없는 청년들과 하숙비가 비싸 고통받는 소수 부족 유학생들, 오가는 선교사와 목사, 성도들로 늘 붐볐다. 이곳에 오면 누구나 아침저녁으로 반드시 예배를 함께 드려야 했다.

우리 선교센터 사람들은 하도 공안을 많이 만나고 조사를 받아서 누가 오더라도 잘 대처하는 배짱과 용기가 대단해 예수님 군대답다. 그리고 자연스러운 연기력과 순간적인 재치로 상황을 잘 모면하는 기술도 늘었다. 아마 선교센터 직원들의 놀라운 연기력을 보면 영화배우 뺨치는 정도라고 여길 것이다. 이것은 무엇보다 하나님께서 지켜주신다는 믿음이 있기에 담대하게 맞서는 것이기도 했다.

37
하나님의 법과 미국의 연방법

베트남에서 종교법 위반으로 비자 발급을 중지당한 뒤에도 나는 베트남에 짓기로 한 병원 기공식을 비라카미선교회 임원들을 보내 예정대로 진행했고, 이것이 베트남 NGO를 관리하는 빠콤(PACOM)을 감동시킨 이야기를 앞에서 나누었다. 2014년 12월 27일, 기공식이 잘 치러진 것을 보고 빠콤에서는 내게 다시 베트남 입국 비자를 허용하는 특별한 결정을 했다. 나같이 비자 발급이 중단된 상황에서 이를 번복하는 경우는 아주 특별하다고 했다.

그런데 무리하게 기공식을 하고 나서 건축비를 만들어 내야 하는 상황이 되었다. 이번 15번째 탄화성 지역 병원 건립의 경우는 누가 짓겠다고 나선 것이 아니었다. 빠콤의 간절한 요청에 내가 믿음으로 선포한 것이어서 병원 건축비가 마련될 수 있도록 하나님께 간절히 기도하지 않을 수 없었다.

내가 베트남에 들어갈 수 있다면 선교지를 탐방하러 온 목사님이나 장로님들에게 부탁할 수 있었겠지만 그때는 입국을 허용하겠다는 구두 언약만 있었기 때문에 건축비를 마련하는 방법이 쉽지 않았다. 더구나 병원 건립은 일반 교회보다 여러 부속 방과 시설이 필요해 건축비가 서 너 배는 더 드는 고액이었다.

사실 내가 수많은 교회를 건축하는 과정에서 건축 헌금을 약속한 성 도가 약속을 지키지 못하는 경우가 자주 있었다. 그 사이 마음이 변했 거나 재정적으로 어려워져 약속한 건축비를 다 헌금하지 못하는 경우이 다. 이런 경우에도 내가 책임을 져야 했다. 그래서 부족한 건축비는 앞 에서도 잠깐 언급했듯이 미국에 가서 교포 교회 집회를 통해 받은 사례 비를 모아 충당하곤 했다.

미국에 가면 신유의 역사가 더 강하게 일어나 많은 불치병과 난치병 환자, 또 정신적으로 고통받는 우울증에 걸린 분들이 치유의 기적을 입 는다. 하나님의 특별한 역사로 이분들이 특별 헌금을 해주시곤 했다.

그때도 15차 탄화병원 건축비 마련을 위해 미국 집회 일정이 잡혀 있 었다. 그것은 내 계획이 아니고 때맞추어 하나님께서 가도록 일정을 짜 주신 것이다.

사실 화재 사고 이후 나는 몸이 성치 않았지만 미국을 가지 않을 수 없었다. 건축비로 얼마나 모금될지 모르는 상황이지만 염려하거나 걱정 하지 않았다. 이 모든 것이 하나님의 일이기에 하나님이 꼭 채워 주시리 라는 믿음이 있었기 때문이다.

미국 교포 교회 집회에서 설교가 끝난 후 안수기도를 하고 있는 장요나 선교사

　미국에 부흥회를 인도하러 가서 한국 교포들의 삶을 보면 사실 안타
깝게 느껴지는 부분이 참 많았다. 70년~80년대에 이민 간 분들은 엄
청나게 고생하며 부를 이루었어도 이제는 연로해 거의 돌아가실 나이가
되었고, 그렇지 않으면 병으로 고생하는 분들이 대부분이었다.

　초창기 이민을 와서 접시 닦이를 하고 돈을 벌면 세탁소와 슈퍼마켓
을 사서 운영했고, 여성들은 주로 네일숍에서 일해 자리를 잡고 성공했
지만 이젠 병들고 나이 들어 외로운 처지가 되어 있는 분들이 많았다.
자녀들은 미국적 스타일로 교육을 받아 부모를 잘 섬기거나 효도할 생
각을 하지 않았다. 수영장이 있는 어마어마한 저택에 살아도 크게 행복
해 보이지 않았다.

　나는 부흥회를 인도하면서 이분들에게 진정 하나님만이 우리의 인생
에 참된 가치와 행복을 선사해 주실 수 있다는 복음을 전하고 남은 인

생을 하나님이 기뻐하시는 일을 하라고 기도해 준다.

　이렇게 3주 정도를 한인교회를 돌며 집회를 했는데 당장 베트남 병원 건립에 필요한 일부분인 6만 불(7000만 원 상당)이 모였다. 내가 여러 교회에서 받은 부흥회 사례비와 성도들이 은혜를 받거나 치유를 받아 헌금해 준 선교비였다. 하나님은 당장 필요한 액수를 정확하게 채워주시는 기적을 이번에도 보여주신 것이다.

　나는 미국에서 달러를 현금으로 다 받았기에 이를 그대로 가지고 베트남으로 바로 가겠다고 하자 미국 한인 목사님들과 사업하는 성도님들이 펄쩍 뛰었다. 그러면서 미국에서 출국할 때 지켜야 하는 연방법 조항을 알려 주었다.

　미국에서는 출국할 때 미화 10,000불 이상의 현금, 외국환, 유가증권은 반드시 CF4790이란 서면 양식으로 신고해야 한다. 이것을 어겨 발각되면 소지하고 있는 달러 전액을 압류당한다. 달러는 보통 엑스레이 투시기를 통해 쉽게 보이기 때문에 적발이 쉽다고 한다. 또한 초과액을 신고할 때는 그 돈을 어떻게 벌었거나 모았는지 출처를 명확히 해야 하고, 신고하지 않은 소득일 경우는 세금을 내야 한다. 이 과정은 아주 복잡하고 절차가 까다로워서 신고를 해서 돈을 가지고 나가는 것을 다들 꺼린다고 한다. 그뿐만 아니라 자칫 잘못하여 법을 어긴 것으로 판단되면 출국이 저지되고 심하면 감옥에도 간다고 한다.

　"장 선교사님. 허용되는 1만 불만 가져가시고 남은 돈을 베트남에 있는 선교사님 계좌로 잘 챙겨서 보내드리도록 하겠습니다. 합법적인 절차를 만들어서요. 공항에서 현금이 발견되면 그 자리서 몰수당합니다. 이 법을 잘 몰라 그동안 세관에서 달러를 뺏긴 한인들이 참 많습니다."

"저는 바로 가서 돈을 전달해야 합니다. 은행은 수속이 늦어 미국서 아무리 빨리 보내도 베트남에서 받으려면 보름 이상은 걸립니다. 그러니 제가 그냥 현금으로 들고 가겠습니다."

내 말을 듣고 모두 이건 아니라는 표정을 지었다. 아무리 하나님의 일이고 선교에 쓰일 돈이지만 이것은 무모한 행동이며 이러다 돈을 몰수당하면 귀한 헌금이 어떻게 되겠느냐고 우려하는 것 같았다.

"목사님, 장로님. 이 돈은 하나님의 거룩한 사업을 위해 사용될 성도들의 피땀 어린 헌금입니다. 하나님이 함께하시는 돈입니다. 여러분은 미국연방세관법이 하늘나라법보다 더 높다고 생각하십니까. 저는 하나님이 이 달러를 지켜주셔서 무사히 통과된다는 믿음이 있습니다. 그리고 확신합니다. 그러니 제 뜻대로 하도록 해 주십시오. 주님의 종들이 이 정도 믿음이 없으십니까."

내가 정색하며 단호하게 말하자 누구도 토를 달지 않았다. 당시 나는 화재 시 심하게 다친 몸으로 미국 집회를 인도했다. 평소는 목에 깁스를 하고 있다가 집회 때만 잠시 벗어두곤 했다. 또 걸음걸이도 힘들어 목발을 짚거나 휠체어를 타야 했으므로 공항에서 입국 수속을 하면서 해당 항공사에 휠체어 서비스를 신청했다.

나는 100불짜리 지폐로 만든 6만 불 뭉치를 이리저리 나누지도 않고 내가 들고 다니는 손가방에 그대로 다 밀어 넣었다. 그리고 공항에 나온 몇 분의 환송을 받으며 흑인 봉사자가 밀어주는 휠체어를 타고 당당하게 이미그레이션 X-Ray 기계로 향했다. 환송하러 나온 분들은 여전히 내가 현금을 들고 비행기를 타는 것을 못 미더워했다.

짐 검사가 까다롭기로 소문난 미국 공항은 가방은 물론 휠체어까지 다 투시기에 넣어 검사를 한다. 달러가 든 내 가방이 투시기로 밀려들어가는 순간 그 광경을 멀리서 지켜보던 분들은 침을 꿀떡 삼켰을 것이다.

나는 아무런 제약 없이 투시기를 통과해 다시 휠체어에 앉은 후 멀리 나를 쳐다보던 환송자들을 향해 번쩍 가방을 들어 보였다. 모두들 놀라워하며 박수를 치는 듯한 모습이 어렴풋이 보였다.

나는 모른다. 하나님이 세관원의 눈을 잠시 가리었는지 아니면 그때 세관원이 한눈을 팔았는지. 아니면 돈이 아니라 다른 물체로 보였을 수도 있었을 것이다. 중요한 것은 내가 아무런 제약 없이 현금 6만 불을 약속대로 베트남 병원 공사 현장에 곧장 전달할 수 있었다는 사실이다. 이 과정은 내가 분명히 하나님의 일이라고 100% 믿기 때문에 가능했다.

하나님은 살아계시고 지금도 역사하고 계신다. 그럼에도 많은 사람들이 아니 목사님과 장로님조차 이 사실을 잘 믿지 못하고 있다. 나는 하나님이 지켜주신다는 믿음이 있었기에 자신 있게 행동했다. 만약에 시간이 충분이 있었으면 나도 그렇게 하지 않았겠지만 당장 써야 하는 급한 돈이었기 때문에 그렇게 행동했다.

물론 내가 무모하게 행동한 부분도 있다. 하나님은 우리의 우선순위가 어디에 있느냐에 따라 분명히 역사하시고 또 지켜주시는 분이시다. 그때 그 헌금으로 잘 지어진 탄화성 병원은 2015년 3월에 준공 예배를 드리고 지금 아주 잘 운영되고 있다. 할렐루야!

5

복음의 일꾼,
귀한 선교의 동역자들

하나님은 아브라함을 부르실 때도 본토의 아비와 친척을 버리고 고향을 떠나라고 하였습니다. 저는 가족에 연연하며 가족을 잘 보살피려고 하는 것은 진정한 의미의 선교가 아니라고 생각합니다. 선교는 자기희생이 따라야 하는 것입니다.

#38
날마다 관 위에서 나는 죽는다

베트남 호치민 선교센터의 내 방에서 함께 예배를 드려본 분들은 누구나 내가 침대로 삼아 자는 곳이 죽은 자들을 장사 지낼 때 사용하는 나무관인 것을 보았을 것이다. 모두들 나무관이라고 하면 섬찟해하며 놀라곤 한다. 그러나 나는 이 나무관에서 하루를 마감하며 오늘도 베트남의 영혼 수백 명이 예수를 모른 채 지옥에 간 것을 기억하며 몸부림치는 시간을 보내기도 한다.

나무관은 죽음을 상징한다. 인간은 누구나 죽는다. 그렇지만 그 죽음이 하나님 앞에서 어떤 죽음이 되느냐가 우리 크리스천에게는 매우 중요하다. 주님의 일을 얼마나 했으며 하나님 앞에 부끄럽지 않은 삶을 살았는지 대차대조표로 정산해야 할 때가 곧 죽음이기 때문이다.

이런 다짐으로 내가 관에서 잔다고 하면 이것을 전시효과, 쇼맨십이라며 비판적 시각으로 보는 사람들도 많다. 그런데 사실 내가 관 위에서 자게 된 계기가 있다. 이제 그 이야기를 해볼까 한다.

베트남 사역 초창기 메콩강가에 있는 소수 부족 쪽으로 옛날 교회를 찾아다닐 때이다. 베트남이 개방해서 이 나라가 굉장히 굶주렸을 때였다. 한 마을을 지나는데 아기 울음소리가 들렸다. 소리 나는 쪽으로 가보니 야자수 잎으로 덮어 대충 집 모양을 만든 곳에 아이들 3~4명이 뒹굴고 있었다. 부모들은 먹을 것을 구하러 나가고 없는 것 같았다. 파리가 우글우글하고 아이들의 배는 볼록 나와 있었다. 내가 갖고 있던 빵을 건네니 빵을 집을 힘도 없어 보였다. 빵 한 번, 나를 한 번 쳐다보는데 아이들의 눈동자가 너무 힘들어 보였다. 나는 그것이 나를 원망하는 눈빛으로 보였다.

나는 그때 들고 있던 카메라를 밟아 깨어버린 뒤 하나님께 통곡하면서 기도했다.

"하나님, 여기 아이들이 너무 어렵고 힘들게 사네요. 이들을 좀 도와줄 수 있으면 좋겠습니다. 이들은 이렇게 살다가 결국 지옥으로 가는 것인가요."

이 일 이후 나는 어디를 가든지 그 아이들이 늘 눈에 아른거렸다. 밖에서 뭘 좀 사서 먹으려고 해도 아이들이 계속 눈에 밟혔다. 그 아이들이 지옥에 간다고 생각하면 매우 안타까웠다. 내가 먹는 이 음식값이면 그곳 아이들을 모두 잘 먹일 수 있는 음식 재룟값이 된다는 생각에 음식을 다 먹지 못하곤 했다.

그러던 중 1997년에 내 동생인 부산 부전교회 장주철 장로의 조카 2명이 베트남어를 배우기 위해 베트남을 온다고 했다. 그때까지 나는 집을 구하지 않고 게스트하우스며 이곳저곳 막 떠돌아다녔는데 조카들을 위해서라도 머물 집을 구해야겠다는 생각이 들었다.

그래서 호치민 공항 근처 야이풍에 집을 하나 얻었다. 베트남 사람들은 대부분 침대 생활을 한다. 임대한 집 숙소에 방마다 침대가 있었는데 유독 내 방에만 침대가 없었다. 침대를 집주인이 새로 넣어준다고 했지만 갑자기 이런 생각이 스치고 지나갔다.

"내가 죽으면 결국 관 속에 들어갈 것이다. 나는 침대에서 편하게 지낼 상황도 아니고 자격이 없다. 베트남에 굶고 못사는 사람이 이렇게 많은데 그 영혼들을 생각하면 내가 어떻게 편하게 먹고 마시고 자겠는가. 늘 내가 죽어 관 속에 들어간다는 생각을 하며 하루하루 선교 사역에 최선을 다하자. 그러기 위해서는 이 사실을 마음속에 늘 상기해야 하고 그렇다면 관을 사서 그 위에 매트리스를 깔고 자도록 하자."

따지고 보면 나도 지옥에 갈 사람이었다. 그런데 하나님이 나를 살려서 이렇게 영혼 구원을 하는 선교사로서의 사명을 맡겨 주셨다. 이것은 사명이기도 하지만 특권이기도 하다. 이 거룩하고 고귀한 사역을 감당하려면 나는 매일 죽어야 했다. 이렇게 생각한 이유는 늘 내 머릿속에 너무나 가난해서 먹지 못해 힘없이 나를 바라보던 그 소수 부족 어린아이들의 표정이 지워지지 않아서이기도 했다. 나만 잘 먹고 잘 살 수 없다는 생각이 관 위에서 자려는 결정의 한 부분을 차지했다.

정말 나는 침대 대신 관을 들여놓았다. 주인도 놀라워했지만 이런 내 의지를 꺾을 사람은 없었다. 그 결정은 매일매일 나를 스스로 채찍질하는 데 더없이 좋았다. 오늘도 베트남에서 많은 사람들이 죽어 가는데 내가 선교사로서 얼마만큼 역할을 했는지 반성하며 관 위로 올라가 잠을 청하곤 했다.

이 나무관은 끊임없이 나와 싸움을 하는 곳이요 나를 회개하고 돌아보는 장소였다. 그리고 그 위에서 갈라디아서 2장 20절을 한 번씩 꼭 외우고 잠을 청했다.

"내가 그리스도와 함께 십자가에 못 박혔나니 그런즉 이제는 내가 산 것이 아니요 오직 내 안에 그리스도께서 사신 것이라. 이제 내가 육체 가운데 사는 것은 나를 사랑하사 나를 위하여 자기 몸을 버리신 하나님의 아들을 믿는 믿음 안에서 사는 것이라"

이후 나는 선교사들을 위해 설교를 해달라고 하면 이 성경 구절을 기본으로 선교사의 사명을 이렇게 정리해 주곤 한다.

"선교사는 영적 싸움을 하는 투사입니다. 큰 전쟁은 이미 이겼으나 작은 전투에서 계속 이겨야 하는 기나긴 싸움입니다. 승리는 통고받았지만 구원의 완성을 위해 반드시 해야 할 일이 선교입니다. 그렇다면 영적 전쟁에서 승리할 수 있도록 어떤 준비가 필요한 것일까요. 일단 선교사로서 갖추어야 할 자격이 네 가지 있습니다.

첫 번째 자격은 구원과 속죄함을 받은 사람이어야 합니다. 구원의 기쁨과 은총 없이 선교한다는 것은 무의미합니다. 선교에 헌신한 선교사들은 반드시 거듭남에 대한 구원의 확신과 분명한 사명감이 있어야 합니다. 사명 없이 밀려서, 순간적인 판단으로 선교사가 된다면 이는 모두 불행한 일입니다.

두 번째 자격은 사도행전의 이방 선교사를 선발하는 기준에 나와 있습니다. '성령과 지혜가 충만하여 칭찬 듣는 사람 일곱을 행하라'고 했습니다. 지속적인 사역을 하기 위해서는 성령이 충만한 자! 말씀을 듣고 실천하고 가르치는 자! 제자 훈련의 경험이 있는 자가 되어야 합니다.

세 번째는 선교지 언어에 대한 훈련을 받아 잘할 수 있는 것이 가장 기본적인 자격입니다. 현지인들과 효과적으로 접촉하고 그들을 이해하기 위해서는 현지 언어를 먼저 잘 익혀야 합니다. 또한 현지의 문화와 역사에 대한 경험이 빨리 수반되어야 선교 역량을 최대한 발휘할 수 있게 됩니다.

네 번째 자격은 양질의 신학 교육과 전문 교육을 받아야 합니다. 이것은 사역이 질적으로 성장하는 데 꼭 필요한 사항이며, 사역지별 전문 사역에 대한 지식을 쌓으면 실제 사역에 도움이 될 뿐 아니라 공산권이나 무슬림에서 선교 사역을 할 때에는 반드시 전문인 선교가 필요합니다. 제가 교회를 많이 지을 수 있었던 데에는 이전에 건축과 건설 회사를 운영했고 대기업에서 기획 실장을 했던 것이 큰 도움이 되었습니다.

선교 21세기를 준비하는 젊은 사역자들은 이런 마음과 훈련으로 무장하고 현지에 나가 힘써 하나님 말씀을 전함으로써 하나님이 사용하시는 하나님의 선교사가 되기 바랍니다. 선교의 문은 넓게 보여도 실제적으로 많은 시간과 기도의 후원과 물적 인적 자원이 투자되어야 결실을 맺을 수 있습니다. 선교는 결코 만만하지 않습니다.

선교사는 현주소가 없어야 합니다. 복음을 전하다가 해가 저물면 전도하던 그 장소에서 그들과 지내야 하며, 그것이 내 형제요 바로 내 집인 것입니다.

그리고 선교사는 어디서든 죽을 각오가 되어 있어야 합니다. 선교지에서 내가 죽고 그 지역 영혼들을 살려야 하는 것입니다. 그래서 주님은 배도 놓고 그물도 버리고 부모도 버리라고 하였습니다.

하나님은 아브라함을 부르실 때도 본토의 아비와 친척을 버리고 고향을 떠나라고 하였습니다. 저는 가족에 연연하며 가족을 잘 보살피려고 하는 것은 진정한 의미의 선교가 아니라고 생각합니다. 선교는 자기 희생이 따라야 하는 것입니다.

선교지의 형제자매가 바로 내 이웃이며 그들을 위해 선교하다 핍박을 받는 것이 하나님의 부르심에 합당한 것입니다. 진정한 선교사는 시간과 물질과 생명과 가정을 선교지에 모두 내려놓고 사용하는 자입니다.

선교의 열정과 소망과 하나님의 성령이 하나로 어우러져 서로 조화를 이룰 때 하나님의 능력이 그 가운데 임재하는 것을 보게 될 것입니다. 더 건승함으로 우리 모두 하나님의 귀한 면류관을 받는 선교사가 됩시다."

선교사로서 갖추어야 할 자세에 대한 나의 이런 가르침은 나의 제자
들은 아마 귀가 따갑도록 여러 번 들었을 것이다. 이 모든 것은 내가 직
접 그대로 실천하고 있기에 가르칠 수 있는 것이다.

"그러므로 너희는 가서 모든 민족을 제자로 삼아 아버지와

아들과 성령의 이름으로 세례를 베풀고

내가 너희에게 분부한 모든 것을 가르쳐 지키게 하라 볼지어다

내가 세상 끝날까지 너희와 항상 함께 있으리라 하시니라"

(마 28:19-20)

#39
간암 말기 시한부 인생에서
고침받은 아내

장요나 선교사가 특별한 것은 알지만 주변에서 잘 이해하지 못하는 것 중의 하나가 가정을 전혀 돌보지 않는다는 것이다. 아무리 하나님의 일을 하는 선교사지만 그래도 가장으로서 기본적인 돌봄은 있어야지 어떻게 가족을 전혀 무시하다시피 하며 연을 끊고 살아가느냐고 말한다. 심하게 말하는 분은 부인과 사이가 좋지 않아 이혼만 하지 않았지 별거하는 것이 아니냐고 말하기도 한다.

지금 내가 하나님과 사람들 앞에서 당당하게 말할 수 있는 부분은 "그렇게 했기에 오늘의 장요나 선교사가 이만큼 병원과 교회를 세우고 하나님 사역을 할 수 있었다."라는 것이다. 또한 이렇듯 단호한 마음의 결단도 내 인간적인 영역이 아니라 하나님의 강권적인 인도가 있었기에 가능한 것이었다고 생각한다. 이러한 일은 그렇게 하고 싶다고 되는 것이 아니라고 보기 때문이다. 어떻게 인륜을 마음대로 끊을 수 있단 말인가.

누차 강조하지만 이미 식물인간에서 깨어나면서 인간 장주석은 죽고 새로운 피조물 장요나가 태어났다. 그 순간부터 장주석이 누렸던 모든 인간의 영역은 다 끊어내고 하나님 일, 베트남 선교, 비라카미 지역 복음화에만 매진하도록 인간 리셋(reset)이 되어 버렸다.

내가 베트남 선교에 나섰을 때 나이는 40대 중반이었고 아이들은 초등학교, 중학교를 다니며 한창 돈이 많이 들어가는 시기였다. 가장이 가정을 전혀 돌보지 않은 채 집안의 장남으로 시골에서 당연히 받을 수 있는 재산까지 다 포기한 상태에서 아내와 자녀들의 생계는 어떻게 될 것인지 나는 사실 걱정해야 함에도 전혀 걱정하지 않았다. 내가 하나님께 올인하면 하나님께서도 아내와 자녀들을 돌보아 준다고 믿었다. 그 이유는 내가 부르심을 받을 때 하나님께서 말씀으로 약속하셨기 때문이며 나는 이것을 철저하게 믿었다.

정말 내가 돕지 않아도 아내와 자녀들은 넘치지 않을 정도, 최소한의 생활은 충분히 할 수 있을 정도로 하나님이 보살펴 주셨다. 아내의 형제는 6남 1녀로 아내가 첫째고 밑으로 처남들이 6명이나 있었다. 수원에서 괜찮은 부자였던 처갓집은 장인어른이 돌아가시자 처남끼리 재산을 분배했는데 장모가 나이도 있으시고 해서 치매 증상이 나타났다. 그런데 며느리들이 다 장모님을 못 모시겠다고 하는 바람에 딸 집인 우리 집에서 모시게 됐다. 이미 자리를 잘 잡아 사는 처남들은 누나가 거의 혼자 지내며 어머니를 보살피니 각자 형편에 맞게 생활비를 보내주기로 결의한 것 같았다. 아내는 그 돈을 생활비에 보태어 아이들을 키웠다. 정말 하나님께서 돕고 일하시는 방법은 놀라웠다.

아내는 부요한 집 첫째 딸로 태어나 자라서 남에게 도움을 받지도 않고 주지도 않으며, 있는 듯 없는 듯 독서와 음악을 즐기며 지내는 조용한 사람이다. 결혼한 뒤 안정적인 벽산그룹 기획실장직을 그만두고 사업하는 나 때문에 속도 많이 상했고, 내가 늘 술을 마시고 집에 들어와 고통스러웠을 것이다. 그러다 어느 날 갑자기 식물인간으로 쓰러졌다 기적적으로 살아난 뒤 선교사가 되어 아이들을 자신에게만 맡겨놓고 베트남으로 떠나갔으니 사실 고생이 이만저만 아니었을 것이다. 과부 아닌 과부가 된 신세였을 것이다.

나는 베트남 사역 초기에 한국에 들어갈 때 김포공항에 도착하면 어쩌다 집에 들르곤 했다. 아내와 만나면 여간 서먹서먹하지 않았다. 아내는 나를 포기했고 나 역시 가정을 하나님께 맡겨버린 상태라 그냥 서로를 이해하게 되었다.

사실 이 모든 것이 아내에게 내가 엄청나게 미안하게 여기는 부분이다. 장요나의 아내가 되는 바람에 평범한 주부의 삶을 포기해야 했고 인생의 많은 부분을 희생해야 했기 때문이다.

1999년도로 기억한다. 당시 베트남 목사님들과 함께 한국을 방문해서 충무에 내려가 집회를 하고 있는데 여동생한테 연락이 왔다.

"오빠, 언니가 다 죽어가고 있어. 빨리 삼성의료원으로 가봐!"

삼성의료원으로 달려갔더니 아내는 간암 말기 상태로 복수가 찬 채로 병실에 누워 있었다. 그 초라한 모습을 보고 미안한 마음에 눈물이 쏟아져 나왔다. 의사의 진단으로는 3개월밖에 살 수 없다고 했다. 남편도 없이 혼자 두 아들을 키우면서 고생했을 아내를 생각하니 사실 가슴이 미어져 왔다. 3개월 동안 아내와 함께 있으며 병간호를 하면서 남편으로서 역할을 마지막으로 해주어야 한다고 생각했다.

그런데 그날 저녁에 기도를 하는데 내가 있을 곳은 여기가 아니라 베트남이라는 마음이 강하게 밀고 올라왔다.

"내가 여기 있는다고 아내가 살아나는 것도 아니다. 남편으로서 마지막 의무를 다하는 것이 중요한 것일까. 아니면 복음의 손길을 기다리고 있는 베트남의 숱한 영혼들을 위해 일하는 것이 중요한 것일까."

그 당시 내가 계산해보니 베트남에서 예수를 모른 채 하루에 죽어가는 인원이 670명이었다. 이런 생각을 하니 결국 아내를 간호하는 것은 중요하지 않으며 베트남으로 돌아가야 한다는 결단을 내렸다. 나는 병원에서 하룻밤을 지새우고 아침에 일어나 아내에게 다가가 이야기를 했다.

"내가 당신 병을 위해 기도해 줄게. 아무래도 오늘 내가 베트남으로 다시 가야 할 것 같아. 미안해. 그런데 당신, 하나님 계신 천국에 갈 자신 있어?"

아내는 아무 말도 하지 않고 그저 눈물만 뚝뚝 흘렸다. 가슴이 아파 왔다. 나는 아내의 손을 잡고 정말 간절하고 절실한 마음으로 치유 기도를 드렸다.

"천지 만물을 지으시고 생사화복을 주장하시는 하나님 아버지. 아내가 지금 간암으로 고통받고 있습니다. 아직 세상을 떠나면 안 되는 나이입니다. 두 아들이 아직 어머니의 손길을 필요로 합니다. 주님, 이 부족한 종이 주님의 일을 더 열심히 하겠습니다. 아내를 치료해 주시고 회복시켜 주셔서 주님을 더 뜨겁게 믿고 신앙생활 잘하게 하도록 인도해 주옵소서."

아내 눈에서 계속 눈물이 흘러내렸다.

"여보. 삼성의료원의 훌륭한 의사들이 당신을 못 고친다고 하면 당신을 고칠 분은 하나님 한 분밖에 없어. 그리고 남편인 내가 옆에 앉아 궁상떨고 있으면 당신 나한테 계속 의지할 거야. 나한테 매달리고 나 원망할 텐데 차라리 내가 떠나면 당신이 하나님께 의지하고 기도할 것 같아. 대신 내가 당신 위해 계속 베트남에서 기도할게."

갑자기 옆에 있던 내 여동생이 엉엉 울며 대들었다.

"오빠, 오빠 진짜 목사 맞아? 이게 뭐야! 언니를 이대로 놔두고 베트남에 가겠다는 말이 도대체 어떻게 나와. 아무리 선교사라도 그렇지. 이건 아니지. 죽어가는 언니를 놔두고 간다는 게 말이 돼?"

"그래 네 말도 맞다. 그런데 하나님께서 나를 베트남 사람들 선교하라고 살려주셨어. 베트남에서 하루에 수도 없이 죽어가는데 그들이 예수님을 몰라, 나는 그곳에 가서 일해야 한단다. 언니는 네가 잘 좀 보살펴다오, 미안하다."

내 결심을 누구도 말리지 못했다. "여보, 나 가네." 하고 뒤돌아서는데 나 역시 인간적으로 얼마나 가슴이 아팠는지 모른다. 그러나 사명자는 이런 것을 끊어내야 할 용기가 있어야 했다. 이 소식을 들은 베트남 목회자들도 내가 남아 있어야 한다며 모두 나서서 말렸다. 자신들이 베트남에서 더 열심히 사역할 테니 제발 남아서 아내를 보살피라고 했지만 나는 결국 그들과 같이 호치민행 비행기에 올랐다.

베트남에 와서도 한동안 내 행동이 과연 잘한 것이었는지 갈등이 있었다. 불쌍한 아내 때문에 혼자 눈물짓기도 했다. 그리고 사역을 열심히 하다가도 전화만 오면 가슴이 덜컥덜컥 내려앉았다. 아내가 죽었다는 전화일까 걱정이 되어서였다. 이러한 상황에서 나는 아내의 간암 치유를 위한 기도의 끈을 놓지 않았다.

하나님은 결국 나의 간절한 기도에 응답해주셨다. 아내는 의사가 놀랄 정도로 감쪽같이 나았고 점점 건강을 되찾아 가고 있다고 했다. 얼마 후에는 해외도 다닐 정도로 회복되었다고 했다. 할렐루야!

나는 아내의 투병과 치유를 통해 다시 한번 소중한 교훈을 얻었다.

하나님께서는 인간의 생명을 주관하시는 분이시고 우리의 간절한 기도에 응답해 주신다는 사실을 말이다. 성경 말씀대로 하나님의 의를 구하면 하나님은 나머지를 책임져 주신다.

"내게 구하라 내가 열방을 유업으로 주리니
네 소유가 땅 끝까지 이르리로다"

(시 2:8)

#40
아들도 함께한 사명자의 길

　인간에게는 인륜(人倫)이라는 기본적인 삶의 틀이 있다. 사전의 정의를 따르면 '사람으로서 지켜야 할 순서'라는 뜻이다. 즉, 임금과 신하, 부모와 자식, 남편과 아내, 윗사람과 아랫사람, 벗과 벗 사이에 지켜야할 도리를 이르는 말이다.

　그러나 하나님 앞에 부름받아 주의 종이 되어 그 사명을 다하려고 하면 때때로 이 인륜마저 철저히 배제해야 하는 경우가 있다. 예수님은 베드로에게 고기잡이라는 생업과 가족을 모두 떠나 자신을 따라오라고 말씀하셨다. 그가 하나님의 복음을 전하는 일에 전적으로 매달리기를 원하셨던 것이다.

　그런데 반대의 경우도 있다. 군대 귀신 들렸던 자가 예수님이 그리스도 되심을 알고 주님을 따라가길 원했으나 이번에는 예수님께서 허락지 않으셨다. 도리어 가족에게 돌아가 복음을 전하라고 하셨다. 마가복음 5장 18~20절 말씀에 나온다.

"예수께서 배에 오르실 때에 귀신 들렸던 사람이 함께 있기를 간구하였으나 허락하지 아니하시고 그에게 이르시되 집으로 돌아가 주께서 네게 어떻게 큰일을 행하사 너를 불쌍히 여기신 것을 네 가족에게 알리라 하시니, 그가 가서 예수께서 자기에게 어떻게 큰일 행하셨는지를 데가볼리에 전파하니 모든 사람이 놀랍게 여기더라"

하나님은 일꾼들을 그 자질과 능력에 맞게 부르시고 또 그들에겐 자유의지도 주신다. 각기 사명이 다르고 부름심의 역할도 다르기 때문이다. 하나님의 사역을 큰 틀에서 누구에게나 동일시하고 통일하려는 생각은 아주 위험한 발상이라고 생각한다. 하나님은 각 사람의 능력과 자질에 맞게 사명을 주시고 또 쓰신다고 생각한다.

이런 점에서 나는 하나님께 모든 것을 올인하라는 부르심을 받았다. 그러므로 내게는 가족도 친지도 친구도 한참이나 후순위로 밀려난다. 아니 아예 그들을 잊어버리라고 하신다. 베트남에 선교사로 파송된 이후 30년간 내가 살던 집에 가본 횟수가 10번이 안 될 것이다.

사람들은 이런 나를 두고 '가정이 평안해야 선교도 하는데 가족에게 너무하는 것 아니냐'라고도 하고, '이혼한 것이 아니냐'라는 소문도 났다. 그러나 나는 그런 소리에 전혀 마음을 쓰지 않는다.

나도 따뜻한 가정이 그립고 아내 그리고 하나님이 주신 두 아들과 오순도순 재미있게 살고 싶다. 좋은 휴양지도 가고 싶고 맛있는 음식도 먹으러 찾아다니고 싶고 편안하고 안락한 곳에서 내가 좋아하는 취미 생활을 하며 노후를 보내고 싶다.

그러나 하나님이 내게 부어주신 사명은 아직도 주님을 모르고 가난과 억압, 질병으로 신음하는 비라카미 형제들에게 '생명의 떡'인 복음을 주라는 것이다. 이 사명을 위해 내 가족, 내 생각, 내 취미, 내 욕심은 철저히 땅에 묻고 주님이 주시는 성령의 명령에 의지해 고난과 가시밭길을 택하고 있는 것이다.

주님은 또 '사명자는 지팡이나 배낭이나 양식이나 돈이나 두 벌 옷을 가지지 말'고 하셨다. 여행자들에게 지팡이는 다리에 힘이 없을 때 짚고 일어서기도 하고, 뱀이나 들짐승의 공격을 받을 때 그것을 물리치는 필수품이다. 이를 가지지 말라고 하시는 것은 하나님 이외에는 아무것도 의지하지 말라는 의미가 담겨 있다. 배낭이나 양식, 돈이나 두 벌 옷도 가지지 말라는 것은 장래의 생계에 대해 오직 하나님을 의지하고 염려하지 말라는 의미이다.

나 역시 이 말씀들에 의지해 지금까지 달려왔다. 그랬기에 하나님은 믿기 힘들 정도의 많은 후원자와 사역자, 돕는 자를 보내주셔서 오늘의 큰 사역 열매들을 보게 하셨다.

서론이 길어졌다. 내가 아내와 두 아들을 거의 방치했고, 오히려 아들이 하나님의 종이 되었으면 해서 일어난 사건들을 간증하고자 한다. 내가 강단에서 이 간증을 하면 사람들은 어떻게 아버지가 되어 저렇게 할 수 있는가 하고 화를 내거나 이해하지 못하기도 했다. 그러나 이 모든 것은 하나님이 나를 움직였고 성령이 명하신 것이기에 지금도 부끄러움이 없다.

하나님은 내게 두 아들을 선물로 주셨다. 첫째 아들은 장훈이고 둘째 아들은 장지훈이다. 이제 둘 다 40세를 훌쩍 넘어 어른이 되었지만 내가 베트남에 왔을 당시는 각각 중학생, 초등학생일 때여서 나에 대한 기억이 많지 않을 것이다. 그 전에도 내가 바쁘다는 핑계로 거의 아이들과 놀아주지 못했기에 아버지에 대한 추억이 별로 없을 것이다.

내가 아버지로서 아들들을 잘 부양하고 돌보지 못해 미안했는데 하나님께서 아이들이 잘 크도록 돌보아 주셨다. 두 아이 다 키도 크고 멋지게 자라게 해주셨다. 다 명문대학에 들어가 자기들의 인생을 살게 하시니 그저 감사할 따름이다. 혼자 애들을 키운 아내의 고생이 많았고 그것에 대해 나는 고마운 마음을 간직하고 있다.

첫째 훈이는 영화감독으로 활동 중인데 이 훈이와 재회한 이야기를 하면 사람들은 어처구니가 없어 고개를 흔들곤 한다. 2005년, 베트남 목사들을 데리고 한국에 들어온 적이 있었다. 내가 키운 다오, 쭉번 등이 한국에서 베트남 근로자들을 상대로 목회자가 되어서 활동하는 모습을 보여주고 싶었기 때문이다.

나는 한국에 들어와도 늘 집에 가지 않고 일산에 있는 선교센터에서 생활하니 그들도 이곳에서 함께 지냈다. 베트남 제자들과 목사들은 장요나 선교사님과 함께 한국에 와보니 집도 없고 사모님도 안 계시고 이상한 것 같다며 수군거리고 있었다. 내가 집에 가지 않으니 하는 소리였다.

나는 이런 오해는 불식해야 한다고 생각하고 우리 집과 가족을 보여 주겠다며 이들을 데리고 집으로 향했다. 그런데 내가 예전에 살던 아파트 근처에 갔더니 건물이 사라지고 없어졌다. 거기에 새로운 아파트가 들어섰길래 경비실에 가서 여기 있던 아파트는 어떻게 됐는지 물었더니 이미 재건축됐다고 했다.

수소문해서 아내와 통화하면서 베트남 목사들과 집을 방문한다고 하니까 아내는 반가워하지도 않았다. 갑자기 예고도 없이 13명의 목사를 데리고 집으로 온다고 하니 당연한 일이었다.

그 사이 우리 집은 옥수동 쪽 아파트로 이사한 상태였다. 얼마나 무심하면 이사한 것도 몰랐을까. 아내에게 미안한 마음이 없지 않았다.

아파트 입구에서 엘리베이터를 타고 10층에서 내렸는데 집 찾기가 쉽지 않았다. 마침 웬 청년이 한 집에서 나오더니 멈칫거리다 말을 걸어왔다.

"실례지만 어디 찾아오셨나요."
"여기 장지훈이 집이 어딘지 모르겠네요?"
"네? 혹시 저희 아버지 아니세요?"
"누구세요?"
"아버지, 저 첫째 훈이에요."

아버지인 나도 아들 훈이도 서로를 못 알아본 것이다. 거짓말 같은 이 이야기는 진정 아들에게 미안함을 갖게 했지만 옆에서 이를 지켜보던 베트남 목사들도 눈물을 흘렸다. 가족도 모른 채 오직 베트남 선교에만 매진해준 나를 진정으로 고마워했다. 베트남 선교에 미쳐 가정도 버리고 아들 얼굴도 모르고 헌신하며 지내온 것을 직접 보고 큰 감동을 받은 것이다.

둘째 지훈이 간증도 특별하다. 나는 아들이 대학 입학시험을 치르는 날에 마침 집을 방문하게 되었다. 아내는 오늘 지훈이가 서울대학교 미대의 시험을 보러 가는데 어떻게 때맞춰 잘 왔다며 합격을 위해 기도해 주면 좋겠다고 했다. 문을 나서는 아들을 불러 머리에 손을 얹었다.

"하나님, 둘째 지훈이가 건강하게 잘생기게 해주셔서 감사합니다. 제가 가장으로 아빠로 아무것도 해준 것이 없는데 이렇게 잘 자라 오늘 서울대 시험을 본다고 합니다. 그러나 하나님 저는 지훈이가 서울대 합격하는 것보다 베트남에 와서 선교사가 되었으면 합니다. 서울대 떨어져 베트남에 오게 해 주세요."

아내가 펄쩍 뛰는 것은 당연했다. 그때는 내가 한창 베트남 선교에 불붙어 물불을 안 가리고 뛰어다닐 때여서 더 그랬는지도 모른다. 지훈이는 내 기도대로 서울대학교 미대에서 떨어졌다. 내가 신학교에 가라고 권유했지만 본인이나 아내는 무슨 소리냐며 화를 내며 반대했다.

아들은 이후 재수를 해 고려대학교 환경공학과에 들어갔고 여름방학을 맞아 두 달 동안 내가 사역하는 베트남에 왔다. 내가 사역하는 모습을 눈으로 직접 보고 체험하더니 원망만 했던 아버지를 이제 이해할 수 있게 되었다면서 나를 감동시키고 돌아갔다.

　지훈이는 원래 미술 쪽을 전공하려 해서 그런지 디자인에 소질이 있었다. 대학교를 졸업한 후 개인 홈페이지를 만들어 상품 박스 디자인 사업을 시작했다. 외국인 회사를 상대로 돈도 많이 벌고 업계에서 유명도도 높았다. 그 소식을 들으니 내 마음이 아주 흡족했고 하나님께 감사했다. 그러다가 2006년 설 연휴 때 갑자기 지훈이가 나에게 할 이야기가 있으니 베트남을 방문하겠다고 했다.

　내가 언제든 환영한다고 했더니 바로 날아왔다. 그런데 그 무렵에 얼마나 바쁜지 지훈이와 앉아서 차분하게 이야기를 나눌 여유가 없었다. 신학교 가서 강의하랴, 베트남 교회에 가서 설교하랴, 스케줄이 빡빡했다. 드디어 며칠 만에 아들과 늦은 밤이 되어서야 독대를 했다. 내게 하고 싶은 이야기를 하라고 했는데 아들은 한참이나 말이 없었다. 그러더니 갑자기 나를 붙잡고 "아버지! 아버지!" 하고 연거푸 부르더니 울기 시작했다. 그리고 그 울음 섞인 목소리로 말했다.

　"아버지, 저 정말 아버지라고 불러보고 싶었어요. 초등학교 6학년 때 아버지 마지막 본 이후로 거의 못 봐서 제대로 못 불러 보았잖아요. 중학교, 고등학교 때 아버지 뭐하는 사람이냐고 가정 설문 조사하면 항상 우울했어요. 그래서 제가 아버지를 매우 미워했어요. 그리고 어머니가 간암 걸렸을 때 복수가 차서 몇 달밖에 못 산다고 하는데 형은 영화 찍는다고 집에 안 들어오고 아버지는 베트남에 가 버리시고 그때 제가 엄마 간호하면서 얼마나 힘들었는지 아세요. 저도 차라리 죽어버리고 싶어 유서까지 썼었어요."

그 이야기를 듣는데 내 가슴이 얼마나 미어지는지 나 역시 눈물이 계속 흘러내렸다. 지훈이는 이제 형도 결혼을 해 가정을 가졌고 자신도 결혼을 하면 어머니를 보살펴 줄 사람이 없는데 아버지는 도대체 언제까지 베트남에만 계실 것이며 어머니는 어떻게 할 것인지 내게 단단히 따지러 온 것이었다.

나는 아들에게 나의 지나온 세월을 이야기해 주었다. 내가 식물인간에서 깨어나 하나님께 붙잡혀 선교의 가시밭길을 걸으며 하나님이 주신 사명을 감당하느라 겪은 이야기를 차근차근 설명해 주었다. 오히려 이곳에 가족이 같이 안 와서 감옥 가고 고생하는 나의 초라한 모습을 엄마나 내 아들들이 보지 않게 되어 감사했다고 했다. 왜 서울미대에 떨어지라고 기도했는지에 대한 이야기도 해주었다.

그러고 나서 나는 아들에게 전도서 3장 1절~11절을 읽어보라고 했다. 인생의 진정한 가치관에 대해 바른 생각을 갖게 해주고 싶었다. 아들이 갖고 있는 미움과 원망이 하나님을 뜨겁게 만남으로 풀어지게 해주고 싶었다.

"범사가 기한이 있고 천하만사가 다 때가 있나니 날 때가 있고 죽을 때가 있으며 심을 때가 있고 심은 것을 뽑을 때가 있으며 죽일 때가 있고 치료할 때가 있으며 헐 때가 있고 세울 때가 있으며 울 때가 있고 웃을 때가 있으며 슬퍼할 때가 있고 춤출 때가 있으며 돌을 던져 버릴 때가 있고 돌을 거둘 때가 있으며 안을 때가 있고 안는 일을 멀리할 때가 있으며 찾을 때가 있고 잃을 때가 있으며 지킬 때가 있고 버릴 때가 있으며 찢을 때가 있고 꿰맬 때가 있으며 잠잠할 때가 있고 말할 때가 있으며 사랑할 때가 있고 미워할 때가 있으며 전쟁할 때가 있고 평화할 때가 있느니라 일하는 자가 그의 수고로 말미암아 무슨 이익이 있으랴 하나님이 인생들에게 노고를 주사 애쓰게 하신 것을 내가 보았노라 하나님이 모든 것을 지으시되 때를 따라 아름답게 하셨고 또 사람들에게는 영원을 사모하는 마음을 주셨느니라 그러나 하나님이 하시는 일의 시종을 사람으로 측량할 수 없게 하셨도다"

지훈이는 이 말씀에 크게 은혜를 받고 도전을 받는 것 같았다. 어렴풋이 가지고 있는 신앙이 말씀의 은혜로 성냥불처럼 타올랐다. 그리고 기도하며 주님을 뜨겁게 만났고 한국에서의 일을 정리하고 아예 베트남에 들어오겠노라고 약속했다.

정말 3개월 후 다시 베트남에 돌아온 지훈이를 보고 나는 얼마나 반갑고 감격스러웠는지 모른다. 베트남에 들어온 아들에게 내가 아버지로서 제일 처음 선물한 것이 있다. 그것은 내가 침대로 사용하는 관을 아들에게도 짜준 것이다.

"아들아. 예수님께서 말씀하시기를 나를 따라오려거든 자기 자신을 부인하고 십자가를 지고 가시밭을 따라오라고 하셨다. 아들아, 너도 이곳에서 사역하며 살려면 아버지처럼 관에서 자며 자신을 버리고 비우고 부인해야 한다."

   아들과 내가 함께 관을 만들며 못질을 하는데 나의 눈에서도 아들의 눈에서도 눈물이 흘러나왔다. 베트남에서 사역하던 아들은 트리니티신학대학원 대학교를 졸업하고 이제 제3국에서 사역하고 있다. 아들이 결혼도 하지 않고 하나님의 일꾼으로 일하고 있는 것이 나는 그저 대견하고 자랑스럽다.

   주님은 나를 부르실 때 분명히 이렇게 말씀하셨다.

"이제 내가 너를 소유하리라. 요나야, 저 큰 성 니느웨로 가라! 가서 내가 너에게 명한 바를 선포하라!"

   나는 이 말씀에 붙들려 하나님께서 나에게 명하신 바에 따라 움직이며 살아왔다. 그러므로 내 삶은 내 것이 아니고 내 맘대로도 할 수 없다. 하나님의 명령대로 따라갈 뿐이다. 아들에게도 나의 이런 신앙적 유업이 이어지길 바라는 마음 간절하다.

"예수께서 이르시되 내가 진실로 너희에게 이르노니 나와 복음을 위하여 집이나 형제나 자매나 어머니나 아버지나 자식이나 전토를 버린 자는 현세에 있어 집과 형제와 자매와 어머니와 자식과 전토를 백 배나 받되 박해를 겸하여 받고 내세에 영생을 받지 못할 자가 없느니라"(막10: 29~30)

41
박지선 선교사의 안타까운 순교

베트남 남동성 아가페기도원 끝자락에는 선교사 묘원이 있다. 비라카미 지역에서 사역하다 천국에 간 선교사들의 무덤이다. 무더위와 싸우며 힘들고 어렵게 복음을 전하다가 순교한 이들을 기리는 곳이다.

아름답게 조성된 묘원에는 작은 비석 두 개가 덩그러니 세워져 있다. 비록 작고 초라해 보일지는 몰라도 이 선교사님들의 천국 상급은 그 어느 기독교인보다 크고 값질 것이라 믿어 의심치 않는다.

이곳에 모셔진 순교 선교사 한 분이 바로 고 박지선 선교사다. 이름은 여자 같지만 남자 선교사다. 박지선 선교사는 근로자로 베트남 회사에서 일하다가 선교사가 된 경우다. 그는 3년간 베트남에 있는 한국계 회사에서 일했다. 경비를 아끼느라 회사 경비실에서 먹고 자며 일했다. 회사 입장에서도 관리인 역할을 해주니 더 좋았을 것이다. 결혼을

305

일찍 해서 50대에 사위에 이어 손자까지 본 그는 월급의 대부분을 아껴 한국에 있는 가족에게 보냈다.

그가 가장 즐거워하는 날은 내가 호치민 한국인들을 위해 설립해 담임으로 사역했던 비라카미 한인교회 주일예배에 참석하는 것이었다. 설교에 늘 은혜를 받고 내게 다가와 손을 잡으며 감사를 표했다. 그는 회사를 그만두면 자신이 제일 자신 있는 일이 농사이니 베트남에서 농업선교사로 일하고 싶다는 의사를 자주 피력하곤 했다.

선교사는 신학교를 졸업한 목사만 되는 것이 아니다. 요즘은 전문인 선교사라는 명칭 아래 주님 안에서 사명을 받고 헌신하는 전문인들이 참으로 많다. 이들이 은퇴를 하거나 생업을 접고 선교지에 뛰어들어 자신의 전공을 알리고 가르치며 보급하면서 복음을 전하면 더 큰 선교 열매로 돌아오곤 한다.

나는 그에게 정말 좋은 생각이라며 격려를 아끼지 않았다. 드디어 그가 결단을 내렸다. 나의 비라카미 선교 사역을 수년간 지켜보면서 너무나 큰 은혜를 받았노라며, 자신도 이제 회사를 떠나 선교 대열에 동참하고 싶다는 의사를 밝혔다.

나는 그에게 견습 선교사란 명칭을 주고 선교센터에서 6개월간 제자로 가르치면서 그 책임감과 사명감을 지켜보았다. 그는 정말 누구 못지않은 열정과 하나님을 사랑하는 마음으로 최선을 다해 일했다. 나는 그가 평신도 선교사로서 자격이 충분하다고 판단했다.

"박지선 선교사님. 오늘부터 정식 선교사로 호칭하겠습니다. 지난 6

개월간 열과 성을 다해 일하신 것, 하나님이 기쁘게 받으셨을 것입니다. 그런데 이 베트남은 선교사님들이 충분합니다. 박 선교사님처럼 농업 기술이 풍부하고 전도 열정이 뜨거운 분은 캄보디아에 가야 한다고 생각합니다. 그곳은 아직 선교의 손길이 미치지 못하는 곳이 많기 때문입니다."

우리 호치민 비라카미선교 본부에서는 그를 캄보디아로 파송키로 했다. 엄청난 넓이의 농토를 보유한 캄보디아는 게으른 국민성과 관개시설의 부족, 여름마다 이어지는 홍수 등으로 옥토를 농업으로 연결하지 못하고 있었기에 박 선교사가 갖춘 농업 기술을 잘 살리면 좋을 것이라 본 것이다.

그러나 사정상 박 선교사가 막상 파송된 곳은 시엠립 인근 톤레사프 호수의 선상교회였다. 톤레사프 호수는 우리나라 제주도의 2배 크기에 해당하는 호수로 그 규모가 어마어마하다. 많은 주민들이 이 호수 위에 집을 지어 살고 있으며, 주민들 대부분은 인근 국가에서 전쟁을 피해 옮겨 온 피란민들이다.

톤레사프 호수 사람들은 매우 가난하다. 간신히 생계를 유지하고 살아가는데, 시내로 나가 일용직으로 하루하루 지내거나 이마저 일거리가 없어서 굶는 이들도 상당수다. 아이들은 아예 교육을 받을 생각조차 못 하고 놀고 있는 실정이었다.

이곳 톤레사프 호수에 설립된 대구칠곡선상교회는 앞에서도 잠깐 소개했지만 비라카미신학교 1회 졸업생 흐뚜이 전도사가 사역하고 있는 곳이다. 흐뚜이 전도사는 정말 열정적으로 성도들을 이끌었다. 그는 이 선상교회에서 자고 먹으며 2년간 목회했다. 이 교회는 가난하고 고통 받는 톤레사프 주민들에게 새로운 세계를 열어주는 은혜의 문으로서 하루가 다르게 성도가 불어났다.

그러나 이곳 목회 사역은 불법이라 흐뚜이 전도사는 어느 날 갑자기 종교법 위반으로 베트남 공안에 체포되어 압송돼 왔다. 베트남인이 캄보디아에서 목회를 했기 때문이다. 이어 우리는 다른 베트남 졸업생을 파송했지만 여의치 못했고 마지막으로 박지선 선교사를 보낸 것이다.

박 선교사는 이 열악한 선상교회에서 무려 2년 반을 '밥퍼 사역'으로 헌신하며 캄보디아 성도들과 동고동락했다. 언어도 통하지 않았지만 사랑의 눈빛과 온몸을 던지는 열정, 한 영혼 한 영혼을 소중하게 섬기는 사랑으로 캄보디아 사람들에게 진정성 있게 다가가 많은 열매를 맺고 있었다.

톤레사프 호수의 선상 집들은 캄보디아 시엠립을 찾은 관광객이 앙코르와트와 함께 꼭 들르는 관광지였다. 관광객들은 바다처럼 어마어마하게 넓은 호수 위에 긴 장대를 꽂아 물 위에 지은 수백 채의 수상가옥을 보며 신기해했고 이곳 아이들은 관광객들에게 몰려가 허접한 물건을 팔거나 손을 내밀어 원 달러를 외치는 것이 일상사였다. 목에 큰 비단뱀을 두르고 시선을 끌어 관광객을 모으는 아이도 있었다.

박지선 선교사는 이렇듯 거칠고 학교도 다니지 않는 아이들을 모아 노래도 가르치고 좀 더 진취적인 삶을 살도록 하는 일에 도움을 아끼지 않았다. 이렇게 헌신적으로 사역하던 박 선교사가 어느 날 호치민 선교센터에 모습을 드러냈다. 전에 베트남에서 근무하던 회사로부터 퇴직금을 받지 못했는데 그 돈을 받으러 잠시 다니러 왔다고 했다.

그 무렵 나는 한창 베트남 경찰들의 감시와 핍박이 심해 극도의 스트레스를 받고 있었다. 걸핏하면 경찰서로 오라고 해서 이것저것 취조를 하고 벌금을 내게 했다. 또 베트남 교인들이 교회를 지어달라고 하는 곳은 많은데 후원자는 한계가 있고 내가 처리하고 정리해야 할 것이 너무나 많았다.

이렇게 힘들게 사역하는데 선교지를 떠나 베트남에 온 박 선교사가 10여 일이 넘어도 가지 않아 나도 모르게 화를 내고 말았다.

"박 선교사님. 선교사가 선교지를 오래 비워두면 안됩니다. 무슨 사무가 그렇게 긴가요?"

"아 예, 죄송합니다. 퇴직금 지급이 자꾸 늦어져 기다리다 보니 그렇게 되었습니다. 이틀 후 준다니 받아 바로 가겠습니다."

나는 갑자기 화낸 것이 미안해 선교비로 쓰라며 박 선교사에게 500불을 건네고 내가 차고 있던 시계도 그의 손목에 채워 주었다. 한국에 가족을 두고 홀로 동부서주하며 사역하는 그가 안쓰러웠다. 그 역시 한국에서 얼마든지 가족들과 재미있게 살 수 있을 터인데 그것을 포기하고 캄보디아 영혼 구원을 위해 뛰고 있는 것이다.

박 선교사는 호치민에서 캄보디아 시엠립으로 돌아갈 때 1시간이면 가는 비행기 대신 언제나 12시간이나 걸리는 버스를 이용했다. 버스는 왕복

70불이면 되는데 항공료는 300불이 넘어 경비를 아끼기 위함이었다.

나는 이날 한인교회 저녁 예배에서 박 선교사에게 설교하던 마이크를 넘겼다. 잠시 사역 이야기를 나눌 기회를 준 것이다.

"톤레사프 호수에서 사는 아이들은 모두 맨발입니다. 옷도 겨우 바지만 입고 있습니다. 하루 종일 강한 햇빛에 노출되니 전신이 초콜릿색입니다. 굶는 아이들이 너무 많아 저는 밥을 많이 지어 소금으로 간을 해 주먹밥을 만들어 나누어 주곤 합니다. 그런데 아이들이 이마저도 안 먹고 부모님이나 할머니에게 가져다주곤 하는 것을 보고 얼마나 마음이 아팠는지 모릅니다. 저 역시 너무나 사역이 힘들고 또 외롭지만 오직 주님이 지신 십자가만 바라보며 복음을 전하고 있습니다. 저를 위해 기도해 주세요."

그의 간증을 듣는 나도 혼자 울음을 삼켰다. 난 이곳 선교센터에 여러 동역자와 식구들이 있지만 그는 호수 위에 지어진 작은 교회에서 생활하면서 얼마나 외롭고 또 무서울까 하는 생각이 들었다.

그런데 하나님의 뜻은 어디에 있을까. 박 선교사는 월요일에 예정대로 퇴직금을 잘 받고 캄보디아로 돌아가기 직전에 큰 교통사고를 당했다. 캄보디아로 가는 버스터미널로 가기 위해 오토바이 뒷자리에 타고 가다 술에 취한 운전수의 레미콘 차와 부딪쳐 18m나 바퀴에 낀 채 끌려가 현장에서 숨진 것이다. 이 사고로 박 선교사뿐 아니라 주변에 있던 7명도 숨졌다고 한다.

내가 소식을 듣고 단숨에 병원으로 달려가니 차마 바라보기 힘든 형체로 박 선교사가 안치되어 있었다. 가슴이 미어지는 것 같았다. 하나님이 정말 원망스러웠다. 어떻게 이렇게 당신의 일꾼이 생명이 끊어질 때까지 도움의 손길을 펴지 않으셨는지 이해되지 않았다.

나는 다시 한번 죽음이 너무나 가깝게 느껴졌다. 바로 이틀 전 나와 대화를 나누며 선교 의지를 불태웠던 그가 하나님 나라로 간 것은 내게는 다시 한번 순교의 정신으로 영혼 구원에 전념해야 한다는 것을 일깨워주었다. 죽음은 순간이며 영혼은 영원하다는 진리를 다시 한번 되새기게 했다.

인간적으로는 매우 슬프고 안타까웠지만, 박 선교사는 최근에 자신을 괴롭히고 협박하는 무리들이 많아 정말 힘들어했다고 한다. 나는 선교지에서 숨진 그를 순교자로 추대하고 아가페기도원을 지으며 조성한 순교자 묘지에 그를 1호로 안치했다.

박지선 선교사. 그의 피는 베트남 땅을 적셨다. 그가 보여준 영혼 구원의 열정과 기도, 헌신적인 사랑은 그가 사역했던 톤레사프 호수 선상교회를 넘어 시엠립은 물론 캄보디아 전역을 복음으로 뒤덮게 만드는 한 알의 밀알이 될 것이라 믿어 의심치 않는다.

#42
아가페기도원에 묻힌 바나바
박승철 선교사

꧁꧂

2015년 12월 29일이었다. 2016년 새해를 며칠 앞둔 깊은 밤, 집회를
마치고 한국 일산선교센터에서 잠시 누웠는데 인기척이 느껴져 일어났
다. 그런데 '베트남 아가페기도원'에 있어야 할 박승철 선교사가 소파에
기대에 앉아 지그시 나를 바라보고 있었다.

"어, 박 선교사 어떻게 왔어?"

물으니 대답도 없이 바라보다가 일어나 현관문으로 사라지는 것이 아
닌가?

"박 선교사! 박 선교사!"

부르며 따라가는데 잠이 깨고 말았다.

그런데 금방 '카톡' 소리가 들렸다. 시계를 보니 새벽 2시가 막 넘어가고 있었다. 카톡을 확인했더니 조금 전 꿈에 나타난 박승철 선교사가 소천했다는 그 아내의 문자였다.

"장 선교사님. 박승철 선교사가 베트남 아가페기도원에서 지금 막 하나님의 부르심을 받았습니다. 그 영혼을 위해 주님께 기도해 주세요."

박승철 선교사의 아내 이명숙 집사의 문자를 보면서 인간적인 아픔과 안타까움이 밀려왔다.

"오 주님! 그림자처럼 저를 수행하며 선교를 돕던 박 선교사입니다. 이렇게 빨리 데려가시다니요. 그 영혼을 주님께 맡기오니 남은 가족들을 위로해 주시고 그가 남긴 선교 유업을 잘 감당하게 해 주옵소서."

기도를 드리니 이미 잠은 달아나 있었고 박승철 선교사와 함께 사역했던 지난 시간들이 주마등처럼 스쳐 지나갔다.

박 선교사는 일산에서 아주 유명한 냉면집을 운영하며 잘 지내고 있다가 나의 간증과 사역에 도전을 받고 평신도 선교사로 헌신한 경우였다. 비라카미 사랑의선교회에서 주최하는 선교사 양성 프로그램을 오랜 기간 잘 마친 후 나를 도와 다양한 사역에 헌신했다. 그리고 베트남에서 열정적으로 사역하던 중에 뇌종양이라는 판정을 받았다.

치료차 한국으로 돌아와 힘들어하던 그에게 나는 이렇게 말했다. 아마 매우 서운했을지도 모른다.

"박 선교사. 선교사로 하나님께 파송받았으면 선교지에서 한 영혼이라도 붙들고 복음 전하다 하나님 품으로 가는 것이 맞는 것 아닌가요? 그러면 순교자가 되는 것입니다. 병마 앞에 사명 잃어버리고 초라하게 이 무슨 모습인가요."

단호한 내 말에 박 선교사는 병든 몸으로 다시 베트남으로 들어갔다. 그리고 선교센터와 아가페기도원에 머물며 전도하고 사역하다 마지막을 맞은 것이다. 순교자가 된 그가 감사하면서도 한편으론 마음이 아려왔다. 나는 박 선교사의 영혼을 위해 간절히 기도한 후 남편을 잃고 당황하고 있을 이명숙 집사에게 '베트남 기도원에서 하나님의 부르심을 받은 축복을 감사하며 요한복음 17장을 계속 낭송하고 찬양으로 감사하세요.'라고 답장을 보냈다. 그리고 장례식 절차를 차분하게 일러 주었다.

내 마음은 당장 베트남으로 달려가 장례 예배를 인도하고, 남편과 아버지를 잃은 유족을 위로하고 싶은 마음이 간절했지만 내 입장이 베트남에서 추방당한 상황이라 선교회 회장인 김능환 목사와 도원주 선교사를 급히 들여보내고 금식하며 기도했다.

'바나바는 착한 사람이요 성령과 믿음이 충만한 자라 이에 큰 무리가 주께 더하더라(행11: 24)'의 말씀과 같은 모습으로 선교하던 그에게 하나님은 바나바라는 이름을 주셨고 주님 앞에 충성하던 그였다. 선교사 훈련을 마치고 한창 하나님께 쓰임받을 시간에 부르신 하나님의 뜻을 헤아려본다.

박 선교사는 교회에 있던 '이처럼 사랑하사'라는 선교 책자를 보고 그 다음 날로 물어물어 나를 찾아왔었다. 그리고 주 안에서 만났던 첫날부터 오늘까지 그림자처럼 장애가 있는 나를 옆에서 지키며 변함없이 하나님의 지상 명령인 선교에 몸 바쳤다. 그리고 마지막 투병 중에도 몸을 돌보지 않고 내 의견에 따라 베트남에 들어갔다. 그가 참으로 대견하다.

특히 내가 추방당해 비어있는 베트남 선교센터를 지키고, 비라카미 한인 교회 전도사로 사역하며 전도에 힘쓰고, 아가페기도원을 일구며 땀방울을 흘리던 그였다. 연약한 몸으로 커다란 나무를 찍어 넘기며 '나는 삼손이다'라고 두 손 들고 소리쳐 함께하던 이들에게 힘을 주던 그 목소리가 자꾸 들리는 듯했다. 또 50년 된 창고를 깨끗이 치우고 성전을 손수 앞장서 짓던 모습이 기억났다.

짧은 시간이었지만 비라카미 지역에 흘린 그의 수고와 애씀을 하나님께서 영생의 복으로 갚아주시며 하나님 나라에서 영원한 예수님의 신부로 반갑게 맞아 주셨으리라 확신하고 있다.

'예수께서 이르시되 나는 부활이요 생명이니 나를 믿는 자는 죽어도 살겠고 무릇 살아서 나를 믿는 자는 영원히 죽지 아니하리니 이것을 네가 믿느냐(요11:25-26)'

베트남 아가페기도원에 있는 이승철 선교사 묘역에서 함께 기도하는 장요나 선교사의
가족들. 왼쪽이 아내 이룻 선교사

이제 하나님 나라에서 영원히 살고 있을 박승철 선교사는 아내 이명
숙 집사에게 선교사의 바통을 넘겼다. 그는 유언으로 아내에게 선교사
가 될 것을 부탁하며 못 다 이룬 선교 열정을 넘겼다.

사랑하는 아내가 뜨거운 믿음으로 온전한 구원의 확신 속에 살아가
기를 늘 소망했던 대로 아내 이명숙 집사는 선교사 훈련을 받고 선교사
가 되었다. 그리고 현재 베트남 사역의 전반적인 사무를 맡아 내게 큰
도움을 주고 있다. 이름도 이룻으로 바꾸어 주었다. 부부가 차례로 하
나님의 일꾼으로 베트남 사역에 헌신하고 있음을 감사하게 생각한다.

나는 오늘도 바쁜 선교 일정을 마치고 아가페기도원으로 들어왔다.
이곳에 오면 항상 '목숨까지도 바쳐서 영적 싸움터로 나가 복음을 전하
겠다'고 외친 바나바 박승철 선교사가 꼭 생각난다.

나는 천천히 그가 묻힌 아카페기도원 선교사 묘원으로 발걸음을 옮

겨 본다. 그가 이제는 천국에서 이곳 베트남 사역을 열심히 응원해 줄 것이라 여기며 잠시 회상에 젖는다.

그의 아내 이룻 선교사는 베트남 사역으로 바쁘게 뛰다가 남편에게 가끔 핸드폰으로 선교 사역을 보고하는 문자 메시지를 보낸다고 한다. 남편에게선 답장이 있을 리 없다. 읽어보았다는 확인도 뜨지 않는다. 하지만 박 선교사는 하늘나라에서 비라카미 사랑의선교회가 비라카미 지역 곳곳을 순회하며 반갑고도 기쁜 승리의 소식을 전해주리라 기대하고 있을 것이다.

박 선교사가 마지막 순간에 아내 이룻 선교사에게 불러 달라고 한 찬양이 '358장 주의 진리 위해 십자가 군기'였다. 이 찬송가 가사대로 십자가 군기를 들어 힘차게 달려가다 하나님의 부르심을 받은 박 선교사가 못 다한 선교의 몫을 나와 비리카미선교회 식구들, 아내 이룻 선교사가 열심히 감당해 나가리라 믿어 의심치 않는다.

#43
하나님의 일꾼으로 변신한
박민철 형제

하나님께서는 사람을 변화시켜 일꾼으로 쓰신다. 그런데 사람들은 웬만해서 바뀌지 않는다. 자신만의 아집과 생각으로 하나님의 영적 세계를 인정은 해도 자신이 그 세계 속으로 들어가 그 일을 감당하는 것에는 손사래를 친다. 그리고 신앙생활도 자신이 믿고 싶은 부분과 인정할 것만 하며 뺀질거리는 신앙인이 주변에 참 많다. 그러다가 하나님에게 붙잡히면 꼼짝없이 항복을 해야 한다.

그 대표적인 경우가 바로 나다. 나는 신앙인이라고 하면서도 교회를 일이 없으면 나갔고 하나님의 존재와 섭리를 확신하지 못했다가 하나님의 경고로 쓰러져 식물인간이 되었고, 그 속에서 하나님을 뜨겁게 만나 인생이 180도로 완전히 변했다.

죽음에서 나를 건지신 하나님은 인간에게 가장 중요한 것이 영혼 구원임을 일깨워 주셨다. 그리고 그 영혼 구원의 대상이 바로 베트남인 것을 분명하게 명령하신 하나님께 나는 두 손 들고 순종해야 했다.

이것 외에는 다른 선택이 없었다. 가족과 내가 사랑하고 좋아했던 것들과는 완전히 이별을 해야 했다. 그리고 베트남에 올인한 결과 숱한 어려움과 고난의 통로를 거치긴 했어도 많은 열매를 거둘 수 있었다. 하나님의 열매에는 반드시 대가가 치러져야 한다는 것이 하늘나라 법칙이다. 그 대가가 심하게 치러지면 치러질수록 그 열매는 더 커지게 된다.

나는 베트남에서 많은 사람을 만났는데, 30대 후반인 박민철 형제(가명)도 하나님의 부르심을 받은 신실한 일꾼이다. 그러나 그가 베트남에서 자리를 잡고 선교 사역을 준비하기까지는 얼마나 큰 어려움과 연단의 시간이 있었는지 모른다.

박 형제는 한동안 호치민 선교센터에 머무르고 있다가 지금은 독립해 숙소를 옮긴 상태다. 그는 선교센터에 있을 때 아침마다 씩씩한 모습으로 "다녀오겠습니다."라고 인사하고 베트남에서 가장 큰 영어학원의 강사로 출근하고 있다. 나는 출근하는 그의 뒷모습만 보아도 '하나님 감사합니다.'라는 기도가 저절로 나온다.

이제 그의 이야기를 본격적으로 해야 하겠다. 그는 어린 시절에 부모를 따라 이민을 가 미국 국적을 가지고 있다. 미국에서 명문 대학을 졸업했다. 재학 시 미식축구 선수로도 뛰었다고 한다. 미군에 자원입대해 쿠웨이트에 파병되어 군 생활도 멋지게 했다.

결혼도 해 두 자녀를 두었다. 보험회사를 설립해 운영하며 잘 나가던 그에게 욥기의 욥과 같은 상황이 찾아왔다. 갑자기 극심한 우울증이 발병한 것이다. 우울증이 심해지니 업무에 신경을 쓸 수 없었고 결국 회사가 문을 닫았다. 피폐한 삶을 살다 보니 너무나 지친 아내와도 이혼하게 되었다. 아내는 자녀들을 데리고 집을 나가버렸고 그의 우울증 증세는 점점 더 심해졌다.

박 형제는 모든 사람이 다 자신을 압박하는 것 같았다고 한다. 모두 자기를 미워하고 증오하는 것 같아 견딜 수 없었다고 한다. 스스로를 통제할 수 없는 상태까지 와서 귀에서 자꾸만 '죽어라!'라는 환청이 들렸다고 한다. 계속 이런 어려움에 처하게 되자 이렇게 살 바에야 차라리 극단적인 선택인 자살을 결심했다고 한다.

의자 위에서 로프로 목을 매고 이제 발로 의자만 치면 끝나는 순간이 되었다. 그런데 갑자기 어려서부터 드리던 예배 시간에 자살하면 지옥 간다는 말씀이 떠올랐다. 왜 그 순간에 그런 생각이 떠올랐는지 지금 생각하면 하나님의 인도로 여겨진다고 후일 간증했다.

'아 안 되지. 지옥은 절대로 가면 안 되는 곳이지.'

그는 자살을 포기하고 단식을 해 목숨을 잃기로 했다. 굶어서 영양부족으로 죽는 것이니 스스로 목숨을 끊는 자살은 아니라고 나름대로 판단한 것이다. 인터넷을 찾아보니 물도 안 마시면 40일이 지나면 죽는다고 하여 단식하면서 죽자고 생각했다.

단단히 결심하고 물도 안 마시는 단식을 시작했다. 그런데 그는 운동도 했고 군 생활로 단련된 몸이라 체력이 좋아서인지 3주 가까이 다가

와도 아직 죽지 않았다.

하루는 기진한 상태에서 누워있는데 밖에서 소나기가 힘차게 쏟아지고 있었다. 거의 실신할 정도가 되었는데 갑자기 소나기의 물이 하늘에서 쏟아지니 하나님이 주시는 물이라는 생각이 들었다. 그렇다면 이 물은 마셔야 되는 것이 아닌가 하는 생각에 온몸에 비를 맞으며 손으로 빗물을 받아 마셨다. 그러자 몸이 살아났고 의식이 선명해져 이렇게 죽는 것도 결국 자살이라는 생각이 들었다.

그러나 우울증으로 인한 정신질환은 사라지지 않았다. 입원과 퇴원을 반복하면서 갑자기 깨달아진 것이 있었다. 자신이 죽겠다고 단식하던 기간에는 이 우울증 증상이 나타나지 않았던 것이다. 그는 병원에서 퇴원한 후 다시 단식을 시작했다. 물도 마시지 않았다. 그런데 단식이 끝나면 또 증상이 나타나니 박 형제와 부모들은 미칠 지경이었다.

그런데 박 형제와 친구인 자매가 미혼인 몸으로 자궁암에 걸려 고생하다가 장요나란 베트남 선교사에게 기도를 받고 나았다는 이야기를 듣게 되었다. 여자 친구는 너무나 감사해 자신의 이름으로 '마버 샤론교회'라는 베트남의 교회 한 곳에 헌금해서 그 교회가 지어졌다고 말했다.

자신의 질병도 기도로 치유받고 싶다는 열망을 품게 된 박 형제는 내가 워싱턴에서 집회를 한다는 소식을 전해 듣고 급하게 전화를 걸어왔다. 그런데 박 형제와 통화가 연결되었을 때는 이미 내가 집회를 마치고 한국으로 가려는 중이었다. 나는 그렇게 간절히 기도 받기를 원하면 한국의 집회 장소인 안성감리교회로 오라고 했다. 그러자 박 형제는 정말로 비행기를 타고 한국으로 날아왔다.

집회에 참석한 그는 예배를 잘 드린 후 안수 기도 시간에 나를 만나게 되었다. 내가 그의 두 눈을 똑바로 바라보며 "어디가 아픈가?"라고 하니 "나는 정신병자요."라고 크게 소리쳤다. 그에게 악한 영이 들어가 있음을 느낄 수 있었다. 나는 그의 머리에 손을 얹고 간절하게 기도했다.

"내가 내게 있는 것으로 네게 주노라. 나사렛 예수 이름으로 명하노니 악하고 더러운 귀신아 박민철의 몸에서 나와라. 떠나갈지어다. 너는 더 이상 이곳에 있어선 안 된다. 나가라."

다음 날 제주도에 집회가 있어서 내려가는데 박 형제의 어머니에게서 다급히 전화가 왔다. 민철이가 이제 병을 다 고쳤다고, 약을 다 버렸다고 했다는 것이다. 의사는 하루라도 약을 안 먹으면 안 된다고 했는데, 어머니는 일단 약을 먹으면서 기도해야 하는 것이 아니냐고 말했다. 나는 바로 어머니에게 큰 목소리로 말했다.

"어머님 믿음이 아들보다 약하네요. 이제 예수님이 다 고쳐주셨으니 걱정 마시고 하나님 앞에 서원한 것을 갚으세요." 하고 전화를 끊었다. 나는 어머니가 무슨 서원을 했는지 모르는데도 그렇게 말이 튀어나왔다.

제주도에서 집회를 마치고 올라오니 일산센터로 박 형제와 어머니가 찾아와 기다리고 있었다.

"너무 감사하고 어떻게 서원을 갚아야 할지 모르겠습니다."

자신이 보기에도 아들이 기도 받은 후 고침을 받은 것이 믿어진다고 했다. 나는 두 사람에게 일단 하나님이 사랑하는 선교지 베트남에 와서 하나님의 사명을 깨닫고 무엇보다 하나님의 지상 명령인 선교사가 되는 것이 가장 하나님이 기뻐하실 일이라고 말해 주었다.

베트남 선교지에 함께 들어온 두 사람은 열흘간 미션투어를 하는 동안 아침저녁 드리는 예배로 더욱 심령이 강해졌고, 박 형제는 선교사가 되겠다고 결단하게 되었다. 박 형제는 모든 것을 정리하고 베트남 선교사로 들어오겠다고 했다. 게다가 함께 온 박 형제의 어머니도 앓고 있던 지병을 깨끗하게 고침받고 기쁜 발걸음으로 돌아가셨다.

박 형제는 약속대로 미국 생활을 정리하고 베트남에 들어와 호치민 센터에 머물기 시작했다. 그리고 베트남어 랭귀지 코스를 밟으며 베트남 선교를 위해 신학교에 입학하겠다는 꿈을 키웠다. 아침저녁 예배를 드리고 밤이면 기도하고 성경 보고 찬양하고 하나님께 감사하고 하나님을 기쁘시게 할 길을 묻는 생활을 계속해 나갔다.

이렇게 8개월이 지나면서 자신의 앞날을 놓고 또 10일간 금식을 마친 날, 나는 그를 데리고 하노이를 갔다. 타이빈 의과대학교 장학금 전달과 객원교수 임명식에 참석한 박 형제는 영어로 자신의 이야기를 간증해 함께 참석한 많은 사람들을 크게 감동시켰다. 하나님의 은혜로 정신 질환인 우울증을 완전히 치료받고 베트남에서 하나님의 일꾼이 되려고 하는 모습에 모두들 감동한 것이다.

박 형제는 현재 베트남에서 영어 원어민 지도 교사 자격증을 획득하고 베트남에서 가장 큰 학원 강사로 인기를 얻으며 잘 지내고 있다. 이 가운데 하나님의 놀라운 역사가 또 어떻게 일어날지 더 지켜보아야 할 것이다. 영어를 가르치면서 많은 베트남인들에게 복음을 전하고 또 신실한 하나님의 종이 될 것을 서원하는 그를 보면 나는 그저 "하나님 감사합니다."라는 기도가 터져 나온다.

그는 이제 비라카미선교회 예비 선교사로서 베트남 청년들을 영적으로 살리고 보듬어 자신과 같이 하나님을 새롭게 만나게 해주는 사명을 품고 열심히 기도하고 있다. 하나님이 자살 직전의 한 청년을 살리시고 당신의 종으로 삼아 그 청년이 베트남 선교의 새로운 역사를 만들어 가도록 인도하고 계신 것이다.

44
베트남 한인 선교사들과의 갈등

내 성격은 독불장군적인 면이 강하다. 어려서부터 충청도 장씨 가문의 줄기가 되는 집안의 장손으로 늘 우대를 받으며 자랐고 동네에서 개구쟁이로 골목대장만 했다. 그리고 공부도 어느 학교에 가든지 언제나 톱클래스에 들었으므로 내가 최고인 줄만 알았다.

이런 환경의 영향이 작용했는지 모르겠지만 나는 내 방식이 맞는다고 생각하면 내 고집대로 밀고 나간다. 주변의 충고나 고언을 잘 안 듣는 편이다. 참고는 하지만 그대로 따르지 않는다.

그러다 보니 주변에 나를 비난하거나 그건 아닌데 하는 분들이 많다. 그러나 나는 내 방식, 내 신앙, 내 믿음대로 지금까지 밀고 왔고 앞으로도 이 방식은 변하지 않을 것 같다. 그랬기에 나는 오늘의 이런 베트남 선교의 열매가 있었다고 나름대로 자부한다. 이런 의견 저런 의견 다 들고 교회의 요청이나 개개인의 생각을 선교에 참고했다면 이만큼 결과를 얻지 못했다고 보는 것이다.

내가 판단하는 기준은 매우 간단하다. 인간적인 생각이나 이론은 배제하고 철저히 하나님 시각에서, 성경적 시각에서 판단하고 결정하자는 것이다. 하나님의 생각과 인간의 생각은 너무나 다르다. 인간은 자꾸 자신의 생각이나 의지를 하나님의 뜻이나 섭리로 꿰어 맞추려고 하는데 이것은 극히 조심해야 할 부분이다.

그동안 나의 이 독불장군식 선교 스타일에 반기를 들고, 나와 손잡고 일하던 수많은 분들이 떠나가고 헤어졌다. 유능하고 열정적인 사역자들이 안타깝게도 나를 많이 떠났다. 그러나 나는 그들도 나와 잠시 있었던지 오래 있었던지 하나님이 보내주셨고 또 때가 되어 새로운 자리로 찾아갔다고 생각한다. 사람들에 연연해하거나 아쉬워하지 않는다. 좀 더 큰 틀에서 이 모든 것을 하나님의 섭리라고 보면 다 이해하고 넘어갈 수 있기 때문이다. 그래서 그들이 나가서 나를 비난하거나 험담해도 반응하거나 귀 기울이지 않았다. 그 편에서 보면 분명 내가 문제가 있을 수 있고 부족했던 결과라고 생각하기 때문이다.

완전한 인간은 없다. 완전한 선교사도 없다. 누구에게나 허물은 있다. 나도 허물이 많지만 드러내는 것을 두려워하지 않는다. 숨기지 않는다. 인간 장주석은 죽고 선교사 장요나만 있기 때문이다.

많은 사람들은 다 자신의 생각과 판단이 옳다고 생각한다. 그래서 자신의 생각과 배치되면 마음에 들어 하지 않거나 이것이 심하면 어느 한 부분을 잡아 공격을 한다. 그러나 중요한 것은 자신의 생각과 판단이 과연 하나님이 보시기에 정말 바른 것이냐고 되물어 보고 싶다는 것이다.

식물인간에서 깨어난 나는 하나님의 명령대로 베트남에 완전히 미쳤었다. 베트남 하면 벌떡 일어나고 베트남과 관련된 책자도 만들고 국내에 맨 처음 베트남 선교회가 창립되는 과정에도 깊이 관여했다. 그런데 그 과정에서 예전의 군대에서처럼 당시의 계급이 여전히 존재하고 권위의식과 명예가 중요시되는 관습에 과감하게 선을 그어버렸다. 나도 성급하게 행동한 면이 있었지만 후회는 하지 않았다. 이후 그 단체는 나름대로 선교 활동을 잘하고 베트남에서 많은 선교 열매를 맺었다. 서로 그릇이 달랐던 것이라 보면 된다.

그런데 그쪽 임원들이 보기에 유독 내가 혼자 잘난 척하는 것처럼 비칠 수 있었을 것이다. 자연히 오해가 생기고 잘못된 소문이 나오기도 했다. 나는 타협 없이 오로지 앞만 보고 달려가는 스타일이라서 그런 것에도 연연하지 않았다.

1990년에 내가 맨 처음 베트남 땅을 밟았고 내 뒤를 이어 베트남에 선교사들이 계속 들어왔다. 이 선교사들과 초기에는 교류를 좀 했으나 나중에는 너무 바빠지고 시간을 소모하는 일이라 판단해 모임에 나가지 않았다. 그런데 어느 때부터인가 선교사들 사이에서 나를 비난하는 이야기가 들리고 왕따를 당하는 것이 체감되었다. 나를 안 좋게 말하는 안티 선교사들이 점점 더 많이 생겼다.

공산국가인 베트남은 영적 전쟁의 최전방이다. 어디서 사탄이 튀어나와 공격할지 모른다. 영적 전쟁에서 영적인 행동을 안 하면 마귀도 공격하지 않는다.

나의 선교 스타일과 후배 선교사들의 사역이 너무나 달라 문제가 되었다. 나는 베트남에서 교회를 세우고 기공 예배와 헌당 예배를 꼭 드리는데 내가 짓는 것이 아니라 베트남 교인들이 자신들의 돈으로 교회를 재건하고 신축하고 보수하는 것으로 서류를 만들어 허가를 받았다. 그리고 능력이 어느 정도 되면 건축비를 20~50% 정도까지 부담하도록 했다.

그런데 이미 베트남의 여러 목회자들과 네트워크를 형성하여 이 사역을 하는 것이고 다른 한인 선교사들은 음지에서 지하교회를 도우며 예배하고 순회 사역을 하는 편이었다. 그리고 외국인이 교회를 설립하는 것은 불법이므로 그 법을 지키느라 교회를 짓고 싶어도 붙잡혀 갈까 짓지 못하는 것이 서로 다른 차이였다.

이때 나도 한국인 선교사 모임을 찾아가 해명하고 이들과 잘 지내도록 관계를 풀었어야 하는데 이 부분에 아예 신경을 쓰지 않았다. 그러다 보니 나에 대한 안 좋은 소문들이 계속 이어져 나왔다.

여러 소문 중에 내가 '의사'를 사칭해 의료 행위를 한다는 이야기도 돌았다. 나는 한국에서 온 의료선교팀을 데리고 병원에 나가는 경우가 많은데 진료 현장에 나가서 기도를 해주려면 현지법상 의사 가운과 청진기를 걸쳐야 했다. 의사도 아닌 사람이 환자를 만나는 것을 불법으로 여겼기 때문이다. 나 역시 선교 병원을 세워 병원장을 맡고 있었기에 할 수 없이 선교를 위해 흰 가운을 입었다. 청진기를 거의 사용하지 않았지만 형식적으로 청진기를 목에 걸쳤다.

나의 이런 모습이 한국의 다른 선교사들에게 큰 오해를 불러일으켰다. 내가 졸지에 의사 행위를 하는 '사기꾼'처럼 여겨졌기 때문이다. 의사도 아닌데 가운을 입고 다니니 다른 선교사들이 보기에는 의사 행위를 하는 것으로 보였을 것이다. 그러나 나는 의사가 고치지 못하는 병을 주님의 이름으로 고쳤으니 엄밀한 의미에서는 영적 의사라고 할 수 있다.

이 무렵 베트남이 해외에 문호를 개방하기 시작하면서 한국에서 많은 선교사들이 호치민에 밀려왔다. 교단 파송 선교사도 있었고 자비량으로 무조건 들어온 분들도 있었다.

사실 나는 위험을 무릅쓰고 온몸을 던져 선교를 했지만 다른 선교사들은 가족도 있고 경찰의 눈도 피해야 해서 음지에서 조용히 선교를 하고 있었다. 더구나 나는 드러내 놓고 교회를 짓고 병원을 짓고 나가는 사역이었고 후배 선교사들은 법을 지키며 하는 은밀한 선교였다. 따라서 '죽으면 죽으리라'고 하는 나의 선교 방식과는 큰 차이가 있을 수밖에 없었다.

나는 교회를 직접 짓고, 그 선교사들은 교회를 못 짓는다고 하며 선교 보고에서 차이를 보이니 한국의 교회에서는 누구 말이 맞는지 어리둥절했을 것이다. 베트남에서 장요나 선교사라는 분은 교회를 잘도 세우고 병원도 건립하고 하는데 왜 당신은 안 된다고 하느냐고 항의도 받았을 것으로 짐작된다. 그러나 사실은 둘 다 맞는 말이었다. 그러니 선교사들은 내 선교 스타일이 마음에 들지 않았을 것이고 결국 다 나를 경원시하고 잘못된 사역을 하는 '장사꾼 선교사'로 몰아갔다.

나는 무너지고 사라진 교회들의 주소를 찾아 동분서주하며 편법까지 동원해 교회를 지었는데 그러다 보니 나는 자연히 선교사들 사이에서 이해를 받기보다는 혼자 잘나서 나대는 것처럼 비쳤던 것 같다. 일면 이해는 하지만 이로 인해 나에 대한 공격이 도를 넘을 정도로 계속 이어지곤 했다. 나는 이 나라 종교법을 지키러 온 것이 아니다. 그 법을 어기고 선교를 했기에 6번이나 구치소에 갔던 것이다.

그러니 내가 사역하는 내용의 간증 집회에 참석해 은혜를 받고 교회 건축을 결심했다가 소속 교단 내 자체 베트남 선교사에게 나에 대해 물어 보았다가 나에 대해 아주 안 좋게 이야기 하는 통에 약속을 취소하는 경우도 많았다. 이미 진행되고 있던 교회 건축의 잔금을 내지 않겠다고 해서 내가 메워야 하는 경우도 있었다.

나에 대한 소문 중에서 교회 건축을 핑계로 건축 헌금을 받아 교회는 안 짓고 뒤로 챙겨 떼어 먹는다는 것과 완전히 선교를 비즈니스로 여기는 장사꾼이라는 소문이 가장 많았다. 나중에는 내가 장애아 '겟손'이라는 소수 부족을 선교센터에 데려와 키우는 것을 보고 내가 베트남 여자와 사귀어서 낳은 아들이라고까지 헛소문을 만들어 퍼뜨리는 선교사도 있었다. 이런 소문으로 인해 내가 사역하며 입은 피해는 사실 매우 컸다. 그러나 나는 이런 부분을 아예 무시해 버리고 지금까지 달려왔다.

그러나 이제 나도 베트남 선교 30주년을 맞이해 뒤돌아보니 나만의 고집으로 상처받을 수도 있었을 많은 선교사들이 있었을 것이라 생각된다. 일면 그들에게 미안한 마음이 든다. 돌이키면 내가 더 양보하고 더 낮아졌으면 되었을 것이다. 나와 손잡고 열심히 사역하다 의견이 안 맞아 돌아간 많은 동역 선교사님들에게도 죄송한 마음이 있다. 그분들을 위해 기도하고 있다.

그런데 내가 선교사로서 늘 철칙처럼 지키려고 노력하는 것이 있다.

"주님의 이름으로 죽고자 하면 살리라. 살고자 하면 죽으리라. 자신을 부인하고 남의 십자가까지 짊어지고 가라. 모든 것에 자족하고 복음 전하는 일에 최선을 다하라."

선교사에게 고난과 핍박은 또 다른 이름의 면류관이다. 죽으면 죽으리라는 결단이 있어야 하나님의 일을 할 수 있다고 생각한다. 그래서 선교사라면 피 흘려 죽을 각오를 해야 한다. 그런 각오가 없이는 영적 전쟁터인 이곳에서 하나님 일을 할 수가 없다.

내가 이렇게 이야기하면 시험에 드는 선교사들이 많다. 너무 과격하고 세다고 한다. 하지만 이건 내가 아니라 분명히 하나님께서 말씀하신 것이다.

성경은 말한다. "근신하고 깨어라 너희 대적 마귀가 우는 사자와 같이 두루 다니며 삼킬 자를 찾나니"(벧전 5:8)라고. 이는 죽을힘을 다해 싸우려는 선교사들에게 그만큼 마귀의 공격도 세다는 것을 알려주시는 말씀이다.

근신하고 깨어있는 베트남 선교사들이 많아져 베트남 땅에 그리스도의 계절이 하루빨리 올 수 있기를 바라는 나는 오늘도 선교의 고삐를 늦추지 않는다. 그리고 다시 한번 나로 인해 마음의 상처를 입은 선교사나 동료, 성도들이 있다면 주님의 이름으로 용서해 주길 바란다.

45
베트남 선교 30주년 기념행사의 감격

2019년은 내가 베트남 선교를 시작한 지 햇수로 30년을 맞는 해였다.

사실 20주년을 맞는 2009년에도 횃불회관에서 기념 예배 및 세미나를 열고 20주년의 의미를 되새기고 더욱 의욕적인 선교를 할 것을 다짐했었다. 그런데 30주년은 더 큰 의미가 있는 것이라 행사를 더 크게 열어야 한다는 주변의 권유가 있었다. 이 행사를 통해 한국 교회에 새로운 선교 패러다임을 제시해야 한다는 기독 언론계와 선교 신학자들의 의견이 있었던 것이다.

나의 선교 방식이 공격적이긴 하지만 많은 열매를 거두고 있고, 특히 성도들이 모여 예배드릴 수 있는 교회 건축에 집중된다는 점에서 선교 신학자들이 특별한 의미를 부여했다. 내 사역이 베트남 성도 스스로 신앙의 불씨를 모아 더 크게 타오르도록 동기를 부여하고 계기를 만드는 것에 주안점을 두는 선교이기 때문이다.

나는 30주년 행사를 베트남과 한국 두 곳에서 간격을 두고 열기로 했다. 먼저 7월에 각 교단 신학대학교 선교학 교수님들을 모시고 베트남에서 30주년 기념 예배와 현지 사역 탐방을 일주일간 실시했다. 이어서 10월에는 한국에서 선교지를 탐방했던 신학대 교수들이 본 선교 현장의 느낌과 소감을 논문으로 발표하는 심포지엄과 30주년 기념 예배를 또 드렸다. 한국에서의 행사는 양재동 횃불회관에서 열었으며 30주년 기념 음악회와 30주년 기념 사진전 등도 함께 마련했다.

이 30주년 행사를 잘 준비하고 치르는 것은 좋은데 결국은 모든 것이 많은 예산이 뒷받침되어야 개최가 가능했다. 책자와 강사 초청, 식사 등등 사실 적지 않은 예산이 필요했다. 그러나 우리 비라카미선교회의 예산은 교회 건축에 거의 사용되어야 할 헌금이기에 사용할 수 없었다. 내가 고민하며 기도하는 중에 하나님께서 행사 수개월 전에 나를 미국으로 부흥집회를 가도록 인도하셨다.

그런데 이 미국 집회에서 많은 불치병 환자들이 나음을 입고 문제가 해결되는 초대교회적 기적들이 대거 일어나도록 역사하셨다. 하나님이 내게 치유의 은사를 주셨지만 그 어느 때보다 강력한 성령의 임재, 치유의 기적이 일어난 것이다. 그리고 이 부흥집회들을 통해 30주년 기념행사를 치를 수 있는 기본 경비가 마련되었다. 전에도 교회 건축비가 부족하거나 병원을 짓다가도 돈이 모자라면 미국 교포 집회를 위해 한 바퀴 돌면 필요한 액수가 놀랍게 채워지곤 했었다. 이번 30주년 행사에 필요한 부분도 어김없이 여기서 채웠다. 그래도 좀 부족한 부분은 한국의 임원 목사님과 선교사, 성도들이 기쁘게 헌금을 해주어 은혜롭게 두 행사를 모두 잘 마무리할 수 있었다.

베트남에서의 30주년 기념 예배는 2019년 7월 9일, 호치민 중심가에서 북쪽으로 45㎞가량 떨어진 비라카미 한인연합교회에서 개최했다. 이날 참석한 90여 명의 비라카미사랑의선교회 임원들은 '베트남 선교 비전 선언문'을 선포하고 땅 끝까지 그리스도의 복음을 전하겠다고 다짐했다. 비전 선언문 내용은 우리 비라카미 지역 선교사들은 선배 선교사들의 순교 정신을 이어받아 이 지역을 세계 선교의 허브로 삼는다는 것과 아직도 복음 전파가 자유롭지 못한 공산권 선교에 전력을 다한다는 것이었다. 또 선교사 양성을 적극 추진하며 오순절 성령의 역사가 오늘의 선교 현장에서도 계속 이어지고 있음을 믿고 전방위적으로 세계 선교의 사명을 다할 것을 선언하는 내용으로 작성됐다.

이날 기념 대회에서는 비라카미 신학교 찬양단이 '약할 때 강함 되시네' 등 복음찬송을 베트남어와 한국어로 찬양하며 하나님께 영광을 돌렸다. 또 참석자들은 베트남 사역과 공산권 복음화를 위해, 한국의 평화통일과 세계 선교를 위해 합심으로 기도했다.

이날 명예 대회장 신성종 전 총신대 대학원장은 축사에서 "하나님은 새로운 선교 패러다임을 기도를 통해 알려주신다"면서, "우리의 그릇은 작지만 합치면 큰 그릇으로 쓰임받을 수 있다"라고 했다.

참석자들은 선교회에서 건축한 동나이성 롱칸군 롱칸동우교회도 방문해 현지인 성도들과 교제를 나눴다. 이 교회를 건축한 부산 망미제일교회 S 집사는 암 판정을 받은 뒤 하나님을 만나 베트남 선교에 헌신하게 됐다고 간증해 참석자들을 감동시켰다.

베트남에서 열린 행사에는 한국의 교단별 선교학 교수들이 동행해 30년간 이어진 선교지 현장을 자세히 둘러보았다. 이때 직접 눈으로 보고 또 체험한 부분에 대한 선교 논문을 써서 10월 7~8일에 서울 양재동 횃불회관에서 발표하는 시간을 가졌다.

선교학 교수들은 주로 선교지 활동보다 나의 특수한 선교 방식에 대해 연구를 많이 했다. 한국인 최초로 베트남 선교를 시작한 내가 교회 개척, 의료 사역, 현지 신학교 사역, 교육 및 구제 사역, NGO 등에서 괄목할 만한 성과를 이룬 내용을 다루며 공산권 선교의 새로운 패러다임을 제시했다고 높이 평가해 주었다.

특히 교수들은 의료 사역은 선교를 제한하고 핍박하는 공산국가 베트남에서 매우 효과적인 선교 전략이었음을 시사했다. 또 베트남에 있는 신학교들은 1976년부터 폐쇄됐지만 2000년 비라카미신학교가 세워져 현지인 교회 지도자와 선교사를 양성한 부분도 의미 있게 다루었다. 또 그동안 재건되고 개척된 교회에서는 모두 현지인이 목회하고 있으며, 그들이 속한 교단과 지도자들에 의해 운영되고 있어 바람직한 현지 선교의 방향을 제시한 것으로 평가됐다.

이틀간의 30주년 기념 심포지엄에서는 10여 명의 목회자와 신학 교수들이 비라카미선교회 사역을 집중적으로 평가했다.

손윤탁 서울 남대문교회 목사는 기조 발제에서 "선교회의 사역은 말씀 선포·교육·치유 사역을 하신 예수님의 사역을 따랐다"라고 말했다. 이어 "장요나 선교사는 베트남에서 여러 차례의 구속과 수감, 출국 및

서울 양재동 횃불회관에서 열린 베트남 선교 30주년 기념 컨퍼런스 순서 담당자들.

입국 금지의 수난을 겪으며 베트남뿐 아니라 라오스, 캄보디아, 미얀마를 향한 하나님의 뜻을 깨달았다"면서 "이 지역의 선교 사역으로 이어진 것은 마케도니아에서 성령의 은총을 깨달은 바울의 선교와 일치한다"라고 설명했다.

황병배 협성대 교수는 "지난 30년간 장 선교사와 선교회는 수많은 고난을 극복하고 공산국가에서 기적 같은 열매를 맺었다"라면서 "이 사역이 계속되기 위해선 반드시 현지인 리더십에게 비라카미 선교의 신학과 전략을 계승해야 할 것"이라고 강조했다.

조은식 숭실대 교수는 "장 선교사의 교회 건축 사역엔 특징이 있다"며 "공산주의 치하에서 무너진 교회를 찾아 재건하는 방식을 택하고 있다. 또 현지인들이 주인 의식을 갖고 섬기도록 교회 건축비 중 절반은 현지인들이 부담하도록 한다"라고 했다. 또한 "베트남 목회자들이 비라카미 지역의 선교에 동참할 수 있는 길을 확대해 베트남이 비라카미 선교의 거점이 되길 바란다"라고 밝혔다.

장 선교사의 첫 번째 현지인 제자인 다오 목사는 "2000년 한국에 온 뒤 신학 공부를 하고 현재 평택대에서 채플교수로 많은 베트남 학생들에게 복음을 전하고 있다"며 "한국에 온 베트남인이 외국인 중 가장 많은 19만 명이다. 이들을 위해 기도해 달라"고 당부해 참석자들의 박수를 받았다.

나는 30주년 기념행사를 치르면서 여러 권의 책자를 발간했다. 우선 심포지엄 강의 초록본과 내 설교집도 냈지만 지난 30년간 활동한 선교 사역 현황 보고서를 만들었다. 자료를 찾아 편집하는 데 한 달여 고생한 끝에 만든 이 책자들은 내가 베트남에서 사역한 모든 것을 다 담은 자료들로서, 나도 놀랄 정도로 열매들이 많아 하나님께 감사를 드렸다.

그 내용을 보면 의료 선교 사역을 위해 1993년 농푸 사랑의병원부터 2016년 하선사랑의병원까지 16곳의 병원을 세웠고, 그동안 구순구개열 무료 수술을 6300명에게 해 주었다.

교회 개척으로 300여 곳의 교회가 헌당되었고 현재 지어지고 있는 교회는 17곳이다. 캄보디아, 미얀마, 라오스에도 51곳의 교회가 건립됐다.

2000년 9월에 개교한 비라카미신학교는 15기까지 862명이 졸업해 비라카미 전 지역에 선교사로 파송돼 활발히 사역하고 있다. 졸업생 중 14명은 한국으로 유학을 왔다. 미국으로도 6명이 유학을 갔고, 캄보디아, 라오스, 미얀마 곳곳에서도 베트남 선교의 중추적 역할을 하고 있다.

이 밖에 학교를 지어준 교육 사업과 고아원 사역, 선교사 훈련 사역과 농업 선교, 아가페기도원 건립을 통한 기도 운동 등 활발한 사역을 펼쳐온 것이 자료로 다 나왔다.

이 기록들을 편집하는 내내 그 감회가 새로웠다. 30년간 숱한 죽음의 위기와 위험, 고통, 환란이 있었지만 하나님이 이 모든 것을 이겨내 승리하게 해 주셨고, 이제 이 감격적인 30주년 기념 예배와 심포지엄을 잘 마칠 수 있었기 때문이다.

아울러 이번 행사 대표 대회장을 맡아주신 김상복 목사님이 책자를 통해 주신 인사말이 내게는 큰 감사와 위로가 되었다.

"베트남 선교 30주년의 영광을 하나님께 올려드립니다. 숱한 핍박과 공격 속에서도 귀한 열매를 맺게 만드신 장요나 선교사님의 열정을 높이 사며 이번 대회를 통해 공산권 선교의 새로운 가능성과 비전을 볼 수 있어 감사를 드립니다. 우리 모두가 보다 겸손히 섬기는 자세로, 하늘나라 확장의 일등 일군이 되어 정진했으면 합니다."

베트남 선교 30주년 기념행사를 마무리하며 나는 모든 과정을 탈 없이 인도해 주신 하나님께 감사를 드렸다. 이제 30년 선교의 점을 찍었으니 새로운 30년 선교를 향해 더 힘차게 나가야 될 것이다. 내가 가다가 다 못 가면 나를 이어 더 능력 있는 선교사가 나와 그 맥을 이어갈 것이라 믿는다. 하나님의 이름으로 진행되는 선교는 주님 오실 그날까지 결코 중단되어서는 안 될 것이기 때문이다. 모든 영광과 감사를 하나님께 올려드린다.

베트남 사역 현장 사진

수시로 이뤄지는 선교지 탐사

비라카미 사랑의선교회 수련회

비라카미 선교사 훈련 수료 예배

아가페기도원 현지 선교사 수련회

베트남 목회자들과의 미팅

헌신자와 함께 하는 교회 건축 기공식

베트남 사역 현장 사진

낡은 초등학교 건립 기공식에 참석한 학생들과 첫삽을 뜨는 관계자들

아가페기도원 기도식   30주년 기념행사에 참석한 임원들

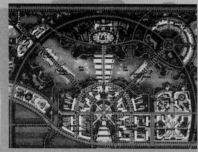

기도 중인 베트남 종합대학 조감도   캄보디아에 건립할 기독교 방송국

아직 복음을 듣지 못한
수십억의 사람들

세계 인구는 현재 77억 명을 넘어섰다. 이 중 아예 복음을 듣지 못한 인구는 30억 명이 넘을 것으로 추산된다. 복음 전도자들에게 '미전도 종족'으로 불리는 이들이 죽을 때까지 복음을 듣고 그리스도를 영접할 가능성은 여전히 낮다.

대한민국이 세계 선교사 파송 2위국이고 수많은 선교사들이 지구촌 구석구석을 선교한다고 하지만 여전히 복음의 사각지대에 있는 이들이 너무나도 많다는 사실을 우리는 기억해야 한다.

이 상황은 '복음을 땅 끝까지 전하라'고 하신 예수님의 지상명령을 수행하기에 아직도 많은 숙제들이 남아 있음을 보여주는 부분이다. 이런 상황에서 복음을 일찍 받아들여 인구의 20% 이상이 복음화된 대한민국에 맡겨주신 하나님의 사명은 크고 또 선명해진다.

우리는 이 미전도 종족을 향해 거침없이 복음의 나팔을 불며 힘차게 전진해야 한다는 사실을 항상 기억해야 한다. 사도 바울이 외친 말을 이제 우리가 이어받아야 한다. '나는 헬라인이나 야만인에게 다 빚진 자'라고 했던 바울의 고백은 좋은 소식[福音]을 자신만 가지고 누릴 수 없다는 간절함이 만든 선언이었다.

우리 크리스천은 다들 빚진 자들이다. 하나님께 빚졌고 그 빚을 나누어야 하는 미전도 종족에게도 빚졌다. 우리만 누리는 천국백성의 특권을 나누어야 할 의무와 책임이 있다. 복음은 핵분열처럼 끊임없이 퍼져 나가야 한다.

그러므로 우리는 보내는 선교사가 되든 나가는 선교사가 되든 빚진 자로서의 선교사 역할을 당연히 해야 한다. 내가 못 가면 누군가를 보내 복음 전파를 도와야 한다. 교회는 이 보내는 자와 보냄을 받은 자가 합력해 하나님의 명령을 수행하는 신앙 공동체가 되어야 한다.

그래서 나는 감히 국내외 수많은 교회를 다니며 집회를 인도할 때 '선교 비전과 역할이 없는 교회는 죽은 교회다'라고 강하게 외친다. 선교하지 않는 교회는 그리스도의 생명력을 잃은 교회라고 보기 때문이다. 교회의 영적 생명력은 성도 수에 의해 결정되는 것이 아니라 선교의 열정과 선교사 지원 척도에 따라 정해지는 것이라 여겨진다.

여러분이 끝까지 읽어준 이 간증집의 발간 목적은 너무나 분명하다. 여러분도 보냄을 지원하든지 아니면 보냄을 받든지, 이것도 아니면 선교사를 위한 기도의 응원 부대가 되든지 유무형의 선교사가 되어 동역의 대열에 동참하자는 것이다.

342

여전히 주님을 모른 채 어두움에 있는 수십억의 인구들, 그들을 빛으로 인도할 안내자가 절실히 필요하다. 그렇기에 기독교인에게 선교는 절대적인 것이 된다. 선택이 아니라 필수라는 사실이다.

간증을 읽어준 독자들에게 다시 한번 감사를 드리며, 우리 모두 하나님의 지상명령을 수행하는 동역자로 세상을 향해 거침없이 복음을 들고 나가길 원한다. 또 이를 위해 계속 기도할 것이다.

좋으신 하나님께 모든 영광을 돌리며 나의 남은 생이 주님 앞에 더 쓰임받을 수 있도록 여러분들의 기도와 관심을 부탁드린다.

"너희가 과실을 많이 맺으면 내 아버지께서 영광을 받으실 것이요 너희가 내 제자가 되리라"(요15:8)